자격증 교육 1위 해커스
주간동아 선정 2022 올해의 교육브랜드 파워 온·오프라인 자격증 부문 1위 해커스

해커스 스포츠지도사
동영상 강의
100% 무료!

지금 바로 시청하고
단기 합격하기 ▶

▲ 무료강의 바로가기

스포츠 전문자격 6관왕
안승기 선생님

스포츠지도사
현장실습기관 원장

전 강좌 10% 할인쿠폰

DDD9 B855 KKCC F000

*등록 후 3일 사용 가능

쿠폰 바로 등록하기
(로그인 필요)

이용방법

해커스자격증 접속 후 로그인 ▶ 우측 퀵메뉴의 [쿠폰/수강권 등록] 클릭 ▶
[나의 쿠폰] 화면에서 [쿠폰/수강권 등록] 클릭 ▶
쿠폰 번호 입력 후 등록 및 즉시 사용 가능

실기 전 강좌 3일 무료 수강권

BE67 B859 4C76 8000

*등록 후 3일 사용 가능

쿠폰 바로 등록하기
(로그인 필요)

이용방법

해커스자격증 접속 후 로그인 ▶ 우측 퀵메뉴의 [쿠폰/수강권 등록] 클릭 ▶
[나의 쿠폰] 화면에서 [쿠폰/수강권 등록] 클릭 ▶
쿠폰 번호 입력 후 등록 및 [나의 강의실 - 일반 강좌] 탭에서 즉시 수강 가능

해커스자격증

자격증 교육 1위 해커스
주간동아 선정 2022 올해의 교육브랜드 파워 온·오프라인 자격증 부문 1위 해커스

해커스 핵심 커리큘럼만 있으면
누구나 한 번에 합격!
해커스가 제안하는 합격 플랜

필기

이론+문제풀이

필기 이론

핵심요약정리

기출+해설강의

실기

교재+강의 학습

실기+구술 강의

빈출동작 정리

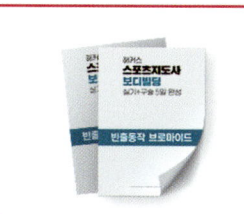

실기+구술 연습

자격증 합격의 모든 것, 해커스자격증

커리큘럼 자세히 보기 ▶
pass.Hackers.com

해커스
스포츠지도사
골프 실기+구술
초단기 5일 합격

CONTENTS

Part 01 | 골프 규칙 및 용어

Chapter 01	골프 게임의 기본 원리 (규칙 1~4)	14
Chapter 02	라운드 플레이와 홀 플레이 (규칙 5~6)	32
Chapter 03	볼 플레이(규칙 7~11)	47
Chapter 04	벙커와 퍼팅그린에 관한 특정한 규칙(규칙 12~13)	69
Chapter 05	볼을 집어 올리고 되돌려놓기 (규칙 14)	78
Chapter 06	페널티 없는 구제(규칙 15~16)	88
Chapter 07	페널티 구제(규칙 17~19)	98
Chapter 08	규칙 적용에 문제가 생긴 경우, 플레이어와 위원회가 따라야 할 절차(규칙 20)	108
Chapter 09	그 밖의 플레이 방식 (규칙 21~24)	114
Chapter 10	장애를 가진 플레이어를 위한 수정(규칙 25)	130
Chapter 11	용어의 정의	138

Part 02 | 골프 지도방법 및 매너와 에티켓

Chapter 01	골프의 게임	160
Chapter 02	골프스윙	165
Chapter 03	골프의 교정방법	168
Chapter 04	매너와 에티켓	170

Part 03 | 구술 기출문제

Chapter 01 골프용어 174
Chapter 02 골프 규칙 180
Chapter 03 지도방법 190
Chapter 04 유소년 스포츠지도사 197
Chapter 05 노인 스포츠지도사 200

부록 | 실기시험 및 구술시험 준비

Chapter 01 실기코스 공략 206
Chapter 02 구술시험 및 연수 222

무료 특강·학습 콘텐츠 제공
pass.Hackers.com

이 책의 구성과 특징

Chapter 02 라운드 플레이와 홀 플레이(규칙 5~6)

해커스 **스포츠지도사 골프 실기+구술 초단기 5일 합격**

01 규칙 5 - 라운드 플레이

● 목적 ●

규칙 5는 라운드를 어떻게 플레이하여야 하는가에 관한 규칙. 즉, 플레이어가 라운드 전이나 라운드 동안 코스 상에서 연습할 수 있는 곳은 어디이며, 언제 연습을 할 수 있는지, 라운드는 언제 시작되고 언제 끝나는지, 플레이를 중단하거나 재개하여야 할 때는 어떻게 하여야 하는지에 관한 규칙
플레이어는 정해진 시각에 각 라운드를 시작하여야 하고,
그 라운드가 끝날 때까지 각 홀을 이어서 신속한 속도로 플레이하여야 함
플레이할 순서가 된 플레이어는 40초 안에, 대체로는 그보다 빠른 시간 안에 스트로크할 것을 권장

1 5.1 라운드의 의미(Meaning of Round)

'라운드'는 위원회가 정한 순서대로 플레이하는 18개의 홀 또는 그 이하의 홀. 라운드가 비긴 상태로 끝나서 승자(또는 우승자)가 결정될 때까지 플레이가 계속될 경우,
- 비긴 매치는 한 번에 한 홀씩 연장됨. 이는 새로운 라운드가 아니라, 동일한 라운드의 연속임
- 스트로크플레이의 플레이오프는 새로운 라운드

플레이어는 라운드가 시작될 때부터 끝날 때까지 자신의 라운드를 플레이함(규칙 5.3 참조). 다만 규칙 5.7a에 따라 플레이가 중단된 동안은 예외
규칙에서 '라운드 동안' 한 행동에 관하여 언급하는 경우, 관련 규칙에 별도의 언급이 없는 한, 규칙 5.7a에 따라 플레이가 중단된 동안의 행동은 포함되지 않음

2 5.2 라운드 전에 또는 라운드와 라운드 사이에 코스에서 연습하기 ★
(Practising on Course Before or Between Rounds)

본 규칙의 목적상,
- '코스에서 연습하기'는 볼을 플레이하거나 어느 홀의 퍼팅그린에서든 볼을 굴리거나 그린 표면을 문질러서 그 그린을 테스트하는 것을 의미
- 라운드 전에 또는 라운드와 라운드 사이에 코스에서의 연습에 대한 제한은 플레이어에게만 적용될 뿐, 플레이어의 캐디에게는 적용되지 않음

1. 5.2a 매치플레이

플레이어는 매치플레이 경기의 라운드 전 또는 라운드와 라운드 사이에 그 경기가 열리는 코스에서 연습할 수 있음

● **체계적인 이론정리**
스포츠지도사 골프 실기 시험 대비를 위한 필수이론을 체계적으로 정리하여 구성하였습니다. 이를 통해 실제 시험에 대비한 효과적인 학습을 할 수 있습니다.

● **목적**
골프의 규칙에 대한 이해가 더욱 쉽도록 각 규칙이 가진 목적에 대한 설명을 수록하였습니다. 이를 통해 복잡한 규칙을 더욱 쉽게 이해하고 학습할 수 있습니다.

Chapter 01 실기코스 공략

01 실기코스 실전 공략법

1 센추리21, 마운틴코스(1·3·4·5·6·8번 홀, 2024년 2번 홀 미진행)

전체적으로 홀의 길이가 짧아 거리가 멀리 나가지 않는 수험자도 부담 없이 플레이할 수 있는 코스임

다만, 모든 홀이 언듀레이션(경사)이 심한 홀들이기 때문에 지면의 경사에 따라 샷의 구질변화에 대해 완벽하게 이해하고 공략해야 함. 또한, 경사에 따른 탄도와 거리의 변화도 예측하고 공략해야 함

2023년부터는 6홀만 치르기 때문에 실수하게 된다면 만회하기 힘듦. 따라서 티샷 미스(OB, 해저드)를 피하고자 최대한 안전하게 플레이하고 욕심을 버려야 함. 초반 미스가 많이 나올 경우에는 부득이하게 롱홀에서의 과감한 투온 시도와 미들홀에서 티샷을 최대한 멀리 보내 버디 기회를 많이 만들어야 함

초반 분위기가 좋다면 끝까지 스코어를 지키기 위한 티샷에 집중하여 어렵지 않게 기준타수 이내의 스코어를 기록할 수 있음

* 2023년 컷 기준: 1~6홀에서 4오버파, 2024년 컷 기준: 1·3·4·5·6·8번 홀에서 3오버파로 변경. 2025년도 공지는 5월 전후 예상

💡 선생님 TIP
1. 장마철에는 양피 장갑이 미끄러우므로 비장갑(합피)이 유리함. 클럽과 볼을 닦을 타월 꼭 지참
2. 거리측정기(레이저방식: 부쉬넬, 니콘 등)는 사용할 수 있지만, GPS 기반의 통신기기(시계형 거리측정기)는 사용 불가
3. 진행이 밀리기 때문에 6홀의 플레이 시간은 3시간 이상인 경우가 많음. 특히 초반 1~3홀이 매우 밀림. 고려하여 절대 급해지거나

> **실기코스 공략**
> 실기시험 코스에 대한 상세한 설명 및 코스 공략, 직관적으로 알 수 있는 사진 자료를 통해 효과적인 실기시험 대비가 가능합니다.

Chapter 01 골프용어

01 '가장 가까운 완전한 구제지점'이란 무엇인가?
'완전한 구제지점'이란 무엇인가?
'구제가 가능한 니어리스트 포인트'란 무엇인가? ★★★

정답분석 플레이어가 비정상적인 코스상태, 위험한 동물이 있는 상태, 잘못된 그린, 플레이 금지구역에서 페널티 없는 구제를 받게 되거나 특정 로컬룰에 따라 구제받는 경우, 그 기준점을 말함. 기준점은 원래 지점과 가장 가까우면서 홀에 가까워지면 안 되고, 요구되는 코스의 구역에 있어야 함. 원래 지점에 방해되는 상태가 없었다면 플레이어가 했을 스트로크에 지속 방해가 되지 않은 지점. 기준점 추정 시에는 반드시 스트로크에 사용하였을 것과 동일 클럽, 스탠스, 스윙, 플레이 선을 사용해야 함

02 '개선'에 대해 설명하시오. ★★★

정답분석 플레이어가 스트로크에 대한 잠재적 이득을 취하기 위해 고의로 스트로크나 플레이에 영향을 미치는 상태를 하나 이상 변경하는 것. 예로 플레이어의 의도된 볼의 라이, 스탠스 구역, 스윙 구역, 플레이 선, 드롭하거나 플레이스 할 구제구역을 변경하는 것

> **구술 기출문제**
> 실제 시험으로 출제된 구술 기출문제를 수록하였습니다. 이를 통해 출제경향을 파악하고, 실제 시험을 효율적으로 준비할 수 있습니다.

> **빈출 중요도 표시**
> 시험에서 자주 등장하는 개념들을 '빈출 중요도'에 따라 ★ ~ ★★★로 표시하였습니다. 이를 통해 효율적 학습과 전략적 준비가 가능합니다.

골프 응시 알아보기

※ 보다 자세한 사항은 국민체육진흥공단 체육지도사연수원에서 확인하실 수 있습니다.

■ 응시일시

구분	원서접수	시험일	합격자 발표
2급 생활 스포츠지도사, 장애인·유소년·노인 스포츠지도사 필기	2025.03.27 09:00 (목) ~ 2025.03.31 18:00 (월)	2025.04.26 (토)	2025.05.16 16:00 (금)
2급 전문 스포츠지도사 필기	2025.03.20 09:00 (목) ~ 2025.03.24 18:00 (월)	2025.04.26 (토)	2025.05.16 16:00 (금)
실기&구술 시험	2025.05.28 09:00 (수) ~ 2025.06.02 18:00 (월)	2025.06.05 (목) ~ 2025.07.03 (목)	2025.07.11 16:00 (금)

■ 응시자격&유의사항

응시자격	1. 18세 이상인 사람 2. 해당 자격종목의 유소년 또는 노인 스포츠지도사 자격을 가지고 동일한 종목의 자격을 취득하려는 사람 3. 2급 장애인스포츠지도사 자격을 가지고 보유한 자격 종목이 아닌 다른 종목(문화체육관광부 '체육지도자 자격종목 신설·변경·폐지 등에 관한 고시' 별표1 제3호의 비고에서 다른 종목으로 보는 경우를 포함)의 자격을 취득하려는 사람 4. 유소년 또는 노인스포츠지도사 자격을 가지고 보유한 자격 종목이 아닌 다른 종목의 자격을 취득하려는 사람 5. 2급 생활스포츠지도사 자격을 가지고 보유한 자격 종목이 아닌 다른 종목의 자격을 취득하려는 사람
유의사항	1. 동일 자격등급에 한하여 연간 1인 1종목만 취득 가능(동·하계 중복 응시 불가) 2. 접수 시 선택한 종목은 변경 불가(2025년 신규 접수자부터 적용) 3. 필기 및 실기구술시험 장소는 추후 체육지도자 홈페이지에 공지 예정 4. 하계 필기시험 또는 동계 실기구술시험에 합격한 사람에 대해 다음 해에 실시되는 해당 자격검정 1회 면제 5. 필기시험에 합격한 해의 12월 31일부터 3년 이내에 연수과정을 이수하여야 함 ※ 단, 필기시험을 면제받거나 실기구술시험을 먼저 실시하는 경우에는 실기구술 시험에 합격한 해의 12월 31일부터 3년 이내에 연수과정(연수면제자는 스포츠윤리교육)을 이수하여야 함. 6. 나이 요건 충족 기준일은 각 자격요건별 취득절차상 첫 절차의 접수마감일 기준(2007년 출생자 중 해당 과정의 접수마감일 이전 출생) 7. 졸업예정자의 경우 다음 연도 2월 말까지 졸업(학위)증명서 반드시 제출(필기·실기, 구술 합격자 포함)

※ 위 내용은 2급 생활스포츠지도사 기준이며, 보다 자세한 사항은 국민체육진흥공단 체육지도사연수원에서 확인하실 수 있습니다.

■ 체육지도자의 결격사유 등

결격사유	1. 피성년후견인
	2. 금고 이상의 형을 선고받고 그 집행이 종료되거나 집행이 면제된 날부터 2년이 지나지 아니한 사람
	3. 금고 이상의 형의 집행유예를 선고받고 그 유예기간 중에 있는 사람
	4. 다음 각 목의 어느 하나에 해당하는 죄를 저지른 사람으로서 금고 이상의 형 또는 치료감호를 선고받고 그 집행이 종료되거나 집행이 유예·면제된 날부터 20년이 지나지 아니하거나 벌금형이 확정된 날부터 10년이 지나지 아니한 사람
	  ① 성폭력범죄의 처벌 등에 관한 특례법 제2조에 따른 성폭력범죄
	  ② 아동·청소년의 성보호에 관한 법률 제2조 제2호에 따른 아동·청소년대상 성범죄
	5. 선수를 대상으로 형법 제2편 제25장 상해와 폭행의 죄를 저지른 체육지도자(제12조 제1항에 따라 자격이 취소된 사람을 포함한다)로서 금고 이상의 형을 선고받고 그 집행이 종료되거나 집행이 유예·면제된 날부터 10년이 지나지 아니한 사람
	6. 제12조 제1항 제1호부터 제4호까지에 따라 자격이 취소(이 조 제1호에 해당하여 자격이 취소된 경우는 제외한다)되거나 같은 조 제3항에 따라 자격검정이 중지 또는 무효로 된 후 3년이 경과되지 아니한 사람

자격 취소사유	1. 거짓이나 그 밖의 부정한 방법으로 체육지도자의 자격을 취득한 경우 2. 자격정지 기간 중에 업무를 수행한 경우 3. 체육지도자 자격증을 타인에게 대여한 경우 4. 제11조의5 각 호의 어느 하나에 해당하는 경우
자격 취소 또는 5년 이하 자격 정지사유	1. 선수의 신체에 폭행을 가하거나 상해를 입히는 행위를 한 경우 2. 선수에게 성희롱 또는 성폭력에 해당하는 행위를 한 경우 3. 그 밖에 직무수행 중 부정이나 비위 사실이 있는 경우 ※ 자격검정을 받는 사람이 그 검정과정에서 부정행위를 한 때에는 현장에서 그 검정을 중지시키거나 무효로 한다. 4. 제1항에 따라 체육지도자 자격이 취소된 사람은 문화체육관광부령으로 정하는 바에 따라 체육지도자 자격증을 문화체육관광부장관에게 반납하여야 한다. 5. 제1항에 따른 행정처분의 세부적인 기준 및 절차는 그 사유와 위반 정도를 고려하여 문화체육관광부령으로 정한다.

더 많은 내용이 알고 싶다면?

- 시험일정 및 자격증에 대한 더 자세한 사항은 해커스자격증(pass.Hackers.com) 또는 Q-net(www.Q-net.or.kr)에서 확인할 수 있습니다.
- 모바일의 경우 QR 코드로 접속이 가능합니다.

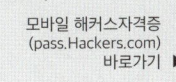
모바일 해커스자격증
(pass.Hackers.com)
바로가기 ▶

실기 및 구술 준비하기

※ 보다 자세한 사항은 국민체육진흥공단 체육지도사연수원에서 확인하실 수 있습니다.

■ 스포츠지도사 시험 절차

필기시험 → 실기·구술시험 → 연수 및 현장실습

■ 자격검정 기관 및 연수기관

연수기관(27)	수도권(10)	경기대, 경희대, 동국대, 용인대, 인천대, 중앙대, 한양대, 한양대(에리카), 숭실대, 을지대
	경상(6)	경남대, 경상대, 계명대, 부경대, 안동대, 경북대
	충청(4)	건국대, 충남대, 충북대, 호서대
	전라(4)	군산대, 전남대, 전북대, 목포대
	강원(2)	강릉원주대, 강원대
	제주(1)	제주대

※ 위 내용은 2급 생활스포츠지도사 기준이며, 보다 자세한 사항은 국민체육진흥공단 체육지도사연수원에서 확인하실 수 있습니다.

■ 실기 평가 및 구술 시험장

<실기 평가장>

<구술 시험장>

실기평가 영역

※ 2급 실기 기준

구분	세부 내용
평가항목	9Hole, Par 36 스트로크 플레이를 통한 규정 타수
평가규칙	R&A 골프규칙, 실기검정위원회가 채택하는 룰(로컬룰)
평가방법	응시자 1조 1팀 1Hole 스트로크 플레이
평가기준	• 심사항목: 9Hole, Par 36 기준 42타 이하 합격(+6타) • 컷오프 타수: 4홀 기준 25타 이상

* 노캐디이며, 셀프백으로 진행

구술평가 영역

1. 평가항목

구분	세부 내용
규정 (2문제, 40점)	• 규칙 • 용어
지도방법 (2문제, 40점)	• 기술 • 이론
태도(20점)	• 질문이해 • 내용표현(목소리) • 자세, 신념, 복장, 용모

2. 시험영역 및 합격기준

구분	세부 내용
시험영역	• 생활체육 일반 • 골프 규칙 및 용어 • 골프 지도방법
합격기준	100점 만점에 70점 이상

※ 평가기준은 해마다 조금씩 변경될 수 있어, 정확한 정보는 국민체육진흥공단의 공식 공지에서 확인하실 수 있습니다.

연수 및 현장실습 대비하기

■ 스포츠지도사 시험 절차

필기시험 → 실기·구술시험 → 연수 및 현장실습

■ 합격기준

출석 평가	일반수업과 현장실습 전체시간의 각 90% 이상 참가 필요
과정 평가	연수태도, 체육지도, 현장실습 주체 기관의 60점 이상 점수 필요

■ 연수시간

일반과정	• 총 90시간 • 일반수업 66시간, 현장실습 24시간 • 90% 이상 출석 시 합격(일반수업 59.4시간, 현장실습 21.6시간)
특별과정	• 총 40시간 • 일반수업 32시간, 현장실습 8시간 • 90% 이상 출석 시 합격(일반수업 28.8시간, 현장실습 7.2시간)

■ 연수기관

체육지도자 홈페이지에서 시행공고문 확인 (약 54개 기관)

※ 홈페이지 내 '시험안내' - '자격등급별 연수기관'에서 확인(기관별 일정 다름)

5일 합격 학습플랜

 5일 합격 학습플랜 활용 방법

1. 스포츠지도사 골프 실기 및 구술시험의 단기 합격을 위한 학습플랜을 참고합니다.
2. 학습플랜에 맞춰 목표를 달성하면 학습날짜를 기입합니다.
3. 시험 직전까지 일자별로 학습한 내용을 복습하고 반복적으로 익혀줍니다.

※ 부록은 시험 소개로서 학습 영역이 아니므로 제외됩니다.

1일차 학습 목표

PART 01	Chapter 01 ~ Chapter 04	__월 __일

2일차 학습 목표

PART 01	Chapter 05 ~ Chapter 08	__월 __일

3일차 학습 목표

PART 01	Chapter 09 ~ Chapter 11	__월 __일
PART 02	Chapter 01 ~ Chapter 04	

4일차 학습 목표

PART 03	기출문제 전체	__월 __일

5일차 학습 목표

PART 01 ~ 03	총 복습	__월 __일

해커스자격증
pass.Hackers.com

해커스 **스포츠지도사 골프** 실기+구술 초단기 5일 합격

골프 규칙 및 용어

Chapter 01   골프 게임의 기본 원리(규칙 1~4)
Chapter 02   라운드 플레이와 홀 플레이(규칙 5~6)
Chapter 03   볼 플레이(규칙 7~11)
Chapter 04   벙커와 퍼팅그린에 관한 특정한 규칙(규칙 12~13)
Chapter 05   볼을 집어 올리고 되돌려놓기(규칙 14)
Chapter 06   페널티 없는 구제(규칙 15~16)
Chapter 07   페널티 구제(규칙 17~19)
Chapter 08   규칙 적용에 문제가 생긴 경우, 플레이어와 위원회가 따라야 할 절차(규칙 20)
Chapter 09   그 밖의 플레이 방식(규칙 21~24)
Chapter 10   장애를 가진 플레이어를 위한 수정(규칙 25)
Chapter 11   용어의 정의

Chapter 01 골프 게임의 기본 원리(규칙 1~4)

> ### ● 최신 개정사항 ●
>
> **1. 특정 규칙과 관련된 변경사항**
>
> ① 규칙 1.3c(4) 여러 개의 규칙 위반, 동일 규칙 여러 번 위반 시의 적용
>   규칙 1.3c(4)는 위반의 관련 여부를 판단하는 것이 규칙 적용의 일부가 되지 않도록 개정. 즉 여러 개의 페널티가 적용되는 사례는 드물 것
>
> ② 규칙 3.3b(4) 스코어카드상 핸디캡 명시 혹은 스코어 합산할 책임이 플레이어에게 있는 것은 아님
>   규칙 3.3b(4)는 플레이어에 위와 같은 책임을 요구하지 않도록 개정. 핸디캡 타수를 계산하고 이를 통해 네트 스코어를 산출할 책임은 위원회에 있음
>
> ③ 규칙 4.1a(2) 라운드 동안 손상된 클럽의 사용, 수리, 교체(★)
>   규칙 4.1a(2)는 고의로 클럽을 남용하여 손상된 경우가 아닌 이상, 플레이어가 손상된 클럽을 교체, 수리하는 것을 허용하도록 개정
>
> ④ 규칙 6.3b(3) 잘못 교체한 볼에 스트로크한 경우(★)
>   규칙 6.3b(3)은 이 경우의 페널티는 일반 페널티에서 1벌타로 변경
>
> ⑤ 규칙 9.3 자연의 힘에 의하여 움직인 볼(★)
>   새로운 예외 2에 따라, 드롭하거나 플레이스하거나 리플레이스한 후 정지한 볼이 다른 코스 구역으로 움직인 경우, 반드시 원래 지점에 리플레이스 하여야 함. 이 예외는 움직인 볼이 아웃오브바운즈에 정지한 경우에도 똑같이 적용
>
> ⑥ 규칙 10.2b 그 밖의 도움
>   - 이 내용을 명확히 하고 2019년 골프 규칙을 뒷받침하고 핵심 원칙을 통합하기 위하여 재작성됨
>   - 규칙 10.2b(1), (2)는 플레이어의 캐디를 포함한 어떤 사람이든 플레이어에게 '플레이 선' 또는 그 밖의 방향 정보와 관련된 도움을 주기 위하여 어떤 물체를 지면에 내려놓는 것이 허용되지 않으며, 그 스트로크를 하기 전 그 물체를 치우더라도 페널티를 면할 수 없도록 개정
>
> ⑦ 규칙 11.1b 움직이고 있는 볼이 우연히 사람이나 외부의 영향을 맞힌 경우: 볼을 반드시 플레이하여야 할 장소
>   규칙 11.1b는 퍼팅그린에서 플레이한 볼이 곤충이나 플레이어 또는 그 스트로크에 사용한 클럽을 맞힌 경우에 그 볼을 다시 플레이할 것이 아니라, 그 볼이 놓인 그대로 플레이하도록 개정
>
> ⑧ 규칙 21.1c 스테이블포드에서 적용되는 페널티
>   규칙 21.1c는 앞으로는 클럽, 출발 시각, 플레이의 부당한 지연과 관련된 페널티를 기본적인 스트로크플레이에서 적용하는 것과 같은 방식으로 그 홀에서 적용하도록 개정. 이같이 개정된 페널티는 '규칙 21.3c'(파/보기에서 적용되는 페널티)에도 같은 방식으로 적용
>
> ⑨ 규칙 25 장애를 가진 플레이어를 위한 수정
>   새로운 규칙 25의 도입은 골프 규칙에 언급된 수정규칙이 모든 플레이 방식과 경기에 적용
>
> **2. 일반적인 변경사항**
>
> ① 후방선 구제
>   구제 절차는 플레이어가 그 후방선상에 볼을 드롭할 것을 요구하도록 개정. 구제구역은 볼이 드롭될 때 볼이 최초로 지면에 닿은 지점으로부터 어느 방향으로든 한 클럽 길이 이내의 구역으로 결정되고 이 개정안은 구제구역의 정의와 14.3b(3), 16.1c(2), 17.1d(2), 19.2b, 19.3에도 그대로 반영
>
> ② 반드시 스트로크를 다시 하여야 하는 경우의 진행 방법
>   '스트로크는 포함되지 않는다'고 언급하는 몇 가지 규칙은 관련 규칙을 위반한 상태에서 스트로크를 다시 할 것이 요구될 때 그 스트로크를 다시 하지 않더라도 더 이상 실격될 가능성이 없도록 개정

01 규칙 1 - 골프 게임, 플레이어의 행동 그리고 규칙

> **● 목적 ●**
>
> **골프 게임 중 플레이어가 지켜야 할 핵심 원칙에 관한 규칙**
> - 플레이어는 코스를 있는 그대로, 볼은 놓인 그대로 플레이
> - 플레이어는 골프 게임의 규칙과 정신에 따라 플레이
> - 규칙을 위반하는 경우, 스스로 페널티를 적용할 책임이 있고 이에 따라 동반자에 비해 잠재적인 이익을 얻을 수 없음

1 1.1 골프 게임

① 클럽으로 볼을 치며 보통 18개 홀로 구성된 라운드를 플레이하는 게임
② 티잉구역에서 시작하여 퍼팅그린 내 홀에 들어갈 때까지의 스트로크 수를 계산
③ 스트로크할 때, 플레이어는 코스를 있는 그대로, 볼은 놓인 그대로 플레이하는 것을 원칙으로 함

2 1.2 플레이어의 행동 기준

1. 1.2a 모든 플레이어가 지켜야 하는 행동

① 골프 게임의 정신에 따라 플레이
- 성실한 플레이(규칙에 따르며 모든 페널티를 스스로 적용)
- 타인 배려(신속, 안전, 방해되지 않도록 플레이)
- 코스 보호(페어웨이 디봇정리, 그린 볼 자국 수리, 벙커정리, 잔디 보호)

② 페널티는 없으나 골프 게임 정신의 반하는 '**매우 부당한 행동**' 적발 시, 위원회는 **실격**시킬 수 있음
③ '매우 부당한 행동'은 플레이어를 배제시키는 가장 엄중한 실격 사유에 정당함
④ 부당행동에 대해 실격 이외의 페널티 부과는 오직 1.2b에 따른 행동 수칙의 일부로 채택된 경우뿐

2. 1.2b 행동 수칙

플레이어의 행동에 대한 자체기준을 행동 수칙으로 정해 로컬룰로 채택 가능
① 정해진 행동 수칙을 위반한 경우 **페널티 포함**시킬 수 있음(1벌타 또는 일반 페널티)
② 행동 수칙 기준에 대해 매우 부당한 행동을 한 플레이어는 **실격**시킬 수 있음

3 1.3 규칙에 따라 플레이하기

1. 1.3a '규칙'의 의미; 경기 조건

규칙1부터 규칙25까지 모든 규칙뿐만 아니라, **용어의 정의, 로컬룰**을 의미(예 참가자격, 플레이 방식, 일정, 라운드 횟수, 홀 수, 홀 순서 등)

2. 1.3b 규칙의 적용

(1) 규칙 적용에 관한 플레이어의 책임

① 플레이어가 규칙을 위반한 경우 스스로 위반 사실 인지하고 페널티를 적용하는 데 있어 정직해야 함. **위반을 알면서도 고의로 페널티를 적용하지 않을 경우 실격됨. 두 명 이상의 플레이어들이 고의로 페널티를 무시하는 것에 대해 합의 후 라운드를 하게 된다면 그 플레이어들은 모두 실격됨**

② 문제를 판단할 필요가 있을 경우, 플레이어 본인이 알고 있는 사실뿐 아닌 합리적으로 이용할 수 있는 모든 정보를 고려해야 함

③ 레프리, 위원회에 규칙에 대한 도움 요청 가능. 합리적 시간 안에 도움을 받을 수 있는 상황이 아니라면 계속해서 플레이하되, **도움을 받을 수 있을 때 레프리, 위원회에 문제를 제기해야 함**

(2) 규칙을 적용하여 위치를 결정하는 경우 플레이어의 '**합리적인 판단**' 수용

① 많은 규칙들이 아래 예처럼 플레이어가 결정할 사항이 있음(지점, 점, 선, 경계, 구역, 그 밖의 위치)
- 마지막으로 통과한 페널티구역의 경계 지점 추정
- 구제받고 드롭 혹은 플레이스하는 경우에 그 지점 추정 및 측정
- 원래 지점에 리플레이스할 경우
- 볼이 놓인 위치가 코스의 구역인지 아닌지를 판단하고 구역을 결정할 때
- 볼이 비정상적인 코스상태에 닿아있는지 혹은 그 위나 안에 있는지 결정할 때

② 위치에 관한 결정은 신속 및 신중히 이뤄져야 하나 정확한 결정이 어려울 때가 있음

③ 합리적으로 할 수 있는 노력을 다하고 결정한 경우, 추후 비디오 증거나 다른 정보에 의하여 그 결정이 잘못된 것으로 밝혀지더라도, 플레이어의 합리적 판단은 그대로 받아들여짐

④ 스트로크 전, 플레이어는 본인의 결정이 잘못된 결정임이 인지된 경우 반드시 잘못을 바로잡아야 함 (규칙 14.5 참조)

3. 1.3c 페널티

(1) 페널티를 받게 되는 행동

플레이어 혹은 캐디의 행동으로 인해 규칙 위반이 일어난 경우에 적용(규칙 10.3c 참조)

① 플레이어의 요청에 따라 타인이 규칙에 위반될 행동이거나 위임을 받고 규칙이 위반될 행동하는 경우

② 타인이 플레이어의 볼이나 장비에 규칙에 위반되는 행동을 하는 것을 하려는 행위를 보고도 막거나 멈추게 하기 위한 합리적 조치를 취하지 않은 경우

(2) 페널티의 단계 ★★

총 3가지의 페널티가 있으며 플레이어가 얻는 모든 잠재적 이익을 상쇄시킴

① 1벌타: 위반으로 얻은 잠재적 이익이 사소한 경우이거나 원래의 볼 위치가 아닌 다른 장소에서 플레이하여 페널티 구제를 받는 경우, 특정 규칙에 따라 적용됨

② 일반 페널티(매치플레이 - 홀 패, 스트로크플레이 - 2벌타): 1벌타에 비해 플레이어가 얻는 잠재적 이익이 상당히 큰 대부분의 규칙 위반에 대해 적용됨

③ 실격: 매우 부당한 행동과 관련된 행동이나 규칙 위반으로 인해 스코어를 유효하다고 볼 수 없을 정도로 지나치게 큰 잠재적 이익을 취득한 경우 적용됨

(3) 페널티를 달리 적용할 권한은 누구에게도 없음

오직 규칙에 언급된 대로 적용

① 플레이어는 물론 위원회에도 다른 방식으로 적용할 권한은 없음

② 페널티 적용이 잘못되거나 적용하여야 할 페널티가 적용되지 않은 것은 그 잘못을 바로잡기에 너무 늦은 경우에만 그대로 적용될 수 있음

(4) 여러 개의 규칙 위반하거나 동일 규칙 여러 번 위반 시

각 위반과 위반 사이에 **개재 행위**가 있었는지 여부와 그 행위 내용에 따라 결정됨

① 개재 행위로 인해 두 개의 1벌타를 받는 경우: 플레이어가 **1벌타가 부과되는 규칙을 위반하고 그 위반을 인지한 후 1벌타가 부과되는 동일한 규칙이나 다른 규칙을 위반한 경우**, 플레이어는 그 두 가지 위반에 대한 페널티를 모두 받게 되므로, 총 2벌타를 받음

예를 들면, 플레이어가 일반구역에서 볼을 확인하려고 집어 올렸는데, 그 볼의 지점에 마크도 하지 않고 그 볼을 집어 듦. 그러자 다른 플레이어가 그 플레이어에게 규칙 7.3에 따른 1벌타를 받게 된다고 전달. 플레이어가 그 볼을 리플레이스하기 전에 볼을 확인하는 데 필요한 정도 이상으로 그 볼을 닦은 것 또한 규칙 7.3에 위반되는 행동. 플레이어가 첫 번째 페널티를 인지하게 된 것은 하나의 개재 행위이므로, 그 볼을 닦은 것에 대해서도 1벌타를 받게 됨. 즉, 플레이어는 총 2벌타를 받음

② 어떤 규칙을 위반한 후 다음 스트로크를 하는 과정에서 또 다른 규칙을 위반한 경우: 플레이어가 규칙에 위반되는 것을 인지하지 못하고 어떤 규칙을 위반한 후, 자신의 볼을 플레이하는 과정에 동일한 규칙이나 다른 규칙을 위반한 경우, 플레이어는 한 가지 페널티만 받게 됨

예를 들면, 스트로크플레이에서 플레이어가 퍼팅그린 근처의 움직일 수 없는 장해물로부터 구제를 받았는데, 실수로 잘못된 장소에 볼을 드롭. 그런데 그 볼을 플레이하기 전에, 그 볼의 플레이 선상에 있는 일반구역의 모래를 제거한 후 그 잘못된 장소에서 스트로크를 하여 규칙 8.1a를 위반. 이 경우, 모래를 제거한 것과 잘못된 장소에서 그 볼을 플레이한 것 사이에는 개재 행위가 없었기 때문에, 플레이어는 한 가지 페널티, 즉 일반 페널티(2벌타)만 받게 됨

02 규칙 2 - 코스

> **목적**
> 알아야 할 다섯 가지 코스의 구역, 플레이에 방해가 될 수 있는 것으로 규정된 몇 가지 유형의 물체와 그 상태

1 2.1 코스의 경계와 아웃오브바운즈

위원회가 정한 경계 안의 코스에서 플레이해야 하며, 그 코스에 속하지 않은 구역은 **아웃오브바운즈**

2 2.2 코스의 구역 (다섯 구역으로 나뉨)

1. **2.2a 일반구역**
   ① 퍼팅그린에 도달 전까지 코스의 대부분을 차지하는 주로 플레이하는 구역
   ② 페어웨이, 러프, 나무 등의 구역에서 볼 수 있는 모든 유형의 지면과 자라거나 붙어 있는 모든 물체 포함됨

2. **2.2b 네 가지 특정한 구역**
   ① 티잉구역(규칙 6.2)   ② 모든 페널티구역(규칙 17)
   ③ 모든 벙커(규칙 12)   ④ 퍼팅그린(규칙 13)

3. **2.2c 볼이 놓인 코스의 구역**: 어느 한 코스의 구역에만 놓인 것으로 간주
   볼의 일부가 두 가지 특정한 코스의 구역에 걸친 경우, 그 볼은 페널티구역 > 벙커 > 퍼팅그린 순으로 간주

3 2.3 플레이가 방해될 수 있는 물체 또는 상태

특정하게 규정된 물체나 상태로 인한 방해로부터 페널티 없는 구제를 허용할 수 있음

① **루스임페디먼트**(규칙 15.1)
② **움직일 수 있는 장해물**(규칙 15.2)
③ **비정상적인 코스상태**(규칙 16.1): 동물이 만든 구멍, 수리지, 움직일 수 없는 장해물, 일시적으로 고인 물

* 단, 플레이에 방해가 되더라도, **코스의 경계물, 코스와 분리할 수 없는 물체**는 페널티 없는 구제를 받을 수 없음

4 2.4 플레이금지구역(No Play Zones) ★★

플레이가 허용되지 않는, 반드시 구제를 받아야 하는 구역

① 플레이어 볼이 플레이금지구역에 있는 경우
② 플레이금지구역 밖에 볼이 있지만, 의도된 플레이어의 스탠스나 스윙 구역에 방해가 되는 경우

「위원회 절차」: 플레이어에게 절대로 플레이금지구역에 들어가지 말 것을 행동 수칙으로 정할 수 있음

03 규칙 3 - 경기

> **목적**
>
> 골프 경기의 세 가지 핵심 요소
> 1. 스트로크플레이와 매치플레이 방식
> 2. 개인 혹은 파트너와 함께 플레이
> 3. 그로스 스코어와 네트 스코어의 스코어 산정방식

1 3.1 모든 경기의 핵심 요소

1. 3.1a 플레이 방식 - 매치플레이와 스트로크플레이

(1) 매치플레이

플레이어와 상대방이 각 홀을 이기거나 비기거나 지는 것을 홀로 계산하여 서로 경쟁하는 경기 방식

(2) 스트로크플레이

모든 플레이어가 총 스코어를 기준으로 모든 플레이어와 경쟁하는 경기 방식. 모든 라운드의 각 홀에서 기록한 총 타수(스트로크 수 + 벌타 합)를 모두 더한 스코어로 경쟁

2. 3.1b 플레이어가 경쟁하는 방법 - 개인플레이, 파트너플레이

(1) 개인 플레이어들끼리 경쟁하는 방식(규칙 1 ~ 규칙 20, 규칙 25)

(2) 파트너들이 함께 참가하는 방식 – 포섬, 포볼(규칙 22 ~ 규칙 23)

(3) 팀 경기(규칙 24)

3. 3.1c 스코어 산정 방법 - 그로스 스코어, 네트 스코어

(1) 스크래치 경기

홀이나 라운드의 '그로스 스코어'는 총 타수(스트로크 수와 벌타의 합). 핸디캡은 적용되지 않음

(2) 핸디캡 경기

홀이나 라운드의 '네트 스코어'는 그로스 스코어에 핸디캡 스트로크를 적용하여 조정한 스코어(각기 다른 실력을 갖춘 플레이어들이 공정한 경쟁을 하기 위함)

3.2 매치플레이

> **목적**
> 매치플레이에서는 특정한 규칙(컨시드, 타수에 대한 정보 제공)을 갖게 되는데, 이는 상대방과 모든 홀에서 서로를 상대로만 경쟁하며 서로의 플레이를 지켜볼 수 있고 각자 자신의 이익을 지킬 수 있기 때문임

1. 3.2a 홀과 매치의 결과

(1) 홀을 이기는 경우

① 상대방보다 더 적은 타수로 그 홀을 끝낸 경우
② 상대방이 그 홀을 컨시드한 경우
③ 상대방이 일반 페널티(홀 패)를 받은 경우

(2) 홀을 비기는 경우

① 상대방과 동일한 타수로 그 홀을 끝낸 경우
② 상대방과 홀을 비긴 것으로 간주하는 데 합의한 경우 단 두 플레이어 중 한 사람이라도 그 홀을 시작하기 위한 스트로크를 한 후에만 허용됨

(3) 매치를 이기는 경우

① 플레이어가 남은 홀보다 더 많은 홀을 이겨, 상대방보다 앞선 경우
② 상대방이 매치를 컨시드한 경우
③ 상대방이 실격된 경우

(4) 비긴 매치의 연장

① 마지막 홀이 끝난 시점에 매치가 비긴 경우에는 승자가 결정될 때까지 한 번에 한 홀씩 연장
② 위원회가 다른 방식으로 순서를 정해놓지 않은 한, 연장되는 매치의 홀들은 그 라운딩과 동일 순서로 플레이해야 함
③ 단, 비긴 매치를 연장 없이 비긴 상태로 끝내는 것을 경기 조건으로 명시할 수도 있음

(5) 결과 확정되는 시점 (공표 방식은 경기 조건으로 정해져 있어야 함)

① 매치의 결과가 공식적인 스코어보드나 그 밖의 지정된 장소에 기록된 시점
② 위원회가 지정한 사람에게 매치의 결과가 보고되는 시점

2. 3.2b 컨시드

(1) 플레이어는 스트로크나 홀 또는 매치를 컨시드할 수 있음

① 다음 스트로크 컨시드: 상대방이 다음 스트로크하기 전 언제든 허용됨

- 컨시드하면 상대방은 그 컨시드된 스트로크를 포함한 스코어로 홀 종료. 누구든 그 볼을 치울 수 있음
- 상대방 볼의 직전 스트로크 후 움직이는 동안 컨시드할 경우, 그 볼이 홀에 들어가지 않은 경우, 그 컨시드는 상대방의 다음 스트로크에 적용됨(홀에 들어간 경우 컨시드는 문제되지 않음)
- 상대방의 움직이고 있는 볼이 홀에 들어갈 수 있는 합리적 기회가 없을 경우, 그 스트로크를 특정하여 컨시드하는 경우에 한 해, 플레이어는 상대방의 움직이고 있는 볼의 방향을 바꾸거나 멈추게 하며 상대방의 다음 스트로크를 컨시드할 수 있음

② **홀 컨시드**: 플레이어들이 홀을 시작하기 전부터 끝나기 전까지 언제든 허용됨. 단, 매치를 **단축시킬 목적**으로 홀을 컨시드하는 데 합의하는 것은 허용되지 않음. 이런 경우 두 **플레이어 모두 실격 처리됨**

③ 매치 컨시드: 플레이어들이 매치를 시작하기 전부터 그 매치의 결과가 확정되기 전까지 언제든 허용됨

(2) 컨시드하는 방법 ★★

컨시드 의사가 명백하게 전달된 경우에 한해 성립

① 컨시드는 그 스트로크나 홀 또는 매치를 컨시드하는 의사를 명백하게 나타내는 말이나 행동, 또는 몸짓으로 전달하여야 성립됨

② 상대방이 플레이어의 말이나 행동을 오해하고 컨시드라고 인식 후 자신의 볼을 집어 올린 경우, 페널티는 없음. 단 볼은 반드시 **원래 지점에 리플레이스** 후 플레이를 이어가야 함

③ 컨시드는 최종적인 것이며 거절이나 번복이 불가함

3. 3.2c 핸디캡 매치에서 핸디캡 적용하는 법

(1) 핸디캡 선언

① 매치 시작 전 자신의 핸디캡을 서로에게 알려줘야 함

② 매치 전이나 진행 중, 잘못된 핸디캡을 선언하고 상대방이 다음 스트로크를 하기 전에 그 잘못을 정정하지 않은 경우에 아래와 같이 처리됨

- 실제 핸디캡보다 높은 핸디캡 선언 시, 상대방과 주고받는 스트로크 수에 영향을 미쳤을 때 플레이어는 **실격**. 상대방과 주고받는 스트로크 수에 영향을 미치지 않은 경우는 **페널티 없음**
- 실제 핸디캡보다 낮은 핸디캡을 선언 시, 페널티는 없지만, 플레이어는 반드시 **선언한 낮은 핸디캡을** 사용하여 상대방과 주고받는 스트로크 수를 계산해야 함

(2) 핸디캡 스트로크 적용되는 홀

① 핸디캡 스트로크는 홀에 따라 주어지며, 더 낮은 네트 스코어를 낸 플레이어가 그 홀에서 승리

② 위원회가 핸디캡 스트로크를 다른 방식으로 적용하도록 정해놓지 않은 한, 비긴 매치가 연장되는 매치에서의 핸디캡 스트로크는 그 라운드에서와 동일한 방식으로 홀에 따라 주어짐

4. 3.2d 플레이어와 상대방의 책임

(1) 상대방에게 타수에 대해 알려주기(언제든 물어볼 수 있으며, 이는 홀의 남은 부분을 어떻게 플레이할 것인지 결정하고 홀의 결과를 확인할 수 있도록 하기 위함)

① 플레이어는 반드시 정확한 타수를 고지해야 함

② 상대방 요청에 응하지 않는다면 잘못된 타수를 알려준 것으로 간주함. 잘못된 타수 알려준 후 제때 잘못을 바로잡지 않은 경우, 그 홀의 패로 적용됨

③ 홀이 끝나기 전 잘못된 타수를 알려준 경우, 상대방이 다른 스트로크 하거나 컨시드 하려는 행동을 하기 전 정확한 타수를 고지해야 함

④ 홀이 끝난 후 잘못된 타수를 알려준 경우, 상대방이 다음 홀을 스트로크하거나 홀을 컨시드 하려는 행동을 하기 전 정확한 타수를 고지해야 함. 마지막 홀인 경우, 그 매치의 결과가 확정되기 전에 고지해야 함

예외 홀의 결과에 영향을 미치지 않은 경우, 페널티가 없음

(2) 플레이어가 페널티 받은 경우 상대방에게 페널티 알려주기

① 상대방과의 거리나 현실적인 요소를 고려하면 플레이어가 상대방에게 본인의 페널티에 대해 상대방의 다음 스트로크 전에 알려주는 게 언제나 가능한 것은 아니지만, 합리적으로 가능한 한 빨리 알려주어야 함

② 플레이어가 적용받을 페널티에 대해 알지 못한 경우도 적용됨. 규칙 위반 시 스스로 그 사실을 인식할 것으로 예상하기 때문

③ 상대방이 다른 스트로크하거나 컨시드 하려는 행동을 하기 전까지 플레이어가 본인의 페널티를 고지하지 않고 잘못을 바로잡지 않은 경우, 그 홀의 패로 적용됨

예외 플레이어의 페널티를 상대방이 알고 있던 경우는 페널티 없음(예 페널티 구제를 받는 것을 직접 본 경우)

(3) 매치 스코어 알기(몇 홀 업, 몇 홀 다운, 타이 혹은 올 스퀘어)

플레이어와 상대방이 잘못된 매치 스코어에 대하여 실수로 합의한 경우, 누구든 다른 홀을 시작하기 위한 스트로크를 하기 전에 또는 그 홀이 그 매치의 마지막 홀인 경우에는 그 매치 결과가 확정 전에 그 매치 스코어를 바로잡을 수 있음. 이 시간 안에 바로잡지 않은 경우, 잘못된 매치 스코어는 실제 매치 스코어가 됨

예외 플레이어가 제때 재정을 요청한 경우, 상대방이 플레이어에게 잘못된 타수를 알려주었거나, 페널티에 대하여 알려주지 않은 것이 밝혀진 경우, 잘못된 매치 스코어는 반드시 바로잡아야 함

(4) 자신의 권리와 이익 지키기

① 상대방이 페널티 부과되는 규칙 위반인 것을 알고 있거나 확신하는 경우, 플레이어는 그 위반에 대한 조치를 취할 것인지 취하지 않을 것인지 선택할 수 있음

② 플레이어, 상대방 모두 적용하여야 할 것으로 알고 있는 규칙이나 페널티를 적용하지 않기로 상호합의하고 누구든지 그 라운드를 시작한 경우, 플레이어와 상대방 모두 규칙 1.3b에 따라 **실격**이 됨

③ 매치에 배정되는 레프리는 반드시 자신이 보거나 들은 모든 규칙 위반 사실에 대하여 조치를 취할 책임이 있음

3 3.3 스트로크플레이 ★★

● **목적** ●

각 플레이어가 다른 모든 경기 참가 플레이어들을 상대로 경쟁하기 때문이며, 모든 플레이어들이 동등한 대우를 받아야 하기 때문. 경기 종료 후 플레이어와 마커는 반드시 각 홀의 스코어가 맞는지 확인 후 서명해야 하며 서명 후 위원회에 제출해야 함

1. 3.3a 스트로크플레이의 우승자

모든 라운드를 가장 적은 총 타수로 끝낸 플레이어. 핸디캡 경기에서 가장 적은 총 타수는 네트 스코어로 가장 적은 타수를 의미

2. 3.3b 스트로크플레이에서의 스코어 산정 방법

스코어는 위원회가 지정한 마커, 또는 위원회가 승인한 방식에 따라 플레이어가 선택한 마커가 그 플레이어의 스코어카드에 기록함. 반드시 라운드 내내 동일한 마커를 써야 하나, 마커를 교체하는 일이 일어나기 전이나 후에 위원회가 마커의 교체 승인한 경우는 예외임

(1) 마커의 책임

① 스코어카드에 홀 스코어 기록 및 확인, 서명 - 라운드 동안 각 홀 종료 후, 마커는 플레이어와 함께 그 홀의 타수를 확인 및 그 그로스 스코어를 스코어카드에 기록해야 함

② 라운드 종료 후, 마커가 플레이어의 홀 스코어가 틀리다고 확신하는 경우, 그 마커는 플레이어의 홀 스코어를 확인, 서명하기를 거부할 수 있음. 이런 경우 위원회는 이용할 수 있는 증거를 고려해 플레이어의 홀 스코어를 결정해야 함. 위원회 결정에도 불구 마커가 플레이어의 스코어를 확인, 서명하기를 거부하는 경우 위원회가 직접 그 홀 스코어를 확인, 서명하거나 문제가 된 홀에서 플레이어의 행동을 목격한 다른 사람으로부터 확인, 서명 받을 수 있음. 마커가 잘못된 홀 스코어인 줄 알면서도 확인, 서명한 경우 규칙 1.2a에 따라 그 마커는 실격

(2) 플레이어의 책임

① 홀 스코어의 확인, 서명 및 스코어카드 제출 – 라운드 내내 플레이어는 자신의 각 홀 스코어를 알고 있어야 함

② 라운드 종료 후, 마커가 기록한 홀 스코어들을 세심하게 살펴보고 이상이 있는 경우에는 위원회에 문제 제기해야 함. 마커의 스코어 확인, 서명을 반드시 확인하되 **마커가 기록한 홀 스코어를 수정해서는 안 됨**. 단, 마커의 동의나 위원회의 승인이 있는 경우는 예외. 플레이어는 반드시 스코어카드상의 스코어에 확인, 서명 후 위원회에 신속히 제출하고 **제출 이후에는 스코어카드를 수정해서는 안 됨.** 규칙 3.3b 요건 중 하나라도 위반하는 경우, 플레이어는 실격

> **예외** 마커가 자신의 책임을 다하지 않아 위반이 일어난 경우 페널티는 없음. (위원회가 마커가 플레이어의 통제를 벗어나 자신의 책임을 다하지 않았기 때문이라고 판단했을 경우) 예로 마커가 플레이어의 스코어카드를 가지고 갔거나 확인, 서명하지 않고 가버린 경우가 있음.

(3) 잘못된 홀 스코어

어느 홀이든 잘못된 스코어가 기록된 스코어카드를 제출한 경우에 실제 스코어보다 더 높은 스코어를 제출한 경우는 더 높은 스코어가 그 홀의 스코어로 유효하며 실제 스코어보다 낮은 스코어를 제출한 경우와 스코어를 제출하지 않은 경우, 플레이어는 실격

> **예외** 스코어카드 제출 전, 알지 못했기 때문에 페널티를 포함시키지 않은 경우는 실격되는 것은 아님. 규칙에 따라 벌타를 추가 후 그 홀의 스코어를 수정할 수 있음. 단, 페널티가 1벌타가 아닌 실격 페널티인 경우는 예외. 또한, 페널티 적용될 수도 있다는 말을 듣거나 페널티 적용에 대해 확실히 알지 못하는데도 위원회에 이 문제를 제기하지 않은 경우

(4) 스코어 카드상에 핸디캡을 명시하거나 스코어를 합산할 책임이 플레이어에게 있는 것은 아님. 플레이어가 핸디캡이 잘못 명시되거나 잘못 적용된 스코어카드를 제출한 경우 또는 스코어를 합산하는 데 잘못이 있는 스코어카드를 제출한 경우, 페널티는 없음. 스코어카드를 위원회에 제출 후 플레이어의 스코어를 합산하고, 그 경기에 적용되는 플레이어의 핸디캡 타수를 계산하고 네트 스코어를 산출할 책임은 위원회에 있음

3. 3.3c 홀 아웃하지 않은 경우

플레이어는 반드시 라운드의 각 홀에서 홀 아웃해야 함. 홀아웃하지 않은 경우는 아래와 같이 해야 함

① 반드시 다른 홀 시작을 위한 스트로크 전, 또는 그 홀이 그 라운드의 마지막 홀인 경우에는 스코어카드 제출 전 그 잘못을 바로잡아야 함

② 이 시간 안에 그 잘못을 바로잡지 않으면 플레이어는 실격

04 규칙 4 - 플레이어의 장비

> **목적**
>
> 규칙 4는 플레이어가 라운드 동안 사용할 수 있는 장비에 관한 규칙. 골프가 플레이어의 판단과 기량과 능력에 따라 그 성공 여부가 결정되는 도전적인 플레이라는 원칙에 근거하여,
> - 플레이어는 반드시 규칙에 적합한 클럽과 볼을 사용하여야 하고
> - 클럽의 개수는 14개로 제한되며
> - 자신의 플레이에 인위적인 도움을 주는 그 밖의 장비를 사용하는 데 제한을 받음

클럽과 볼과 그 밖의 장비에 관한 자세한 요건과 장비의 적합성 검토를 위한 문의 및 제출 절차에 대해서는 「장비 규칙」을 참조

4.1 클럽(Clubs)

1. 4.1a 스트로크를 하는 데 허용되는 클럽

(1) 적합한 클럽

스트로크를 할 때, 플레이어는 반드시 다음과 같은 클럽을 사용하여야 함

- 「장비 규칙」의 요건에 적합한 새 클럽
- 그 클럽의 플레이 성능이 어떤 식으로 변화되었더라도, 「장비 규칙」의 요건에 적합한 클럽(라운드 동안 클럽이 손상된 경우 - 규칙 4.1a(2) 참조)

그러나 적합한 클럽의 플레이 성능이 그 클럽을 정상적으로 사용하는 과정에서 마모되어 변화되었더라도, 그 클럽은 여전히 적합한 클럽

클럽의 '플레이 성능'이란, 그 클럽이 쓰이는 방법이나 정렬 기능을 보조하는 데 영향을 미치는 모든 부분·부품·속성을 말함. 이러한 플레이 성능에는 무게 조절용 부품, 라이, 로프트, 정렬 기능이 있는 부분 및 허용되는 외부 부착물도 포함되지만, 이에 국한되는 것은 아님

(2) 라운드 동안 손상된 클럽의 사용·수리·교체 ★

적합한 클럽이 라운드 동안 또는 규칙 5.7a에 따라 플레이가 중단된 동안 손상된 경우, 플레이어는 그 클럽을 수리하거나 다른 클럽으로 교체할 수 있음. 다만 플레이어가 고의로 클럽을 남용하여 손상한 경우는 예외

그러나 그 손상의 내용이나 원인과 관계없이, 그 손상된 클럽은 그 라운드의 남은 부분을 플레이하는 동안 여전히 적합한 클럽으로 간주(그러나 스트로크플레이의 플레이오프는 새로운 라운드이기 때문에, 플레이오프에서는 적합한 클럽으로 간주되지 않음)

남은 라운드 동안:

- 플레이어는 계속해서 그 손상된 클럽으로 스트로크를 할 수도 있고,
- 그 클럽을 수리하거나 다른 클럽으로 교체할 수 있음(규칙 4.1b(4)). 다만 플레이어가 고의로 클럽을 남용하여 손상시킨 경우는 예외

손상된 클럽을 다른 클럽으로 교체하는 경우, 플레이어는 반드시 규칙 4.1c(1)의 절차에 따라, 다른 스트로크를 하기 전에 그 손상된 클럽을 플레이에서 배제시켜야 함

'라운드 동안 손상된 경우'는 라운드 동안(규칙 5.7a에 따라 플레이가 중단된 동안 포함) 다음과 같은 어떤 행위로든 그 클럽의 플레이 성능이 변화된 것을 의미:

- 플레이어에 의한 손상(예 그 클럽으로 스트로크나 연습 스윙을 하거나 그 클럽을 골프백에 넣거나 꺼내다가 손상된 경우, 그 클럽에 기대거나 그 클럽을 떨어뜨리거나 고의로 남용하여 손상된 경우)
- 다른 사람이나 외부의 영향 또는 자연의 힘에 의한 손상

그러나 플레이어가 라운드 동안 그 클럽의 플레이 성능을 고의로 변화시킨 경우, 그 클럽은 '라운드 동안 손상된' 클럽이 아님. 이 경우에는 규칙 4.1a(3)가 적용

(3) 라운드 동안 클럽의 플레이 성능을 고의로 변화시킨 경우

플레이어는 다음과 같이, 자신이 라운드 동안(규칙 5.7a에 따라 플레이가 중단된 동안 포함) 고의로 플레이 성능을 변화시킨 클럽으로 스트로크를 해서는 안 됨:

- 조정 가능한 부품을 사용하여 그 클럽의 플레이 성능을 변화시키거나 그 클럽을 물리적으로 변화시킨 경우(규칙 4.1a(2)에 따라 수리가 허용되는 경우는 예외)
- 스트로크에 사용하는 클럽에 영향을 미치기 위하여 그 클럽헤드에 어떤 물질을 발라서 변화시킨 경우(세척용 물질은 예외)

  예외 조정 가능한 클럽을 원래 위치로 복원시켰거나 허용되지 않는 외부 부착물을 제거한 경우: 페널티는 없으며, 다음과 같은 두 가지 상황에서 스트로크할 때 그 클럽을 사용할 수 있음

- 조정 가능한 부품을 사용하여 클럽의 플레이 성능이 변화되었지만, 그 클럽으로 스트로크를 하기 전에, 그 부품을 원래 위치와 가능한 한 가장 가까운 위치로 다시 조정하여 복원시킨 경우
- 그 클럽으로 스트로크를 하기 전에, 허용되지 않는 외부 부착물(예 클럽페이스에 붙이는 스티커)을 그 클럽에서 제거한 경우

규칙 4.1a를 위반하여 스트로크한 것에 대한 페널티: 실격

- 부적합한 클럽이나 라운드 동안 플레이 성능이 고의로 변화된 클럽으로 스트로크를 하지는 않고 단지 갖고 있기만 한 것에 대해서는 본 규칙에 따른 페널티가 없음
- 그러나 그러한 클럽도 여전히 규칙 4.1b(1)의 클럽 개수의 한도(14개)에 포함

2. 4.1b 클럽 개수의 한도(14개); 라운드 동안 클럽의 공동 사용·추가·교체

(1) 클럽 개수의 한도 - 14개

- 플레이어는 14개가 넘는 클럽을 가지고 라운드를 시작해서는 안 되며,
- 라운드 동안 14개가 넘는 클럽을 가지고 있어서도 안 됨

클럽 개수의 한도에는 플레이어 자신 또는 플레이어를 위하여 다른 누군가가 가지고 있는 모든 클럽이 포함. 그러나 플레이어의 라운드가 시작될 때부터 플레이어 또는 플레이어를 위하여 다른 누군가가 가지고 있는 부러진 클럽 일부와 클럽에서 분리된 부분(예 클럽헤드, 샤프트, 그립)은 클럽 개수의 한도에 포함되지 않음

14개 미만의 클럽을 가지고 라운드를 시작한 경우, 플레이어는 그 라운드 동안 클럽 개수가 한도(14개)에 이를 때까지 클럽을 추가할 수 있음(클럽을 추가하는 경우의 제한 사항 - 규칙 4.1b(4) 참조). 플레이어가 클럽을 추가한 것으로 간주되는 시점은 그 추가 클럽을 가지고 있는 상태에서 어떤 클럽으로든 다음 스트로크를 하는 시점임

플레이어가 14개가 넘는 클럽을 가지고 있어서 본 규칙에 위반된 것을 인지하게 된 경우, 플레이어는 반드시 규칙 4.1c(1)의 절차에 따라, 다음 스트로크를 하기 전에 그 초과한 클럽(들)을 플레이에서 배제시켜야 함

플레이어가 14개가 넘는 클럽을 가지고 플레이를 시작한 경우, 어떤 클럽(들)을 플레이에서 배제시킬 것인지는 플레이어가 선택할 수 있음

- 플레이어가 라운드 동안 클럽 개수의 한도를 초과하여 클럽(들)을 추가한 경우, 그 한도를 초과하여 추가된 클럽(들)은 반드시 플레이에서 배제되어야 함
- 플레이어의 라운드가 시작된 후, 플레이어가 다른 플레이어가 두고 간 클럽을 챙긴 경우 또는 자신도 모르는 사이에 자신의 골프백에 어떤 클럽이 잘못 들어가 있는 경우, 그 클럽은 클럽 개수의 한도(14개)의 목적상 플레이어의 클럽 중 하나로 간주되지 않음(그러나 그 클럽을 사용해서는 안 됨)

(2) 클럽의 공동 사용금지 - 플레이어가 사용할 수 있는 클럽은 라운드를 시작할 때 가지고 있던 클럽 또는 (1)에 허용된 바와 같이 추가된 클럽으로 제한:

- 플레이어는 그 코스에서 플레이 중인 누군가가 사용 중인 클럽으로 스트로크를 해서는 안 됨. 그 다른 플레이어가 플레이어와는 다른 그룹이나 다른 경기에서 플레이 중인 플레이어라도 그 플레이어가 사용 중인 클럽으로 스트로크를 해서는 안 됨
- 플레이어가 다른 플레이어의 클럽으로 스트로크를 하여 본 규칙을 위반한 것을 인지하게 된 경우, 반드시 규칙 4.1c(1)의 절차에 따라, 다른 스트로크를 하기 전에 그 클럽을 플레이에서 배제시켜야 함

규칙 22.5, 23.7 (파트너플레이 방식의 경기에서 파트너들이 14개가 넘지 않는 클럽을 가진 경우, 클럽의 공동 사용을 허용하는 제한된 예외) 참조

(3) 분실된 클럽의 교체 금지

플레이어가 14개의 클럽을 가지고 라운드를 시작하였거나 클럽 개수의 한도(14개)까지 클럽을 추가한 후, 라운드 동안 또는 규칙 5.7a에 따라 플레이가 중단된 동안 클럽을 분실한 경우, 플레이어는 다른 클럽으로 그 분실된 클럽을 교체해서는 안 됨

(4) 클럽을 추가하거나 교체할 때의 제한 사항: 규칙 4.1a(2) 또는 4.1b(1)에 따라 클럽을 추가하거나 교체하는 경우,

- 플레이어가 플레이를 부당하게 지연시켜서는 안 되고(규칙 5.6a 참조),
- 그 코스에서 플레이 중인 다른 플레이어(플레이어와는 다른 그룹이나 다른 경기에서 플레이 중인 플레이어라도)가 가지고 있거나 누군가가 그 다른 플레이어를 위하여 가지고 있는 클럽을 추가하거나 빌려서는 안 되며,
- 플레이어나 그 코스에서 플레이 중인 다른 플레이어(플레이어와는 다른 그룹이나 다른 경기에서 플레이 중인 플레이어라도)가 가지고 있거나 누군가가 플레이어나 다른 플레이어를 위하여 가지고 있는 부품으로 클럽을 조립해서도 안 됨

클럽의 추가나 교체가 허용되지 않을 때 플레이어가 클럽을 추가하거나 교체하여 본 규칙을 위반한 것을 인지하게 된 경우, 플레이어는 반드시 다른 스트로크를 하기 전에 규칙 4.1c(1)의 절차에 따라 그 클럽을 플레이에서 배제시켜야 함

라운드 이전(규칙 4.1c(2))이나 라운드 동안(규칙 4.1c(1)) 플레이에서 배제시킨 후에도 여전히 가지고 있는 클럽으로 스트로크를 한 경우, 플레이어는 규칙 4.1c(1)에 따라 실격이 됨

규칙 4.1b의 위반에 대한 페널티: 페널티는 플레이어가 위반을 인지하게 된 시점에 따라 적용

- 홀 플레이 중에 위반을 인지하게 된 경우 - 페널티는 플레이 중인 홀이 끝났을 때 적용. 매치플레이에서, 플레이어는 반드시 그 홀을 끝내고 그 홀의 결과를 매치 스코어에 반영한 후 페널티를 적용하여 그 매치 스코어를 조정하여야 함
- 홀과 홀 사이에서 위반을 인지하게 된 경우 - 페널티는 다음 홀이 아니라 방금 끝난 홀에 적용

매치플레이에서의 페널티 - 라운드 당 최대 두 홀까지 홀을 뺌

- 이 페널티는 매치 조정 페널티이며, 홀 패의 페널티와는 다름
- 플레이 중인 홀이 끝나거나 직전의 홀이 끝난 후, 매치 스코어는 위반이 일어난 각 홀당 **한 홀씩** 라운드 당 **최대 두 홀까지 빼는 것**으로 조정됨
- 예를 들면, 15개의 클럽을 가지고 시작한 플레이어가 세 번째 홀을 플레이하던 중 위반 사실을 인지하게 되었는데, 그 홀을 이겨서 그 매치에서 세 홀을 이긴 상태가 됨. 이 경우, 최대 두 홀의 조정이 적용되므로, 그 플레이어는 그 매치에서 한 홀만 이긴 상태가 됨

스트로크플레이에서의 페널티 - 2벌타, 최대 4벌타: 플레이어는 위반이 일어난 각 홀에 대하여 **일반 페널티(2벌타)** 를 받으며, 라운드 당 **최대 4벌타**(위반이 일어난 첫 두 개의 홀에 각 2벌타씩 추가)를 받음

3. 4.1c 클럽을 플레이에서 배제시키는 절차

(1) **라운드 동안** - 플레이어가 규칙 4.1b를 위반한 것을 라운드 동안 인지하게 된 경우, 플레이어는 반드시 다음 스트로크를 하기 전에, 다음과 같이 플레이에서 배제시킬 각 클럽을 명백하게 가리키는 행동을 하여야 함

- 매치플레이에서의 상대방 또는 스트로크플레이에서의 마커나 같은 그룹의 다른 플레이어에게 어떤 클럽을 플레이에서 배제시킬 것인지 선언하거나,
- 그런 의사를 명백하게 나타내는 행동을 함(예 그 클럽을 골프백에 거꾸로 집어넣거나, 골프 카트 바닥에 내려놓거나, 다른 사람에게 건네줌)

플레이어는 남은 라운드 동안 플레이에서 배제시킨 클럽으로 스트로크를 해서는 안 됨

플레이에서 배제된 클럽이 다른 플레이어의 클럽인 경우, 그 다른 플레이어는 자신의 클럽인 그 클럽을 계속 사용할 수 있음

규칙 4.1c(1)의 위반에 대한 페널티: 실격

(2) **라운드 전** - 플레이어가 14개가 넘는 클럽을 우연히 가지고 있는 것을 라운드를 시작하기 직전에 인지하게 된 경우, 플레이어는 그 초과한 클럽(들)을 남겨두고 라운드를 시작하려고 시도하여야 함

그러나 페널티를 면할 방법으로:

- 라운드를 시작하기 전에, (1)의 절차에 따라 초과한 클럽(들)을 플레이에서 배제시킨 후,
- 그 초과한 클럽(들)을 라운드 동안 가지고 있기만(사용하지 않고) 할 수는 있음. 이 경우, 그 초과한 클럽(들)은 클럽 개수의 한도(14개)에 포함되지 않음

플레이어가 고의로 자신의 첫 번째 티잉구역에 14개가 넘는 클럽들을 가져오고 그 초과한 클럽(들)을 남겨두지 않고 라운드를 시작한 경우, 위와 같이 페널티를 면하는 방법은 허용되지 않으며, 그런 경우에는 규칙 4.1b(1)가 적용

2 4.2 볼(Balls)

1. 4.2a 라운드 플레이에 허용되는 볼

(1) 반드시 적합한 볼을 사용하여야 함

스트로크를 할 때마다, 플레이어는 반드시 「장비 규칙」의 요건에 적합한 볼을 사용하여야 함

플레이어는 그 코스에서 플레이 중인 다른 플레이어를 포함한 어느 누구에게서든 적합한 볼을 얻을 수 있음

(2) 고의로 변화된 볼을 플레이해서는 안 됨

플레이어는 플레이 성능을 고의로 변화시킨 볼에 스트로크해서는 안 됨(예) 긁어서 흠을 내거나 가열하거나 어떤 물질(세척용 물질은 제외)을 바른 볼)

규칙 4.2a를 위반하여 스트로크한 것에 대한 페널티: 실격

2. 4.2b 홀을 플레이하는 동안 볼이 조각난 경우

스트로크 후 플레이어의 볼이 조각난 경우, 페널티는 없으며, 그 스트로크는 타수에 포함되지 않음

플레이어는 반드시 그 스트로크를 한 곳에서 다른 볼을 플레이하여야 함(규칙 14.6 참조)

규칙 4.2b를 위반하여 잘못된 장소에서 플레이한 것에 대한 페널티: 규칙 14.7a에 따라 일반 페널티

3. 4.2c 홀을 플레이하는 동안 볼이 갈라지거나 금이 간 경우 ★★

(1) 갈라지거나 금이 갔는지 확인하기 위하여 볼을 집어 올리는 경우 - 플레이어가 홀을 플레이하는 동안 자신의 볼이 갈라지거나 금이 갔다고 합리적으로 확신하는 경우,

- 플레이어는 그것을 살펴보기 위하여 그 볼을 집어 올릴 수 있음
- 그러나 그 볼을 집어 올리기 전에 반드시 그 볼의 지점을 마크하여야 하며, 그 볼을 닦아서는 안 됨(다만 퍼팅그린에서는 예외)(규칙 14.1 참조)

플레이어가 이와 같은 합리적인 확신 없이 볼을 집어 올렸거나(규칙 13.1b에 따라 플레이어가 볼을 집어 올릴 수 있는 퍼팅그린에서는 예외) 집어 올리기 전에 마크하지 않았거나 볼 닦기가 허용되지 않는데 닦은 경우, 플레이어는 1벌타를 받음

(2) 다른 볼로 교체할 수 있는 경우 - 원래의 볼이 갈라지거나 금이 갔고 그러한 손상이 플레이 중인 홀에서 일어난 것을 명백하게 알 수 있는 경우에 한하여, 플레이어는 그 볼을 다른 볼로 교체할 수 있음. 그러나 단지 긁히거나 흠이 나거나 칠이 벗겨지거나 변색된 것만으로는 볼을 교체할 수 없음

- 원래의 볼이 갈라지거나 금이 간 경우, 플레이어는 반드시 다른 볼이나 원래의 볼을 원래의 지점에 리플레이스하여야 함(규칙 14.2 참조)
- 원래의 볼이 갈라지거나 금이 가지 않은 경우, 플레이어는 반드시 원래의 볼을 원래의 지점에 리플레이스하여야 함(규칙 14.2 참조)

잘못 교체한 볼에 스트로크한 경우, 플레이어는 규칙 6.3b에 따라 1벌타를 받음

그러나 본 규칙의 어떠한 것도 플레이어가 다른 규칙에 따라 다른 볼로 교체하거나 홀과 홀 사이에서 볼을 바꾸는 것을 금지하는 것은 아님

규칙 4.2c를 위반하여 잘못된 장소에서 플레이한 것에 대한 페널티: 규칙 14.7a에 따라 일반 페널티

3 4.3 장비의 사용(Use of Equipment)

규칙 4.3은 플레이어가 라운드 동안 사용할 수 있는 모든 유형의 장비에 적용. 다만 적합한 클럽과 볼로 플레이하여야 하는 요건은 본 규칙이 아니라, 규칙 4.1과 규칙 4.2에 규정되어 있음

본 규칙은 단지 장비가 사용되는 방법에 관한 것일 뿐, 플레이어가 라운드 동안 가지고 있을 수 있는 장비를 제한하는 것은 아님

1. 4.3a 장비의 사용이 허용되는 경우와 금지되는 경우

플레이어는 라운드 동안 자신의 플레이에 도움이 되는 장비를 사용할 수 있음

- 다만 골프 게임에 도전하는 데 필수적인 기술이나 판단의 필요성을 인위적으로 제거하거나 줄여주는 장비(클럽이나 볼 이외의 장비)를 사용하여 잠재적인 이익을 만들어내서는 안 되며,
- 스트로크할 때 비정상적인 방법으로 장비(클럽 또는 볼을 포함한 장비)를 사용하여 잠재적인 이익을 만들어내서는 안 됨. '비정상적인 방법'은 그 장비의 원래 용도와는 근본적으로 다른 방법이며, 원칙적으로 골프 게임의 일부로 인식되지 않음

본 규칙이 클럽·볼·그 밖의 장비와 관련하여 플레이어에게 허용되는 행동을 제한하는 다른 규칙의 적용에 영향을 미치는 것은 아님(예 플레이어가 목표지점을 조준하는 데 도움이 되도록 클럽이나 다른 물체를 지면에 내려놓은 경우, 규칙 10.2b(3) 참조)

다음은 본 규칙에 따라 플레이어의 라운드 동안 장비의 사용이 허용되는 경우와 허용되지 않는 경우의 일반적인 예:

(1) 거리와 방향에 관한 정보

① 허용되는 경우: 거리나 방향에 관한 정보를 알아보는 경우(예 거리측정기나 나침반 사용)

② 허용되지 않는 경우
- 높낮이 변화를 측정하는 경우
- 거리나 방향에 관한 정보를 분석하는 경우(예 플레이어의 볼의 위치에 맞는 플레이 선을 알려주거나 플레이어의 볼의 위치에 따라 클럽을 추천해주는 기기 사용)
- 볼을 정렬시키는 데 도움이 되는 정렬 도구(『장비 규칙』 참조)를 사용하는 경우

「위원회 절차」: 위원회는 거리측정기의 사용을 금지하는 로컬룰을 채택할 수 있음

(2) 바람과 그 밖의 기상상태에 관한 정보

① 허용되는 경우
- 기상예보에 공개된 모든 유형의 기상정보(풍속 포함)를 얻는 경우
- 코스에서 기온 및 습도를 측정하는 경우

② 허용되지 않는 경우
- 코스에서 풍속을 측정하는 경우
- 바람과 관련된 그 밖의 정보를 얻기 위하여 인공물을 사용하는 경우(예 풍향을 살피기 위하여 사용하는 파우더·손수건·리본)

(3) 라운드 전이나 라운드 동안 모은 정보

① 허용되는 경우
- 그 라운드 이전에 수집한 정보를 이용하는 경우(예 이전 라운드에서의 플레이 정보·스윙 팁·클럽 추천)
- 그 라운드 이후 사용할 목적으로, 그 라운드에서의 플레이 정보나 생리 정보를 기록하는 경우(예 클럽별 거리·플레이 통계·심장 박동 수)

② 허용되지 않는 경우
- 그 라운드에서의 플레이 정보를 처리하거나 분석하는 경우(예 현재 라운드의 거리에 맞는 클럽을 추천해주는 경우)
- 그 라운드 동안 기록된 생리 정보를 이용하는 경우

(4) 오디오와 비디오

① 허용되는 경우
- 플레이 중인 경기와 무관한 오디오를 듣거나 비디오를 보는 경우(예 뉴스나 배경음악) - 그러나 그렇게 할 때, 다른 사람을 배려하여야 함(규칙 1.2 참조)

② 허용되지 않는 경우
- 집중하는 데 방해가 되는 요인을 제거하거나 스윙 템포를 유지할 목적으로 음악이나 그 밖의 오디오를 듣는 경우
- 플레이어가 그 라운드 동안 클럽을 선택하거나 스트로크를 하거나 플레이 방법을 결정하는 데 도움이 되는, 그 경기의 영상을 시청하는 경우 - 다만 그 코스에 있는 갤러리들을 위하여 틀어놓은 방송은 시청할 수 있음(예 스코어보드상의 영상).

「위원회 절차」: 위원회는 라운드 동안 오디오·비디오 기기의 사용을 금지하거나 제한하는 로컬룰을 채택할 수 있음

(5) 장갑과 그립용 물질

① 허용되는 경우
- 「장비 규칙」의 요건에 부합되는 장갑을 사용하는 경우
- 레진, 파우더, 그 밖의 습윤제나 건조제를 사용하는 경우
- 수건이나 헝겊으로 그립을 감싸는 경우

② 허용되지 않는 경우
- 「장비 규칙」의 요건에 부합되지 않는 장갑을 사용하는 경우
- 손의 위치나 그립의 강도와 관련하여 부당한 이익을 주는 장비를 사용하는 경우

(6) 스트레칭 기구와 골프 훈련용 및 스윙용 도구

① 허용되는 경우
- 스윙 연습용이 아닌, 모든 일반적인 스트레칭용 장비를 사용하는 경우 - 즉, 스트레칭용이나 골프용(예 얼라인먼트 스틱을 어깨에 걸치고 스트레칭하는 경우) 또는 어떤 용도이든 골프와는 무관한 용도의 장비를 사용하는 경우(예 운동용 고무밴드나 막대 파이프)

② 허용되지 않는 경우

- 스트로크를 준비하거나 실행할 때 어떤 식으로든 플레이어에게 도움(예 스윙플레인·그립·정렬·볼의 위치·자세)을 줌으로써 잠재적인 이익을 만들어내는 방식으로 골프 훈련용 도구나 스윙용 도구(예 얼라인먼트 스틱·무거운 헤드 커버·도넛 모양의 스윙보조기) 또는 부적합한 클럽을 사용하는 경우

위에 기술된 장비와 그 밖의 장비(예 의류나 신발) 사용에 관한 보다 자세한 지침은 「장비 규칙」을 참조

어떤 장비를 특정한 방식으로 사용할 수 있는지 여부를 확실하게 알지 못하는 경우, 플레이어는 위원회에 재정을 요청하여야 함(규칙 20.2b 참조).

「위원회 절차」: 위원회는 라운드 동안 전동차량의 사용을 금지하는 로컬룰을 채택할 수 있음

2. 4.3b 의료적인 이유로 사용하는 장비

(1) **의료적인 예외** – 플레이어가 자신의 의료적인 상태에 도움이 되는 장비를 사용하는 것은 규칙 4.3에 위반되지 않음:

- 다만 플레이어가 그 장비를 사용하여야 할 의료적인 이유가 있고,
- 그 장비를 사용한다고 해서 그 플레이어가 다른 플레이어보다 부당한 이득을 얻는 것은 아니라고 위원회가 판단한 경우에 한함

규칙 25.3a(보철장치의 사용); 규칙 25.4f(규칙 4.3을 이동 보조장치에 적용하는 경우의 수정규칙) 참조

- 테이프 또는 그것과 유사한 의료용품 – 의료적인 이유(예 부상을 방지하거나 기존의 부상을 보호할 목적)가 있는 경우, 플레이어는 피부에 붙이는 테이프나 그것과 유사한 의료용품을 사용할 수 있음
- 그러나 그런 테이프나 그것과 유사한 의료용품을 과도하게 사용해서는 안 되며,
- 의료적인 이유에서 필요한 정도 이상으로 플레이어에게 도움 되는 것이어서는 안 됨(예를 들면, 그 의료용품이 플레이어가 클럽으로 스윙을 하는 데 도움이 될 정도로 관절을 고정시켜주는 것이어서는 안 됨)

붙이는 테이프나 그것과 유사한 의료용품을 사용할 수 있는 부위나 방법에 대하여 확실하게 알지 못할 경우, 플레이어는 위원회에 재정을 요청하여야 함

규칙 4.3의 위반에 대한 페널티:

- **첫 번째 위반에 대한 페널티: 일반 페널티**

홀과 홀 사이에서 위반이 일어난 경우, 이 페널티는 다음 홀에 적용

- **두 번째 위반에 대한 페널티: 실격** – 이 페널티는 두 번째 위반의 내용이 첫 번째 페널티를 받게 된 위반과 전혀 다른 경우에도 적용. 이 페널티는 첫 번째 위반 후 개재행위가 있었던 경우에 한하여 적용(규칙 1.3c(4) 참조)

Chapter 02 라운드 플레이와 홀 플레이(규칙 5~6)

01 규칙 5 - 라운드 플레이

> **목적**
> 규칙 5는 라운드를 어떻게 플레이하여야 하는가에 관한 규칙. 즉, 플레이어가 라운드 전이나 라운드 동안 코스 상에서 연습할 수 있는 곳은 어디이며, 언제 연습을 할 수 있는지, 라운드는 언제 시작되고 언제 끝나는지, 플레이를 중단하거나 재개하여야 할 때는 어떻게 하여야 하는지에 관한 규칙
> 플레이어는 정해진 시각에 각 라운드를 시작하여야 하고,
> 그 라운드가 끝날 때까지 각 홀을 이어서 신속한 속도로 플레이하여야 함
> 플레이할 순서가 된 플레이어는 40초 안에, 대체로는 그보다 빠른 시간 안에 스트로크할 것을 권장

1 5.1 라운드의 의미(Meaning of Round)

'라운드'는 위원회가 정한 순서대로 플레이하는 18개의 홀 또는 그 이하의 홀. 라운드가 비긴 상태로 끝나서 승자(또는 우승자)가 결정될 때까지 플레이가 계속될 경우,

- 비긴 매치는 한 번에 한 홀씩 연장됨. 이는 새로운 라운드가 아니라, 동일한 라운드의 연속임
- 스트로크플레이의 플레이오프는 새로운 라운드

  플레이어는 라운드가 시작될 때부터 끝날 때까지 자신의 라운드를 플레이함(규칙 5.3 참조). 다만 규칙 5.7a에 따라 플레이가 중단된 동안은 예외

규칙에서 '라운드 동안' 한 행동에 관하여 언급하는 경우, 관련 규칙에 별도의 언급이 없는 한, 규칙 5.7a에 따라 플레이가 중단된 동안의 행동은 포함되지 않음

2 5.2 라운드 전에 또는 라운드와 라운드 사이에 코스에서 연습하기 ★
(Practising on Course Before or Between Rounds)

본 규칙의 목적상,

- '코스에서 연습하기'는 볼을 플레이하거나 어느 홀의 퍼팅그린에서든 볼을 굴리거나 그린 표면을 문질러서 그 그린을 테스트하는 것을 의미
- 라운드 전에 또는 라운드와 라운드 사이에 코스에서의 연습에 대한 제한은 플레이어에게만 적용될 뿐, 플레이어의 캐디에게는 적용되지 않음

1. 5.2a 매치플레이

플레이어는 매치플레이 경기의 라운드 전 또는 라운드와 라운드 사이에 그 경기가 열리는 코스에서 연습할 수 있음

2. 5.2b 스트로크플레이

스트로크플레이 경기가 있는 날,

- 플레이어는 라운드 전에 그 코스에서 연습해서는 안 됨. 다만 다음과 같은 연습은 할 수 있음
  - 자신의 첫 번째 티잉구역이나 그 근처에서의 퍼팅 연습 또는 치핑 연습
  - 모든 연습 구역에서의 연습
  - 플레이어가 같은 날 그 홀을 다시 플레이하게 되더라도, 방금 끝낸 홀의 퍼팅그린이나 그 근처에서의 연습(규칙 5.5b 참조)
- 플레이어가 그날의 자신의 마지막 라운드를 끝낸 후에는 그날 그 코스에서 연습할 수 있음

플레이어가 본 규칙을 위반하여 스트로크한 경우, 자신의 첫 번째 홀에 대하여 일반 페널티를 받음. 그 플레이어가 본 규칙을 위반하여 추가 스트로크를 한 경우, 그 플레이어는 실격이 됨

「위원회 절차」: 위원회는 어떤 플레이 방식에서든 라운드 전에 또는 라운드와 라운드 사이에 코스에서의 연습을 금지하거나 제한하거나 허용하는 로컬룰을 채택할 수 있음

그린에서 볼을 굴려보거나 그린 표면을 문질러보아 퍼팅그린을 테스트하는 경우에도 적용되며, 플레이어가 어떤 한 그린의 표면을 문지른 경우, 그 그린을 문지른 횟수와 관계없이 플레이어는 규칙 5.2b를 한 번만 위반한 것임

3 5.3 라운드 시작하기와 끝내기(Starting and Ending Round)

1. 5.3a 라운드를 시작하는 시점

플레이어의 라운드는 플레이어가 자신의 첫 번째 홀을 시작하기 위한 스트로크를 하는 시점에 시작(규칙 6.1a 참조)

플레이어는 반드시 자신의 출발 시각(그보다 이르지 않은)에 라운드를 시작하여야 함

- 이는 플레이어는 반드시 위원회가 정한 출발 시각에 위원회가 정한 출발 지점에서 플레이할 준비가 된 상태로 있어야 한다는 것을 의미
- 위원회가 정한 출발 시각은 정확한 시각을 의미(예 출발 시각이 오전 9시라는 것은 오전 9시부터 9시 01분까지의 어느 시점이 아니라, 정확하게 오전 9:00:00을 의미)

어떤 이유로든 출발 시각이 늦어지는 경우(예 기상악화·다른 그룹의 느린 플레이·레프리의 재정), 플레이어가 자신의 그룹이 출발할 수 있는 시점에 플레이할 준비가 된 상태로 출발 지점에 있을 때는 본 규칙에 위반되지 않음

규칙 5.3a의 위반에 대한 페널티: 실격 - 다만 다음의 세 가지 경우는 예외

- 예외 1 - 플레이어가 출발 지점에 플레이할 준비가 된 상태로 도착하였지만, 그 시각이 자신의 출발 시각보다 5분 이내로 늦은 시각인 경우: 플레이어는 자신의 첫 번째 홀에 적용되는 일반 페널티를 받음
- 예외 2 - 플레이어가 자신의 출발 시각보다 빨리 출발하였지만, 그 시각이 자신의 출발 시각보다 5분 이내로 빠른 시각인 경우: 플레이어는 자신의 첫 번째 홀에 적용되는 일반 페널티를 받음
- 예외 3 - 위원회가 예외적인 상황 때문에 플레이어가 정시 출발을 할 수 없었던 것으로 판단하는 경우: 본 규칙의 위반이 아니며, 페널티가 없음

2. 5.3b 라운드가 끝나는 시점

플레이어의 라운드는 다음과 같은 시점에 끝남

- 매치플레이에서 규칙 3.2a(3) 또는 (4)에 따라 매치의 결과가 결정되는 시점
- 스트로크플레이에서 플레이어가 자신의 마지막 홀에서 홀 아웃하는 시점(예 규칙 6.1 또는 규칙 14.7b에 따라 잘못을 바로잡는 것까지 포함)

규칙 21.1e, 21.2e, 21.3e, 23.3b (그 밖의 스트로크플레이 방식과 포볼에서 라운드가 시작되고 끝나는 시점) 참조

4 5.4 그룹으로 플레이하기(Playing in Groups)

1. 5.4a 매치플레이

라운드 동안, 플레이어와 상대방은 반드시 같은 그룹으로 각 홀을 플레이하여야 함

2. 5.4b 스트로크플레이

라운드 동안, 플레이어는 반드시 위원회가 정한 그룹에 속해 있어야 함. 다만 그룹을 변경하는 상황이 일어나기 전이나 후에 위원회가 그 그룹의 변경을 승인한 경우는 예외

규칙 5.4의 위반에 대한 페널티: 실격

5 5.5 라운드 동안 또는 플레이가 중단되는 동안 연습하기
(Practising During Round or While Play is Stopped)

1. 5.5a 홀을 플레이하는 동안 연습 스트로크를 해서는 안 됨

홀을 플레이하는 동안, 플레이어는 코스 안팎에 있는 어떤 볼에도 연습 스트로크를 해서는 안 됨

다음과 같은 것들은 연습 스트로크가 아님:

- 볼을 칠 의도 없이 하는 연습 스윙
- 단지 연습장이나 다른 플레이어 쪽으로 볼을 보내주려는 호의에서 볼을 치는 경우
- 홀의 결과가 결정된 홀에서 플레이를 끝낸 플레이어가 하는 스트로크

2. 5.5b 홀을 끝낸 후의 연습 스트로크에 대한 제한 ★

홀 플레이를 끝낸 후이긴 하지만 아직 다른 홀을 시작하기 위한 스트로크를 하기 전인 경우, 플레이어는 연습 스트로크를 해서는 안 됨

예외 퍼팅 연습이나 치핑 연습이 허용되는 곳: 플레이어는 다음과 같은 곳이나 그 근처에서 퍼팅 연습이나 치핑 연습을 할 수 있음

- 방금 끝난 홀의 퍼팅그린과 모든 연습 그린(규칙 13.1e 참조)
- 다음 홀의 티잉구역

그러나 연습 스트로크를 하느라 플레이를 부당하게 지연시켜서는 안 되며, 벙커에서는 연습 스트로크를 해서는 안 됨(규칙 5.6a 참조).

「위원회 절차」: 위원회는 방금 끝난 홀의 퍼팅그린이나 그 근처에서 플레이어가 퍼팅 연습이나 치핑 연습을 하는 것을 금지하는 로컬룰을 채택할 수 있음

3. 5.5c 플레이가 중단된 동안의 연습 ★

규칙 5.7a에 따라 위원회의 선언으로 플레이가 중단된 동안 또는 다른 방식으로 플레이가 중단된 동안, 플레이어는 연습 스트로크를 해서는 안 됨. 다만 다음과 같은 경우는 예외:

- 규칙 5.5b에서 허용된 경우
- 코스 밖의 모든 곳
- 위원회가 허용하는 코스 상의 모든 곳

매치가 플레이어들의 합의로 중단되고 그 매치가 중단된 당일 재개되지 않을 경우, 그 매치의 플레이어들은 그 매치가 재개되기 전까지 아무런 제한 없이 그 코스에서 연습할 수 있음

규칙 5.5의 위반에 대한 페널티: 일반 페널티

홀과 홀 사이에서 위반이 일어난 경우, 페널티는 다음 홀에 적용

6 5.6 부당한 지연; 신속한 플레이 속도 (Unreasonable Delay; Prompt Pace of Play)

1. 5.6a 플레이의 부당한 지연

플레이어는 홀을 플레이하는 동안이나 홀과 홀 사이에서 플레이를 부당하게 지연시켜서는 안 됨

다음과 같은 특정한 이유가 있는 경우, 플레이어가 플레이를 잠시 지연시키는 것은 허용될 수 있음:

- 플레이어가 레프리에게 또는 위원회에 도움을 요청하는 경우
- 플레이어가 부상을 당하거나 몸이 아픈 경우
- 그 밖의 타당한 이유가 있는 경우

규칙 5.6a의 위반에 대한 페널티

- 첫 번째 위반에 대한 페널티: 1벌타
- 두 번째 위반에 대한 페널티: 일반 페널티
- 세 번째 위반에 대한 페널티: 실격

플레이어가 홀과 홀 사이에서 플레이를 부당하게 지연시킨 경우, 페널티는 다음 홀에 적용

규칙 25.6a (규칙 5.6a를 장애를 가진 플레이어에게 적용하는 경우의 수정규칙) 참조

2. 5.6b 신속한 플레이 속도

골프의 라운드는 신속한 속도로 플레이하여야 함

각 플레이어는 자신의 플레이 속도가 다른 플레이어들이 라운드를 플레이하는 데 걸리는 시간에 영향을 미칠 수 있다는 점을 인식하여야 함. 이 '다른 플레이어들'에는 플레이어가 속한 그룹의 플레이어들과 그 그룹을 따라 플레이 중인 다른 그룹들의 플레이어들이 모두 포함

플레이어들은 플레이 속도가 더 **빠른** 그룹이 먼저 플레이하고 앞서나가도록 허용할 것을 권장

- 플레이 속도에 관한 권장 사항 - 플레이어는 다음과 같은 시간을 포함하여, 라운드 내내 신속한 속도로 플레이하여야 함
- 각 스트로크를 준비하고 실행하는 데 걸리는 시간

- 스트로크한 장소에서 다음 스트로크를 할 장소로 이동하는 데 걸리는 시간
- 한 홀을 끝낸 후 다음 티잉구역으로 이동하는 시간

플레이어는 다음 스트로크를 미리 준비하여 자신의 순서가 되었을 때 곧바로 플레이할 수 있도록 하여야 함 플레이할 순서가 된 경우

- 플레이어가 어떠한 방해나 간섭 없이 플레이할 수 있는 상태가 된 후로부터 40초 안에 스트로크할 것을 권장하며,
- 대체로는 그보다 더 짧은 시간 안에 플레이할 수 있어야 하고, 그렇게 할 것을 권장
- 플레이 속도를 높이기 위하여 순서와 관계없이 플레이하기 - 플레이 방식에 따라서는, 플레이어들이 플레이 속도를 높이기 위하여 순서와 관계없이 플레이할 수 있는 때도 있음
- 매치플레이에서, 플레이어들은 시간을 절약하기 위하여 순서와 관계없이 누구든 먼저 플레이하기로 합의할 수 있음(규칙 6.4a의 예외 참조)
- 스트로크플레이에서, 플레이어들은 안전을 확보한 상태에서 '준비된 골프'를 할 수 있음(규칙 6.4b(2) 참조)
- **위원회의 플레이 속도 지침**: 신속한 플레이를 권장하고 시행하기 위하여, 위원회는 플레이 속도 지침을 정하는 로컬룰을 채택하여야 함

본 지침에는 한 라운드·한 홀·연속된 몇 개의 홀·한 스트로크를 끝내는 데 걸리는 최대 허용 시간과 그 지침을 따르지 않을 경우의 페널티를 정해놓을 수 있음

「위원회 절차」: 플레이 속도 지침에 관한 권장 사항

7 5.7 플레이 중단 및 재개(Stopping Play; Resuming Play)

1. 5.7a 플레이를 중단할 수 있는 경우 또는 반드시 중단하여야 하는 경우

라운드 동안, 플레이어는 플레이를 중단해서는 안 됨. 다만 다음과 같은 경우는 예외

- **위원회에 의한 중단** - 위원회가 플레이 중단을 선언한 경우, 모든 플레이어는 반드시 플레이를 중단하여야 함(규칙 5.7b 참조)
- **매치플레이에서 합의에 따른 플레이 중단** - 매치의 플레이어들은 어떤 이유로든 플레이를 중단하기로 합의할 수 있음. 다만 이 같은 합의를 하느라 경기를 지연시켜서는 안 됨. 플레이어들이 플레이를 중단하기로 합의하고 난 후 그들 중 한 플레이어가 플레이를 재개하기를 원하는 경우, 그 합의는 끝난 것이므로 다른 플레이어도 반드시 플레이를 재개하여야 함
- **플레이어가 낙뢰 때문에 독자적으로 플레이를 중단하는 경우** - 낙뢰의 위험이 있다고 플레이어가 합리적으로 확신하는 경우, 그 플레이어는 독자적으로 플레이를 중단할 수 있음. 그러나 반드시 가능한 한 빨리 그 사실을 위원회에 보고하여야 함

코스를 떠나는 것 자체는 플레이를 중단하는 것이 아님. 플레이어의 플레이 지연에 대해서는 본 규칙이 아니라 규칙 5.6a가 적용

플레이어가 본 규칙에서 허용되지 않는 이유로 플레이를 중단하거나 위원회에 보고하여야 할 때 보고하지 않은 경우, 플레이어는 실격이 됨

2. 5.7b 위원회가 플레이 중단을 선언한 경우 ★

위원회에 의한 플레이 중단에는 두 가지 유형이 있으며, 플레이어들이 반드시 플레이를 중단하여야 하는 시점에 대한 요건은 각 유형에 따라 다름

(1) **즉시 중단(예 위험이 임박한 경우)** - 위원회가 플레이의 즉시 중단을 선언한 경우, 플레이어는 위원회가 플레이 재개를 선언할 때까지 다른 스트로크를 해서는 안 됨

> 위원회는 확실한 방법으로 플레이어들에게 즉시 중단을 알려야 함

(2) **일반적인 중단(예 일몰 또는 플레이할 수 없는 코스 상태로 인한 경우)** - 위원회가 일반적인 이유로 플레이 중단을 선언한 경우, 플레이어는 자신이 속한 그룹이 있는 곳에 따라 다음과 같이 하여야 함

- **홀과 홀 사이에 있는 경우** - 한 그룹의 모든 플레이어가 홀과 홀 사이에 있는 경우, 그 플레이어들은 반드시 플레이를 중단하고 위원회가 플레이를 재개시킬 때까지 다른 홀을 시작하기 위한 스트로크를 해서는 안 됨
- **홀을 플레이 중인 경우** - 한 그룹의 플레이어 중 한 사람이라도 홀을 시작한 경우, 플레이어들은 플레이를 즉시 중단할 것을 선택하거나 그 홀을 끝낸 후 중단할 것을 선택할 수 있음
  - 플레이어들에게는 플레이를 즉시 중단할 것인지 그 홀을 끝낸 후 중단할 것인지를 결정할 수 있는 짧은 시간(원칙적으로 2분 이내)이 허용
  - 그 홀의 플레이를 계속하여 그 홀을 끝낸 후 중단하는 것을 선택한 경우, 플레이어는 그 홀을 끝낸 후 플레이를 중단할 수도 있고, 그 홀을 끝내기 전에 플레이를 중단할 수도 있음
  - 그 홀을 끝낸 후 또는 그 홀을 끝내기 전에 플레이를 중단한 경우, 플레이어들은 위원회가 규칙 5.7c에 따라 플레이를 재개시킬 때까지 다른 스트로크를 해서는 안 됨

한 그룹의 플레이어들이 어떻게 할 것인지 합의하지 못하는 경우,

  - **매치플레이** - 상대방이 플레이를 중단한 경우, 플레이어 또한 반드시 플레이를 중단하여야 하며, 플레이어와 상대방은 위원회가 플레이를 재개시킬 때까지 다시 플레이해서는 안 됨. 상대방이 플레이를 중단하였는데 플레이어가 플레이를 중단하지 않은 경우, 플레이어는 **일반 페널티(홀 패)**를 받음
  - **스트로크플레이** - 한 그룹의 모든 플레이어는 다른 플레이어들의 결정에 관계없이, 그 홀의 플레이를 즉시 중단할 것인지 계속할 것인지 선택할 수 있음. 다만 플레이어가 그 홀의 플레이를 계속하려면, 반드시 플레이어의 스코어를 기록할 플레이어의 마커가 함께 남아 있어야 함

규칙 5.7b의 위반에 대한 페널티: 실격

> **예외** 위원회가 플레이를 중단하지 않은 것이 정당하다고 판단하는 경우, 페널티가 없음: 플레이 중단이 요구될 때 플레이어가 플레이를 중단하지 않았던 상황을 위원회가 정당한 상황으로 판단하는 경우, 본 규칙의 위반이 아니므로 페널티가 없음

「위원회 절차」: 위원회가 플레이어들에게 즉시 중단이나 일반적인 중단을 알리는 방법에 관한 권장 사항

3. 5.7c 플레이가 재개되는 경우

(1) **플레이를 재개할 곳** - 플레이어는 반드시 홀에서 플레이를 중단하였던 바로 그곳에서, 홀과 홀 사이에서 중단하였다면 다음 홀의 티잉구역에서 플레이를 재개하여야 하며, 플레이가 다음 날 재개되더라도 그 지점에서 플레이를 재개하여야 함

> 플레이어가 플레이를 중단하였던 지점과 다른 지점에서 플레이를 재개하는 경우에 대해서는 규칙 6.1b와 14.7을 참조

(2) **플레이를 재개할 시점** - 플레이어는 반드시 다음과 같은 시각에 플레이할 준비가 된 상태로 (1)에 명시된 위치에 있어야 함

- 위원회가 정한 플레이 재개 시각
- 플레이어는 반드시 그 시각(그보다 이르지 않은)에 플레이를 재개하여야 함

어떤 이유로 플레이 재개가 늦어지더라도(예 앞 그룹의 플레이어들이 먼저 플레이를 하고 안전한 거리만큼 이동하기를 기다릴 때) 플레이어가 자신의 그룹이 플레이를 재개할 수 있는 시점에 플레이할 준비가 된 상태로 (1)에 지정된 위치에 있는 경우에는 본 규칙에 위반되지 않음

규칙 5.7c(2)의 위반에 대한 페널티: 실격

정시에 플레이를 재개하지 못한 것에 대하여 실격이 예외 되는 경우: 규칙 5.3a의 예외 1, 2, 3과 규칙 5.7b의 예외는 이 경우에도 적용

4. 5.7d 플레이가 중단될 때 볼을 집어 올리기; 플레이가 재개될 때 볼을 리플레이스하거나 교체하기

(1) **플레이가 중단되거나 플레이가 재개되기 전에 볼을 집어 올리기** - 본 규칙에 따라 홀 플레이를 중단하는 경우, 플레이어는 자신의 볼의 지점을 마크하고 그 볼을 집어 올릴 수 있음(규칙 14.1 참조)

플레이가 재개되기 전 또는 재개될 때,

- 플레이가 중단될 때 플레이어의 볼을 집어 올렸던 경우 - 플레이어는 반드시 원래의 지점에 원래의 볼이나 다른 볼을 리플레이스하여야 함(그 지점을 알 수 없는 경우에는 반드시 추정하여야 함)(규칙 14.2 참조)
- 플레이가 중단될 때 플레이어의 볼을 집어 올리지 않았던 경우 - 플레이어는 그 볼을 놓인 그대로 플레이할 수도 있고, 그 지점을 마크하고 그 볼을 집어 올린 후(규칙 14.1 참조) 원래의 지점에 그 볼이나 다른 볼을 리플레이스할 수도 있음(규칙 14.2 참조)

플레이가 중단될 때 그 볼을 집어 올렸든 집어 올리지 않았든,

- 원래의 볼을 집어 올린 결과 그 볼의 라이가 변경된 경우, 플레이어는 반드시 규칙 14.2d에서 요구하는 바와 같이 원래의 볼이나 다른 볼을 리플레이스하여야 함
- 원래의 볼을 집어 올린 후 리플레이스하기 전에 그 볼의 라이가 변경된 경우에는 규칙 14.2d가 적용되지 않으므로,
  - 반드시 원래의 볼이나 다른 볼을 원래의 지점에 리플레이스하여야 함(그 지점을 알 수 없는 경우에는 반드시 추정하여야 함)(규칙 14.2 참조)
  - 그러나 이 시간 동안 그 볼의 라이나 그 밖의 스트로크에 영향을 미치는 상태가 악화된 경우, 규칙 8.1d가 적용

(2) **플레이가 중단된 동안 볼이나 볼마커가 움직인 경우의 처리방법** - 플레이가 재개되기 전에 플레이어의 볼이나 볼마커가 어떤 식으로든 움직인 경우(자연의 힘에 의하여 움직인 경우 포함)

- 플레이어는 반드시 원래의 볼이나 다른 볼을 원래의 지점에 리플레이스하거나(그 지점을 알 수 없는 경우에는 반드시 추정하여야 함)(규칙 14.2 참조),
- 그 원래의 지점을 마크하기 위한 볼마커를 놓은 후 그 지점에 원래의 볼이나 다른 볼을 리플레이스하여야 함(규칙 14.1과 14.2 참조)

플레이가 중단된 동안 플레이어의 스트로크에 영향을 미치는 상태가 악화된 경우에 대해서는 규칙 8.1d를 참조

규칙 5.7d를 위반하여 잘못된 장소에서 볼을 플레이한 것에 대한 페널티: 규칙 14.7a에 따라 일반 페널티

02 규칙 6 - 홀 플레이

> **목적**
>
> 규칙 6은 홀을 어떻게 플레이하여야 하는가에 관한 규칙. 즉, 홀을 시작하기 위하여 티오프하는 것에 관한 특정한 규칙이라든가 한 홀을 플레이하는 동안 동일한 볼을 사용하여야 하는 요건(교체가 허용되는 경우는 예외) 및 플레이 순서(이는 스트로크플레이보다 매치플레이에서 더 중요), 홀을 끝내는 방법 등에 관한 규칙

1 6.1 홀 플레이 시작하기(Starting Play of a Hole)

1. 6.1a 홀이 시작되는 시점

홀 플레이는 플레이어가 그 홀을 시작하기 위한 스트로크를 하는 시점에 시작됨

플레이어가 그 스트로크를 티잉구역 밖에서 하였거나(규칙 6.1b 참조) 그 스트로크가 규칙에 따라 취소되었더라도, 그 홀은 시작된 것임

2. 6.1b 볼은 반드시 티잉구역 안에서 플레이하여야 함 ★

플레이어는 반드시 규칙 6.2b에 따라 티잉구역 안에서 볼을 플레이하여 각 홀을 시작하여야 함

홀을 시작하는 플레이어가 그 홀의 티잉구역 밖에서 볼을 플레이한 경우(동일한 홀이나 다른 홀의 다른 티잉 장소에 잘못된 티마커가 있는 곳에서 플레이한 경우 포함),

(1) **매치플레이** - 페널티는 없음. 그러나 상대방은 그 스트로크를 취소시킬 수 있음

- 취소는 즉시, 그리고 상대방이나 플레이어가 다음 스트로크를 하기 전에 이루어져야 함. 상대방이 그 스트로크를 취소시킨 경우, 그것을 번복할 수 없음
- 상대방이 그 스트로크를 취소시킨 경우, 플레이어는 반드시 티잉구역 안에서 플레이하여야 하며, 그것이 그 플레이어의 플레이 순서
- 상대방이 그 스트로크를 취소시키지 않은 경우, 그 스트로크는 타수에 포함되고 그 볼은 인플레이 상태가 됨. 따라서, 플레이어는 반드시 그 볼을 놓인 그대로 플레이하여야 함

(2) **스트로크플레이** - 플레이어는 일반 페널티(2벌타)를 받고, 반드시 티잉구역 안에서 볼을 플레이하여 그 잘못을 바로잡아야 함

- 티잉구역 밖에서 플레이한 볼은 인플레이 상태가 아님
- 그 잘못을 바로잡기 전에 한 스트로크와 모든 벌타(즉, 그 볼을 플레이한 모든 스트로크와 그 볼을 플레이할 때 적용된 모든 벌타)는 타수에 포함되지 않음
- 다른 홀을 시작하기 위한 스트로크를 하기 전에 또는 그 홀이 그 라운드의 마지막 홀이면 스코어카드를 제출하기 전에 그 잘못을 바로잡지 않은 경우, 플레이어는 실격이 됨

2 6.2 티잉구역에서 플레이하기(Playing Ball from Teeing Area)

1. 6.2a 티잉구역 규칙이 적용되는 경우

규칙 6.2b의 티잉구역 규칙은 플레이어가 티잉구역에서 플레이할 것을 요구하거나 허용할 때마다 적용됨. 예를 들면,

- 플레이어가 그 홀의 플레이를 시작하는 경우(규칙 6.1 참조)
- 플레이어가 규칙에 따라 티잉구역에서 다시 플레이할 경우(규칙 14.6 참조)
- 스트로크 후 또는 플레이어가 구제를 받은 후, 플레이어의 볼이 티잉구역에서 인플레이 상태가 되는 경우

본 규칙은 플레이어가 플레이 중인 홀을 시작할 때 반드시 플레이하여야 하는 티잉구역에만 적용되며, 코스 상에 있는 그 밖의 어떠한 티잉 장소에도 적용되지 않음(즉, 동일한 홀의 티잉 장소이든 다른 홀의 티잉 장소이든, 그곳에는 적용되지 않음)

2. 6.2b 티잉구역 규칙

(1) 볼이 티잉구역에 있는 경우

- 볼의 일부라도 티잉구역에 닿아있거나 티잉구역보다 위에 있는 경우, 그 볼은 티잉구역에 있는 볼임
- 플레이어는 티잉구역에 있는 볼에 스트로크할 때, 티잉구역 밖에 설 수 있음

(2) 볼은 티에 올려놓고 플레이할 수도 있고, 지면에 내려놓고 플레이할 수도 있음

- 티잉구역에서 플레이하는 경우, 플레이어는 반드시 지면에 꽂거나 놓아둔 티에 볼을 올려놓고 플레이하여야 함
- 또는 볼을 지면에 내려놓고 플레이하여야 함

본 규칙의 목적상 '지면'에는 티나 볼을 올려놓기 위하여 소복하게 모아둔 모래나 그 밖의 자연물이 포함됨
플레이어는 부적합한 티에 올려놓은 볼이나 본 규칙에서 허용되지 않는 방법으로 티에 올려놓은 볼에 스트로크해서는 안 됨

규칙 6.2b(2)의 위반에 대한 페널티:

- 첫 번째 위반에 대한 페널티: 일반 페널티
- 두 번째 위반에 대한 페널티: 실격

(3) 티잉구역의 상태를 개선할 수 있는 경우 - 스트로크를 하기 전에, 플레이어는 스트로크에 영향을 미치는 상태를 개선(규칙 8.1b(8) 참조)하기 위하여 티잉구역에서 다음과 같은 행동을 할 수 있음: ★★

- 티잉구역의 지면을 변경하는 행동(예 클럽이나 발로 지면을 파는 행동)
- 티잉구역의 지면에 붙어 있거나 자라고 있는 풀·잡초·그 밖의 자연물을 움직이거나 구부리거나 부러뜨리는 행동
- 티잉구역에 있는 모래나 흙을 제거하거나 누르는 행동
- 티잉구역에 있는 이슬이나 서리 또는 물을 제거하는 행동

그러나 플레이어가 그 밖의 행동으로 스트로크에 영향을 미치는 상태를 개선하여 규칙 8.1a를 위반한 경우, **일반 페널티**를 받음

(4) 티잉구역에서 플레이할 때 티마커를 움직이는 것에 대한 제한 또는 티마커가 없어진 경우

- 티마커의 위치는 위원회가 각 티잉구역을 규정하기 위하여 설치한 것이므로, 그 티잉구역에서 플레이할 모든 플레이어에게 동일한 위치로 유지되어야 함
- 플레이어가 티잉구역에서 스트로크를 하기 전에 그 티잉구역의 티마커를 하나라도 움직여서 스트로크에 영향을 미치는 상태를 개선한 경우, 규칙 8.1a(1)의 위반으로 일반 페널티를 받음
- 플레이어가 두 개의 티마커 모두 또는 그중 하나가 없어진 것을 발견한 경우, 위원회에 도움을 요청하여야 함. 그러나 합리적인 시간 안에 위원회의 도움을 받을 수 없는 경우, 플레이어는 자신의 합리적인 판단(규칙 1.3b(2))에 따라 티잉구역의 위치를 추정하여야 함

그 밖의 모든 상황에서, 티마커는 일반적인 움직일 수 있는 장해물로 간주하므로, 규칙 15.2에 허용된 바와 같이 제거될 수 있음

(5) 스트로크하기 전까지 그 볼은 인플레이 상태가 아님 - 볼을 티에 올려놓든 지면에 내려놓든, 플레이어가 홀을 시작하거나 규칙에 따라 티잉구역에서 다시 플레이하는 경우,

- 플레이어가 그 볼에 스트로크하기 전까지 그 볼은 인플레이 상태가 아니므로,
- 스트로크하기 전에는 페널티 없이 그 볼을 집어 올리거나 움직일 수 있음
- 플레이어가 스트로크하기 전에 티에 올려놓은 볼이 티에서 저절로 떨어지거나 플레이어가 그 볼을 떨어지게 한 경우, 페널티 없이 그 볼을 티잉구역 어디에서든 다시 티에 올려놓고 플레이할 수 있음

그러나 볼이 티에서 떨어지는 중이나 떨어진 후에 플레이어가 그 볼에 스트로크한 경우, 페널티는 없지만 그 스트로크는 타수에 포함되며, 그 볼은 인플레이 상태

(6) 인플레이 상태의 볼이 티잉구역에 놓인 경우 - 스트로크를 한 후(예 스트로크를 하였으나 볼을 맞히지 못하여 그 볼이 티 위에 그대로 있는 경우) 또는 구제를 받은 후 인플레이 상태가 된 플레이어의 볼이 티잉구역에 있는 경우:

- 플레이어는 페널티 없이 그 볼을 집어 올리거나 움직일 수도 있고(규칙 9.4b의 예외 1 참조),
- 그 볼을 놓인 그대로 플레이할 수도 있으며, 그 볼이나 다른 볼을 그 티잉구역 어디에서든 (2)와 같이 티에 올려놓거나 지면에 내려놓고 플레이할 수도 있음

규칙 6.2b(6)를 위반하여 잘못된 장소에서 볼을 플레이한 것에 대한 페널티: 규칙 14.7a에 따라 일반 페널티

3 6.3 홀 플레이에 사용되는 볼(Ball Used in Play of Hole)

> **● 목적 ●**
> 홀 플레이는 티잉구역에서부터 퍼팅그린 그리고 홀에 이르기까지 스트로크의 연속으로 이루어짐. 티오프한 후, 플레이어는 원칙적으로 그 홀이 끝날 때까지 그 티오프한 볼로 플레이하여야 함. 잘못된 볼 또는 규칙에서 교체가 허용되지 않을 때 교체한 볼에 스트로크한 경우, 플레이어는 페널티를 받음

1. 6.3a 티잉구역에서 플레이한 볼로 홀 아웃하기

티잉구역에서 홀을 시작할 때, 플레이어는 적합한 볼이라면 어떤 볼이든 플레이할 수 있고, 홀과 홀 사이에서는 볼을 바꿀 수 있음

플레이어는 반드시 티잉구역에서 플레이한 볼로 홀아웃하여야 함. 다만 다음과 같은 경우는 예외

- 티잉구역에서 플레이한 볼이 분실되거나 아웃오브바운즈에 정지한 경우

- 플레이어가 그 볼을 다른 볼로 교체한 경우(교체가 허용되든 허용되지 않든) 플레이어는 자신이 플레이할 볼에 식별 표시를 해두어야 함(규칙 7.2 참조)

2. 6.3b 홀을 플레이하는 동안 다른 볼로 교체하는 경우 ★

(1) 볼 교체가 허용되는 경우와 허용되지 않는 경우 - 어떤 규칙에서는 플레이어가 홀 플레이에서 사용 중인 볼을 다른 볼로 교체하여 인플레이 상태가 되도록 하는 것을 허용하지만, 어떤 규칙에서는 허용하지 않음:

- 규칙에 따라 구제를 받는 경우 또는 볼을 드롭하거나 플레이스하는 경우(예 볼이 구제구역에 정지하지 않는 경우 또는 퍼팅그린에서 구제를 받는 경우), 플레이어는 원래의 볼을 사용할 수도 있고, 다른 볼을 사용할 수도 있음(규칙 14.3a)
- 직전의 스트로크를 한 곳에서 다시 플레이하는 경우, 플레이어는 원래의 볼을 사용할 수도 있고, 다른 볼을 사용할 수도 있음(규칙 14.6)
- 어떤 지점에 볼을 리플레이스하는 경우에는 볼을 교체하는 것이 허용되지 않으므로, 플레이어는 반드시 원래의 볼을 사용하여야 함. 다만 몇 가지 예외는 있음(규칙 14.2a 참조)

(2) 교체한 볼이 인플레이 상태의 볼이 되는 경우 - 플레이어가 원래의 볼을 다른 볼로 교체하여 인플레이 상태가 되도록 한 경우(규칙 14.4 참조)

- 원래의 볼은 더 이상 인플레이 상태가 아님. 그 원래의 볼이 코스에 정지해있더라도, 그 볼은 더 이상 인플레이 상태가 아님
- 다음과 같은 경우에도 원래의 볼은 더 이상 인플레이 상태가 아님:
  - 규칙에서 볼의 교체가 허용되지 않을 때 플레이어가 원래의 볼 대신 다른 볼로 교체한 경우(플레이어 자신이 다른 볼로 교체하고 있었다는 것을 인지하였는지 여부와 관계없이)
  - 플레이어가 교체한 볼을 (1) 잘못된 방법으로 (2) 잘못된 장소에서 또는 (3)적용되지 않는 절차에 따라 리플레이스하였거나 드롭하였거나 플레이스한 경우
- 교체한 볼을 플레이하기 전에 잘못을 바로잡는 방법에 대해서는 규칙 14.5를 참조

플레이어의 원래의 볼이 발견되지 않아서, 플레이어가 스트로크와 거리 구제(규칙 17.1d, 18.1, 18.2b, 19.2a 참조)를 받기 위하여 다른 볼을 인플레이한 경우 또는 그 원래의 볼이 어떻게 되었는지 알고 있거나 사실상 확실한 경우(규칙 6.3c, 9.6, 11.2c, 15.2b, 16.1e, 17.1c 참조)에 적용되는 규칙에 따라 다른 볼을 인플레이한 경우,

- 플레이어는 반드시 그 교체한 볼로 플레이를 계속하여야 하며,
- 볼 찾기에 허용된 시간(3분) 안에 원래의 볼이 코스에서 발견되더라도, 그 볼을 플레이해서는 안 됨(규칙 18.2a(1) 참조)

(3) 잘못 교체한 볼에 스트로크한 경우

잘못 교체한 볼에 스트로크한 경우, 플레이어는 1벌타를 받고, 반드시 그 잘못 교체한 볼로 그 홀의 플레이를 끝내야 함

3. 6.3c 잘못된 볼

(1) 잘못된 볼에 스트로크한 경우 - 플레이어는 잘못된 볼에 스트로크해서는 안 됨

> **예외** 물속에서 움직이고 있는 볼: 플레이어가 페널티구역이나 일시적으로 고인 물의 물속에서 움직이고 있는 잘못된 볼에 스트로크한 경우, 페널티는 없음

- 그 스트로크는 타수에 포함되지 않으며,
- 플레이어는 원래의 지점에서 올바른 볼을 플레이하거나 규칙에 따른 구제를 받음으로써, 반드시 규칙에 따라 그 잘못을 바로잡아야 함

규칙 6.3c(1)를 위반하여 잘못된 볼을 플레이한 것에 대한 페널티: 매치플레이에서, 플레이어는 **일반 페널티(홀 패)** 를 받음

- 플레이어와 상대방이 홀을 플레이하는 동안 서로 상대의 볼을 플레이한 경우, 잘못된 볼에 먼저 스트로크를 한 사람이 **일반 페널티(홀 패)** 를 받음
- 그러나 누가 먼저 잘못된 볼을 플레이하였는지 알 수 없는 경우, 누구에게도 페널티는 없음. 플레이어와 상대방은 반드시 서로 바뀐 볼로 플레이를 계속하여 그 홀을 끝내야 함

  스트로크플레이에서, 플레이어는 **일반 페널티(2벌타)** 를 받고, 원래의 볼을 놓인 그대로 플레이하거나 규칙에 따른 구제를 받음으로써, 반드시 그 잘못을 바로잡아야 함

- 잘못된 볼로 한 스트로크와 그 잘못을 바로잡기 전에 한 모든 타수(즉, 그 잘못된 볼을 플레이한 모든 스트로크와 그 볼을 플레이할 때 부과된 모든 벌타)는 타수에 포함되지 않음
- 플레이어가 다른 홀을 시작하기 위한 스트로크를 하기 전에 또는 그 홀이 그 라운드의 마지막 홀인 경우에는 스코어카드를 제출하기 전에 그 잘못을 바로잡지 않은 경우, 플레이어는 **실격** 이 됨

(2) 다른 플레이어가 플레이어의 볼을 잘못된 볼로 플레이한 경우의 처리방법 - 다른 플레이어가 플레이어의 볼을 잘못된 볼로 플레이한 것을 알고 있거나 사실상 확실한 경우, 플레이어는 반드시 원래의 지점에 원래의 볼이나 다른 볼을 리플레이스하여야 함(그 지점을 알 수 없는 경우에는 반드시 추정하여야 함)(규칙 14.2 참조)

이는 원래의 볼이 발견되었는지 여부와 관계없이 적용

4. 6.3d 플레이어가 두 개 이상의 볼을 플레이할 수 있는 경우

플레이어는 다음과 같은 경우에 한하여, 한 홀에서 두 개 이상의 볼을 플레이할 수 있음:

- 프로비저널볼을 플레이하는 경우(프로비저널볼은 규칙 18.3c에 명시된 바와 같이, 인플레이 상태의 볼이 되거나 플레이에서 배제됨)
- 스트로크플레이에서 잘못된 장소에서 플레이할 때 있을 수 있는 중대한 위반에 대비하기 위하여(규칙 14.7b 참조) 또는 올바른 절차를 확실하게 알지 못하여 두 개의 볼을 플레이하는 경우(규칙 20.1c(3) 참조)

4 6.4 홀을 플레이할 때 플레이 순서(Order of Play When Playing Hole)

● **목적** ●

규칙 6.4는 홀에서 플레이하는 순서에 관한 규칙. 티잉구역에서의 플레이 순서는 누가 아너를 가졌는가에 따라 정해지고, 그 이후의 순서는 어느 볼이 홀로부터 가장 멀리 있는가에 따라 정해짐

- 매치플레이에서는 플레이 순서가 기본적인 요소; 플레이어가 순서를 지키지 않고 플레이한 경우, 상대방은 그 스트로크를 취소시키고 플레이어가 다시 플레이하도록 할 수 있음
- 스트로크플레이에서는 순서를 지키지 않고 플레이한 것에 대한 페널티가 없으며 플레이어들이 '준비된 골프', 즉 안전을 확보한 상태에서 순서와 관계없이 플레이하는 것을 허용하며 권장

1. 6.4a 매치플레이

(1) **플레이 순서:** 플레이어와 상대방은 반드시 다음과 같은 순서로 플레이하여야 함

- 첫 번째 홀을 시작할 때 - 첫 번째 홀에서의 아너는 위원회가 정한 순서대로 결정되며, 위원회가 정한 순서가 없는 경우에는 합의로 또는 임의의 방법(예 동전 던지기)으로 결정

- 그 밖의 모든 홀을 시작할 때
  - 직전의 홀을 이긴 플레이어가 다음 티잉구역에서 아너를 가짐
  - 홀을 비긴 경우, 직전의 티잉구역에서 아너를 가졌던 플레이어가 계속 아너를 가짐
  - 플레이어가 제때 재정을 요청(규칙 20.1b 참조)하였으나 위원회가 아직 결론을 내리지 못한 상황인데 그것이 다음 홀의 아너를 결정할 때 영향을 미칠 수 있는 경우, 아너는 합의로 또는 임의의 방법으로 결정
- 플레이어와 상대방이 모두 홀을 시작한 후
  - 홀로부터 더 멀리 있는 볼을 먼저 플레이하여야 함
  - 두 볼이 홀로부터 같은 거리에 있거나 두 볼의 상대적인 거리를 알 수 없는 경우, 먼저 플레이할 볼은 합의로 또는 임의의 방법으로 결정

(2) <u>상대방은 순서를 지키지 않은 플레이어의 스트로크를 취소시킬 수 있음</u> - 상대방이 플레이할 순서에 플레이어가 플레이한 경우, 페널티는 없음. 그러나 상대방은 다음과 같이 플레이어의 스트로크를 취소시킬 수 있음:

- 상대방이 플레이어의 스트로크를 취소시킬 경우, 상대방은 플레이어의 그 스트로크가 끝난 즉시 취소시켜야 하며, 상대방이나 플레이어가 다음 스트로크를 하기 전에 취소시켜야 함. 상대방이 그 스트로크를 취소시킨 경우, 그것을 번복할 수 없음
- 상대방이 그 스트로크를 취소시킨 경우, 플레이어는 반드시 자신이 플레이할 순서에 그 취소된 스트로크를 했던 곳에서 볼을 플레이하여야 함(규칙 14.6 참조)
- 상대방이 그 스트로크를 취소시키지 않은 경우, 그 스트로크는 타수에 포함되고 그 볼은 인플레이 상태이므로, 플레이어는 반드시 그 볼을 놓인 그대로 플레이하여야 함

  예외 시간을 절약하기 위하여 순서와 관계없이 플레이하는 경우

- 시간을 절약하기 위하여, 플레이어는 상대방에게 순서를 바꾸어 플레이하자고 제안할 수도 있고, 순서를 바꾸어 플레이하자는 상대방의 요청을 받아들일 수도 있음
- 상대방이 플레이어의 제안대로 순서를 바꾸어 스트로크한 경우, 플레이어는 그 스트로크를 취소시킬 권리를 포기한 것이 됨

규칙 23.6 (포볼에서의 플레이 순서) 참조

2. 6.4b 스트로크플레이

(1) 일반적인 플레이 순서

- **첫 번째 홀을 시작할 때** - 첫 번째 티잉구역에서의 아너는 위원회가 정한 순서대로 결정되며, 위원회가 정한 순서가 없는 경우에는 합의로 또는 임의의 방법(예 동전 던지기)으로 결정
- 그 밖의 모든 홀을 시작할 때:
  - 그 그룹의 플레이어 중 직전의 홀에서 가장 낮은 그로스 스코어를 낸 플레이어가 다음 티잉구역에서 아너를 가지며, 두 번째로 낮은 그로스 스코어를 낸 플레이어가 두 번째로 플레이하고, 그다음 플레이어들의 순서 또한 이와 같은 방식으로 결정
  - 둘 이상의 플레이어들의 홀 스코어가 같은 경우, 그 플레이어들은 직전의 티잉구역에서 플레이하였던 순서와 동일한 순서로 플레이하여야 함
  - 아너는 그로스 스코어를 기준으로 결정됨. 핸디캡 경기에서도 마찬가지임

- 그 그룹의 플레이어들 모두가 홀을 시작한 이후:
  - 홀로부터 가장 멀리 있는 볼을 가장 먼저 플레이하여야 함
  - 두 개 이상의 볼이 홀로부터 같은 거리에 있거나 그 볼들의 상대적인 거리를 알 수 없는 경우, 먼저 플레이할 볼은 합의로 또는 임의의 방법으로 결정하여야 함

플레이어가 순서를 지키지 않고 플레이한 경우, 페널티는 없음. 그러나 둘 이상의 플레이어들이 자신들 중 누군가에게 이익을 주기 위하여 순서를 바꾸어 플레이하기로 합의하고, 그들 중 한 플레이어가 그렇게 합의한 순서대로 플레이한 경우, 그 플레이어들 모두 <u>일반 페널티(2벌타)</u>를 받음

(2) 안전을 확보한 상태에서 순서와 관계없이 플레이하는 경우('준비된 골프') - 다음과 같은 경우, 플레이어들이 안전을 확보한 상태에서 순서와 관계없이 플레이할 것을 허용하고 권장:

- 둘 이상의 플레이어들이 편의상 또는 시간을 절약하기 위하여 순서와 관계없이 플레이하기로 합의하는 경우
- 플레이어의 볼이 홀에 매우 가깝게 정지하여, 그 플레이어가 먼저 홀 아웃하기를 원하는 경우
- 어떤 플레이어가 (1)에 따라 플레이할 순서가 된 다른 플레이어보다 먼저 플레이할 준비가 되어있고 먼저 플레이할 수 있는 상태일 때 - 다만 순서를 바꿔서 플레이하더라도, 다른 플레이어를 위험에 처하게 하거나 다른 플레이어가 집중하는 데 방해가 되어서는 안 됨

그러나 (1)에 따라 자신이 플레이할 순서가 된 플레이어가 플레이할 준비가 된 상태에서 자신이 먼저 플레이하겠다는 뜻을 밝힌 경우, 일반적으로 다른 플레이어들은 그 플레이어가 플레이를 끝낼 때까지 기다려야 함

플레이어가 다른 플레이어들보다 이익을 얻기 위하여 순서를 지키지 않고 플레이해서는 안 됨

3. 6.4c 티잉구역에서 프로비저널볼이나 다른 볼을 플레이할 경우

플레이어가 티잉구역에서 프로비저널볼이나 다른 볼을 플레이하는 순서는 그 그룹의 다른 모든 플레이어가 그 홀에서 자신의 첫 번째 스트로크를 한 다음임

둘 이상의 플레이어들이 티잉구역에서 프로비저널볼이나 다른 볼을 플레이하게 되는 경우, 플레이 순서는 원래의 볼을 플레이한 순서와 같음

순서를 지키지 않고 프로비저널볼이나 다른 볼을 플레이한 경우에 대해서는 규칙 6.4a(2) 및 규칙 6.4b를 참조

4. 6.4d 티잉구역 이외의 곳에서 구제를 받거나 프로비저널볼을 플레이할 경우

이 두 경우의 규칙 6.4a(1)과 6.4b(1)에 따른 플레이 순서는 다음과 같음:

(1) 볼이 놓인 곳이 아닌 다른 곳에서 플레이하기 위하여 구제를 받는 경우

- <u>스트로크와 거리 구제가 요구된다는 것을 플레이어가 인지하게 된 경우</u> - 플레이어의 플레이 순서는 직전의 스트로크를 한 지점을 기준으로 함
- 볼을 놓인 그대로 플레이할 것인지 구제를 받을 것인지 플레이어가 선택할 수 있는 경우
  - 플레이어의 플레이 순서는 원래의 볼이 놓인 지점(그 지점을 알 수 없는 경우에는 반드시 추정하여야 함)(규칙 14.2 참조)을 기준으로 함
  - 플레이어가 이미 스트로크와 거리 구제를 받거나 원래의 볼이 놓인 곳이 아닌 다른 곳에서 플레이하기 위하여 구제를 받기로 결정한 때도 플레이 순서는 원래의 볼이 놓인 지점을 기준으로 함(예 원래의 볼이 페널티구역에 있는 경우 또는 플레이어가 자신의 볼을 언플레이어블 볼로 간주하는 경우)

(2) <u>프로비저널볼을 플레이하는 경우</u> - 플레이 순서는 플레이어가 직전의 스트로크를 한 직후이자 다른 누구도 볼을 플레이하기 전. 다만 다음과 같은 경우는 예외
- 티잉구역에서 홀을 시작하는 경우 (규칙 6.4c 참조)
- 플레이어가 프로비저널볼을 플레이할 것인지 결정하기 전에 기다리는 경우(프로비저널볼을 플레이하기로 결정하게 되면, 플레이어의 플레이 순서는 직전의 스트로크를 한 지점을 기준으로 함)

5 6.5 홀 플레이 끝내기(Completing Play of a Hole)

플레이어의 홀은 다음과 같은 시점에 끝남
- 매치플레이에서,
  - 플레이어가 홀 아웃하는 시점 또는 플레이어의 다음 스트로크가 컨시드를 받는 시점
  - 홀의 결과가 결정되는 시점(예 상대방이 홀을 컨시드한 시점 또는 상대방의 홀 스코어가 플레이어가 얻을 수 있는 스코어보다 낮은 시점 또는 플레이어나 상대방이 <u>일반 페널티(홀 패)</u>를 받은 시점)
- 스트로크플레이에서 플레이어가 규칙 3.3c에 따라 홀 아웃하는 시점

  플레이어가 자신이 홀을 끝냈다는 것을 알지 못하고 그 홀의 플레이를 계속하려고 한 경우, 플레이어의 계속된 플레이는 연습으로 간주되지 않으며, 플레이어가 다른 볼(잘못된 볼 포함)을 플레이한 것에 대한 페널티도 없음

규칙 21.1b(1), 21.2b(1), 21.3b(1), 23.3c (그 밖의 스트로크플레이 방식이나 포볼에서 플레이어가 홀을 끝낸 시점) 참조

Chapter 03 볼 플레이(규칙 7~11)

01 규칙 7 - 볼 찾기; 볼의 발견과 확인

> **목적**
> 규칙 7은 각 스트로크 후 플레이어가 자신의 인플레이 상태의 볼을 올바르게 찾을 때 허용되는 합리적인 행동에 관한 규칙
> - 그러나 플레이어가 지나친 행동으로 자신의 다음 스트로크에 영향을 미치는 상태를 개선하는 경우에는 페널티가 적용되므로, 플레이어는 각별한 주의를 기울여야 함
> - 볼을 발견하거나 확인하는 과정에서 그 볼을 우연히 움직인 경우, 페널티는 없지만, 플레이어는 반드시 그 볼을 원래의 지점에 리플레이스하여야 함

1 7.1 올바르게 볼을 찾는 방법(How to Fairly Search for Ball)

1. 7.1a 플레이어는 볼을 발견하고 확인하기 위한 합리적인 행동을 할 수 있음

스트로크 후 자신의 인플레이 상태의 볼을 발견할 책임은 플레이어에게 있음

플레이어는 자신의 인플레이 상태의 볼을 발견하고 확인하기 위한 합리적인 행동으로 올바르게 그 볼을 찾을 수 있음. 예를 들면,

- 모래를 건드리거나 물을 휘저을 수 있음
- 풀·덤불·나뭇가지와 그 밖의 자라거나 붙어 있는 자연물을 움직이거나 구부리거나 부러뜨릴 수 있음 - 그러나 물체를 부러뜨리는 행동은 그 볼을 발견하거나 확인하기 위한 합리적인 행동을 하는 과정에서 부득이하게 일어난 경우에 한하여 허용

올바르게 볼을 찾는 합리적인 행동을 하는 과정에서 스트로크에 영향을 미치는 상태를 개선한 경우:

- 올바르게 볼을 찾는 합리적인 행동의 결과로 그 상태가 개선된 경우, 규칙 8.1a에 따른 페널티는 없음
- 그러나 올바르게 볼을 찾는 행동이라고 하기에는 합리적인 정도를 지나치는 행동으로 그 상태가 개선된 경우, 규칙 8.1a를 위반한 것에 대하여 일반 페널티를 받음

플레이어의 인플레이 상태의 볼을 발견하고 확인하려는 과정에서, 플레이어는 규칙 15.1에 허용된 바와 같이 루스임페디먼트를 제거할 수도 있고, 규칙 15.2에 허용된 바와 같이 움직일 수 있는 장해물을 제거할 수도 있음

2. 7.1b 볼을 발견하거나 확인하는 과정에서 플레이어의 볼의 라이에 영향을 미치는 모래를 움직인 경우

- 플레이어는 반드시 모래에 놓여 있던 원래의 라이를 다시 만들어놓아야 함. 그러나,
- 볼이 모래에 완전히 덮여 있었던 경우에는 그 볼의 일부만 보이도록 해놓을 수 있음
- 원래의 라이를 다시 만들어놓지 않고 그 볼을 플레이한 경우, 플레이어는 일반 페널티를 받음

2 7.2 볼을 확인하는 방법(How to Identify Ball) ★

플레이어의 정지한 볼은 다음과 같은 방식으로 확인할 수 있음

- 그 볼이 플레이어의 볼이라는 것을 알고 있는 플레이어나 다른 누군가가 그 볼이 어느 곳에 정지하는 것을 봄으로써
- 플레이어가 자신의 볼에 해놓은 식별 표시를 봄으로써(규칙 6.3a 참조) - 그러나 동일한 구역에서 동일한 식별 표시를 가진 동일한 볼이 발견된 경우에는 이 방식이 적용되지 않음
- 플레이어의 볼이 있을 것으로 예상하는 구역에서 그 볼과 동일한 상표·모델·숫자·상태의 볼을 발견함으로써 - 그러나 그것과 똑같은 볼이 그 구역에 또 하나 놓여 있고 어느 것이 플레이어의 볼인지 알 수 없는 경우에는 이 방식이 적용되지 않음

플레이어의 프로비저널볼과 원래의 볼을 구별할 수 없는 경우에 대해서는 규칙 18.3c(2)를 참조

3 7.3 볼을 확인하기 위하여 집어 올리기(Lifting Ball to Identify It)

어떤 볼이 플레이어의 볼일 수도 있지만, 그 볼이 놓인 그대로는 확인할 수 없는 경우:

- 플레이어는 그 볼을 확인하기 위하여 돌려보거나 집어 올릴 수 있음
- 그러나 그렇게 하기 전에 반드시 그 볼의 지점을 마크하여야 하며, 볼을 확인하는 데 필요한 정도 이상으로 그 볼을 닦아서는 안 됨(퍼팅그린에서는 예외)(규칙 14.1 참조)

집어 올린 볼이 플레이어의 볼이거나 다른 플레이어의 볼인 경우, 반드시 그 볼을 원래의 지점에 리플레이스하여야 함(규칙 14.2 참조)

합리적으로 그 볼을 확인할 필요가 없을 때 플레이어가 본 규칙에 따라 자신의 볼을 집어 올렸거나(플레이어가 규칙 13.1b에 따라 볼을 집어 올릴 수 있는 퍼팅그린에서는 예외), 집어 올리기 전에 그 지점을 마크하지 않았거나, 닦는 것이 허용되지 않을 때 그 볼을 닦은 경우, 플레이어는 1벌타를 받음

규칙 7.3을 위반하여 잘못된 장소에서 플레이한 것에 대한 페널티: 규칙 14.7a에 따라 일반 페널티

4 7.4 볼을 발견하거나 확인하는 과정에서 우연히 그 볼을 움직인 경우 ★
(Ball Accidentally Moved in Trying to Find or Identify It)

플레이어나 상대방 또는 다른 사람이 플레이어의 볼을 발견하거나 확인하는 과정에서 그 볼을 우연히 움직인 경우, 페널티는 없음. 그러나 플레이어가 볼 찾기를 시작하기 전에 그 볼을 움직이게 한 경우, 플레이어는 규칙 9.4b에 따라 1벌타를 받음

본 규칙에 따라, '우연히'라는 언급에는 볼을 찾기 위한 합리적인 행동을 하는 누군가가 그 주변의 것들을 움직이면 볼을 찾을 수 있을 것 같아서 그렇게 하다가 그 볼을 움직이게 한 경우도 포함(예 풀이 긴 풀밭을 발로 쓸어보거나 나무를 흔들어보는 경우)

이런 상황에서 움직인 볼은 반드시 원래의 지점에 리플레이스하여야 함(그 지점을 알 수 없는 경우에는 반드시 추정하여야 함)(규칙 14.2 참조)

- 그 볼이 움직일 수 없는 장해물·코스와 분리할 수 없는 물체·코스의 경계물·자라거나 붙어 있는 자연물의 위나 아래에 또는 기댄 채 놓여 있던 경우, 그 볼은 반드시 원래의 상태로 원래의 지점에 리플레이스하여야 함(규칙 14.2c 참조)

- 그 볼이 모래에 덮여 있었던 경우, 반드시 그 원래의 라이를 다시 만들어놓고, 그 라이에 그 볼을 리플레이스하여야 함(규칙 14.2d(1) 참조). 그러나 그 볼이 모래에 완전히 덮여 있었던 경우에는 그 볼의 일부만 보이도록 해놓을 수도 있음

규칙 15.1a (볼을 리플레이스하기 전에 고의로 루스임페디먼트를 제거하는 것에 대한 제한) 참조

규칙 7.4의 위반에 대한 페널티: 일반 페널티

02 규칙 8 - 코스는 있는 그대로 플레이하여야 함

● 목적 ●

규칙 8은 '코스는 있는 그대로 플레이한다'라는 골프 게임의 핵심 원칙에 관한 규칙. 플레이어의 볼이 정지한 경우, 원칙적으로 플레이어는 그 스트로크에 영향을 미치는 상태를 그대로 받아들여야 하며, 그 볼을 플레이하기 전에 그 상태를 개선해서는 안 됨. 그러나 그 상태를 개선하더라도, 플레이어가 합리적으로 취할 수 있는 특정한 행동들이 있고, 제한적이지만, 개선되거나 악화된 상태를 페널티 없이 되돌려놓을 수 있는 경우도 있음

1 8.1 스트로크에 영향을 미치는 상태를 개선하는 플레이어의 행동 ★
(Player's Actions That Improve Conditions Affecting the Stroke)

본 규칙은 '코스는 있는 그대로 플레이한다'라는 원칙에 따라, 플레이어가 다음 스트로크를 위하여 이처럼 있는 그대로 지켜져야 하는 '스트로크에 영향을 미치는 상태'(코스 안팎 어디에 있든)를 개선하는 것을 제한:

- 플레이어의 정지한 볼의 라이
- 플레이어의 의도된 스탠스 구역
- 플레이어의 의도된 스윙 구역
- 플레이어의 플레이 선
- 플레이어가 볼을 드롭하거나 플레이스할 구제구역

본 규칙은 라운드 동안의 행동과 규칙 5.7a에 따라 플레이가 중단된 동안의 행동에 모두 적용

다음과 같은 행동에는 본 규칙이 적용되지 않음:

- 루스임페디먼트 또는 움직일 수 있는 장해물을 제거하는 행동 - 이는 규칙 15에 규정된 범위 내에서만 허용
- 플레이어의 볼이 움직이고 있는 동안의 행동 - 이는 규칙 11에서 다루어짐

1. 8.1a 허용되지 않는 행동 ★

플레이어는 스트로크에 영향을 미치는 상태를 개선하는 다음과 같은 행동을 해서는 안 됨. 다만 규칙 8.1b, c, d에서 제한적으로 허용되는 경우는 예외

(1) 다음과 같은 물체를 움직이거나 구부리거나 부러뜨려서는 안 됨:

- 자라거나 붙어 있는 자연물
- 움직일 수 없는 장해물·코스와 분리할 수 없는 물체·코스의 경계물
- 플레이 중인 티잉구역의 티마커

(2) 루스임페디먼트나 움직일 수 있는 장해물을 가져다 놓아서는 안 됨(예 스탠스를 만들기 위하여 또는 플레이 선을 개선하기 위하여)

(3) 다음과 같이 지면의 상태를 변경해서는 안 됨:
- 디봇을 제자리에 도로 가져다 놓거나,
- 이미 제자리에 메워진 디봇이나 뗏장을 제거하거나 누르거나,
- 지면의 구멍이나 자국 또는 울퉁불퉁한 부분을 없애거나, 기존에 없던 그런 것들을 생기게 해서는 안 됨

(4) 모래나 흩어진 흙을 제거하거나 눌러서는 안 됨

(5) 이슬·서리·물을 제거해서는 안 됨

규칙 8.1a의 위반에 대한 페널티: 일반 페널티

2. 8.1b 허용되는 행동

스트로크를 준비하거나 실행할 때, 플레이어는 다음과 같은 합리적인 행동을 할 수 있으며, 이와 같은 행동을 할 때 스트로크에 영향을 미치는 상태를 개선하게 되더라도, 페널티는 없음:

(1) 자신의 볼을 발견하고 확인하기 위한 합리적인 행동으로 올바르게 볼을 찾는 행동(규칙 7.1a 참조)

(2) 루스임페디먼트(규칙 15.1 참조)와 움직일 수 있는 장해물(규칙 15.2 참조)을 제거하기 위한 합리적인 행동

(3) 규칙 14.1과 14.2에 따라, 볼의 지점을 마크하고 그 볼을 집어 올리고 리플레이스하기 위한 합리적인 행동

(4) 볼 바로 앞이나 뒤의 지면에 클럽을 가볍게 대는 행동 - '지면에 클럽을 가볍게 댄다'라는 것은 그 클럽의 무게가 지면이나 지면보다 위에 있는 풀이나 토양, 모래, 그 밖의 물질에 의하여 지지가 될 수 있도록 하는 것을 의미

그러나, 다음과 같은 행동은 허용되지 않음:
- 클럽으로 지면을 누르는 행동
- 볼이 벙커에 있는 경우, 그 볼 바로 앞뒤의 모래에 닿거나 그 모래를 건드리는 행동(규칙 12.2b(1) 참조)

(5) 스탠스를 취할 때, 견고하게 딛고 설 수 있음(합리적인 정도로 모래나 흩어진 흙을 발로 파고드는 것 포함)

(6) 볼에 다가가서 스탠스를 취하기 위한 합리적인 행동으로 올바르게 스탠스를 취하는 행동

그러나 이와 같은 행동을 할 때:
- 플레이어가 정상적인 스탠스를 취하거나 정상적인 스윙을 할 권리가 있는 것은 아니므로,
- 반드시 그 상황에 최소한의 영향만 미치는 행동 과정을 사용하여야 함

(7) 스트로크 또는 실행될 스트로크를 위한 백스윙

그러나 볼이 벙커에 있는 경우, 백스윙하면서 벙커의 모래에 닿거나 모래를 건드리는 것은 규칙 12.2b(1)에 따라 허용되지 않음

(8) 티잉구역에서:
- 티를 지면에 꽂거나 그대로 놓아두거나(규칙 6.2b(2) 참조),
- 자라거나 붙어 있는 자연물을 움직이거나 구부리거나 부러뜨리거나(규칙 6.2b(3) 참조)
- 지면 상태를 변경하거나, 모래나 흙을 제거하거나 누르거나, 이슬·서리·물을 제거하는 행동(규칙 6.2b(3) 참조)

(9) 벙커에서, 플레이한 볼이 벙커 밖으로 나간 후 코스를 보호하기 위하여 그 벙커의 모래를 평평하게 고르는 행동(규칙 12.2b(3) 참조)

(10) 퍼팅그린에 있는 모래와 흩어진 흙을 제거하고 퍼팅그린의 손상을 수리하는 행동(규칙 13.1c 참조)

(11) 자연물이 붙어 있는 것인지 여부를 확인하기 위하여 그것을 움직여보는 행동

그러나 그 자연물이 자라거나 붙어 있는 것을 확인하면, 반드시 그것을 붙어 있는 그대로 두어야 하고, 그 자연물의 원래 위치와 가능한 한 가장 가까운 위치로 되돌려놓아야 함

규칙 25.4g (규칙 8.1b(5)를 이동 보조장치를 사용하는 플레이어에게 적용하는 경우의 수정규칙) 참조

3. 8.1c 규칙 8.1a(1)나 8.1a(2)를 위반한 경우, 개선된 상태를 복원하여 페널티를 면하는 방법

플레이어가 규칙 8.1a(1)를 위반하여 어떤 물체를 움직이거나 구부리거나 부러뜨려서 스트로크에 영향을 미치는 상태를 개선한 경우 또는 규칙 8.1a(2)를 위반하여 어떤 물체를 가져다 놓아서 그 상태를 개선한 경우,

- 다음 스트로크를 하기 전에, 플레이어가 그 개선된 상태를 다음의 (1)과 (2)에 허용된 방법으로 원래의 상태로 복원시키는 경우, 페널티를 면할 수 있음
- 그러나 플레이어가 규칙 8.1a(3)-(5)에 언급된 행동으로 스트로크에 영향을 미치는 상태를 개선한 경우, 원래의 상태로 복원시키더라도, 페널티를 면할 수 없음

(1) **물체를 움직이거나 구부리거나 부러뜨려서 개선된 상태를 복원시키는 방법** - 스트로크를 하기 전에, 플레이어가 규칙을 위반하여 개선된 상태가 제거되도록 원래의 물체를 원래의 위치와 가능한 한 가장 가까운 위치로 복원시킨 경우, 규칙 8.1a(1)의 위반에 대한 페널티를 면할 수 있음. 예를 들면:

- 제거하였던 코스의 경계물(예 경계 말뚝)을 제자리에 가져다 놓거나 원래 각도와 다른 각도로 꽂아두었던 코스의 경계물을 원래 각도대로 꽂아두기
- 움직였던 나뭇가지·풀·움직일 수 없는 장해물을 원래의 위치로 되돌려놓기
- 그러나 다음과 같은 경우, 플레이어는 페널티를 면할 수 없음:
- 개선된 상태가 제거되지 않는 경우(예 코스의 경계물이나 나뭇가지가 심하게 구부러지거나 부러져서 원래 위치로 되돌릴 수 없는 경우),
- 그 상태를 복원시키기 위하여, 원래의 물체 자체가 아닌 다른 물체를 사용한 경우
  - 다른 물체 또는 추가되는 물체를 사용한 경우(예 경계 말뚝을 제거했던 구멍에 다른 말뚝을 꽂아 놓거나, 움직였던 나뭇가지를 제자리에 묶어놓은 경우),
  - 원래의 물체를 수리하기 위하여, 다른 재료를 사용한 경우(예 부러진 코스의 경계물이나 나뭇가지를 붙이기 위하여 테이프를 사용한 경우)

(2) **어떤 물체를 가져다 놓아서 개선된 상태를 복원시키는 방법** - 스트로크를 하기 전에, 플레이어가 가져다 놓았던 물체를 제거하면, 규칙 8.1a(2)의 위반에 대한 페널티를 면할 수 있음

4. 8.1d 볼이 정지한 후 악화된 상태를 복구하는 방법

플레이어의 볼이 정지한 후 스트로크에 영향을 미치는 상태가 악화된 경우,

(1) **악화된 상태의 복구가 허용되는 경우** - 스트로크에 영향을 미치는 상태가 플레이어 이외의 사람 또는 동물에 의하여 악화된 경우, 플레이어는 규칙 8.1a에 따른 페널티 없이 다음과 같이 할 수 있음:

- 원래 상태와 가능한 한 가장 가까운 상태로 복구시킬 수 있음

- 원래 상태로 복구시키기 위하여 그렇게 하는 것이 합리적일 때 또는 그 스트로크에 영향을 미치는 상태가 악화될 때 볼이 이물질이 묻은 경우, 그 볼의 지점을 마크하고, 그 볼을 집어 올려서 닦은 후 원래의 지점에 리플레이스할 수 있음(규칙 14.1과 14.2 참조)

(2) 악화된 상태가 원래 상태로 쉽게 복구될 수 없는 경우, 볼을 집어 올린 후 (1) 그 스트로크에 영향을 미치는 상태와 가장 비슷하고 (2) 그 볼의 원래 지점으로부터 한 클럽 길이 이내에 있으며 (3) 원래 지점과 동일한 코스의 구역에 있는 가장 가까운(그러나 홀에 가깝지 않은) 지점에 그 볼을 리플레이스할 수 있음

> **예외** 볼을 집어 올리거나 움직일 때 또는 볼을 집어 올리거나 움직인 후 그 볼을 리플레이스하기 전에 그 볼의 라이가 악화된 경우: 규칙 14.2d가 적용. 다만 플레이가 중단되어 볼을 집어 올렸을 때 라이가 악화된 경우에는 본 규칙(규칙 8.1d)이 적용

- 악화된 상태의 복구가 허용되지 않는 경우 - 스트로크에 영향을 미치는 상태가 다음과 같은 원인에 의하여 악화되었던 경우, 플레이어가 그 악화된 상태를 개선해서는 안 됨(규칙 8.1c(1), 8.1c(2), 규칙 13.1c에 허용된 경우는 예외):
- 플레이어와 플레이어의 캐디
- 플레이어가 위임한 행동을 수행하는 다른 사람(레프리 제외)
- 자연의 힘(예) 바람·물)

플레이어가 악화된 상태를 개선하는 것이 허용되지 않을 때 개선한 경우, 규칙 8.1a에 따라 **일반 페널티**를 받음

규칙 8.1d를 위반하여 잘못된 장소에서 플레이한 것에 대한 페널티: 14.7a에 따라 일반 페널티

규칙 22.2 (포섬에서, 파트너는 자신의 편을 위한 행동을 할 수 있으며 파트너의 행동은 플레이어의 행동으로 간주)와 23.5 (포볼에서, 파트너는 자신의 편을 위한 행동을 할 수 있으며 파트너가 플레이어의 볼이나 장비와 관련하여서 한 행동은 플레이어의 행동으로 간주) 참조

2 8.2 자신의 정지한 볼이나 스트로크에 영향을 미치는 물리적인 상태를 변경하기 위한 플레이어의 고의적인 행동
(Player's Deliberate Actions to Alter Other Physical Conditions to Affect the Player's Own Ball at Rest or Stroke to Be Made)

1. 8.2a 규칙 8.2가 적용되는 경우

본 규칙은 자신의 정지한 볼이나 스트로크에 영향을 미치는 물리적인 상태를 변경하기 위한 플레이어의 고의적인 행동에만 적용

본 규칙은 다음과 같은 플레이어의 행동에는 적용되지 않음:

- 고의로 자신의 볼의 방향을 바꾸거나 그 볼을 멈추게 하는 행동 또는 고의로 자신의 볼이 정지할 수도 있는 곳에 영향을 미치는 물리적인 상태를 변경하는 행동(이 경우, 규칙 11.2와 11.3이 적용)
- 플레이어 자신의 스트로크에 영향을 미치는 상태를 변경하는 행동(이 경우, 규칙 8.1a가 적용)

2. 8.2b 물리적인 상태를 변경하기 위한 행동을 해서는 안 됨

플레이어는 고의로 다음과 같은 곳에 영향을 미치는 물리적인 상태를 변경하기 위하여 규칙 8.1a에 언급된 행동을 해서는 안 됨(규칙 8.1b, c, d에 허용되는 행동은 예외)

- 플레이어의 다음 또는 그다음의 스트로크 후 그 볼이 지나가거나 정지할 수도 있는 곳

- 스트로크하기 전에 플레이어의 정지한 볼이 움직일 경우, 그 볼이 지나가거나 정지할 수도 있는 곳(예 플레이어의 볼이 가파른 경사면에 있고 플레이어가 그 볼이 덤불 속으로 굴러 들어갈까 봐 우려하는 상황)

> **예외** 코스를 보호하기 위한 행동: 플레이어가 코스를 보호하기 위하여 물리적인 상태를 변경하는 경우, 본 규칙에 따른 페널티가 없음(예 벙커에 난 발자국을 고르거나 디봇을 가져다 제자리에 메우기)

규칙 8.2의 위반에 대한 페널티: 일반 페널티

규칙 22.2 (포섬에서, 파트너는 자신의 편을 위한 행동을 할 수 있으며 파트너의 행동은 플레이어의 행동으로 간주)와 23.5 (포볼에서, 파트너는 자신의 편을 위한 행동을 할 수 있으며 파트너가 플레이어의 볼이나 장비와 관련하여서 한 행동은 플레이어의 행동으로 간주) 참조

3 | 8.3 다른 플레이어의 정지한 볼이나 스트로크에 영향을 미치는 물리적인 상태를 변경하기 위한 플레이어의 고의적인 행동 ★
(Player's Deliberate Actions to Alter Physical Conditions to Affect Another Player's Ball at Rest or Stroke to Be Made)

1. 8.3a 규칙 8.3이 적용되는 경우

본 규칙은 다른 플레이어의 정지한 볼이나 스트로크에 영향을 미치는 물리적인 상태를 변경하기 위한 플레이어의 고의적인 행동에만 적용

다른 플레이어의 움직이고 있는 볼의 방향을 바꾸거나 그 볼을 멈추게 하기 위한 플레이어의 고의적인 행동 또는 다른 플레이어의 볼이 정지할 수도 있는 곳에 영향을 미치는 물리적인 상태를 변경하기 위한 플레이어의 고의적인 행동에는 본 규칙이 적용되지 않음(이 경우, 규칙 11.2와 11.3이 적용)

2. 8.3b 물리적인 상태를 변경하기 위한 행동을 해서는 안 됨

플레이어는 다음과 같은 목적으로, 고의로 규칙 8.1a에 언급된 행동을 해서는 안 됨(규칙 8.1b, c, d에 허용되는 행동은 예외):

- 다른 플레이어의 스트로크에 영향을 미치는 상태를 개선하거나 악화시키기 위하여
- 다음과 같은 곳에 영향을 미치는 물리적인 상태를 변경하기 위하여
  - 다른 플레이어의 다음 또는 그다음의 스트로크 후 그 볼이 지나가거나 정지할 수도 있는 곳
  - 스트로크하기 전에 다른 플레이어의 정지한 볼이 움직일 경우, 그 볼이 지나가거나 정지할 수도 있는 곳

> **예외** 코스를 보호하기 위한 행동: 플레이어가 코스를 보호하기 위하여 물리적인 상태를 변경하는 경우, 본 규칙에 따른 페널티가 없음(예 벙커에 난 발자국을 고르거나 디봇을 가져다 제자리에 메우기)

규칙 8.3의 위반에 대한 페널티: 일반 페널티

규칙 22.2 (포섬에서, 파트너는 자신의 편을 위한 행동을 할 수 있으며 파트너의 행동은 플레이어의 행동으로 간주)와 23.5 (포볼에서, 파트너는 자신의 편을 위한 행동을 할 수 있으며 파트너가 플레이어의 볼이나 장비와 관련하여서 한 행동은 플레이어의 행동으로 간주) 참조

03 규칙 9 - 볼은 놓인 그대로 플레이하여야 함; 정지한 볼을 집어 올리거나 움직인 경우

> **목적**
>
> 규칙 9는 '볼은 놓인 그대로 플레이하여야 한다'는 골프 게임의 핵심 원칙에 관한 규칙
>
> 플레이어의 볼이 정지한 후 바람·물과 같은 자연의 힘으로 움직인 경우, 원칙적으로 플레이어는 반드시 그 새로운 지점에서 그 볼을 플레이하여야 함
> - 스트로크하기 전에 사람이나 외부의 영향이 정지한 볼을 집어 올리거나 움직인 경우, 그 볼은 반드시 원래의 지점에 리플레이스하여야 함
> - 플레이어가 자신의 볼이나 상대방의 볼을 움직이게 한 경우, 원칙적으로 페널티(퍼팅그린에서는 예외)를 받게 되므로, 플레이어가 정지한 볼 가까이 있을 때는 각별한 주의를 기울여야 함

규칙 9는 라운드 동안과 규칙 5.7a에 따라 플레이가 중단된 동안 코스 상에 정지한 인플레이 상태의 볼에 적용

1 9.1 볼은 놓인 그대로 플레이하여야 (Ball Played as It Lies)

1. 9.1a 볼이 정지한 곳에서 플레이하기

코스 상에 정지한 플레이어의 볼은 반드시 놓인 그대로 플레이하여야 함.

다만 다음과 같은 경우는 예외:
- 규칙에서 플레이어가 코스 상의 다른 곳에서 플레이할 것을 요구하거나 허용하는 경우
- 규칙에서 플레이어가 볼을 집어 올린 후 그 볼을 원래의 지점에 리플레이스할 것을 요구하거나 허용하는 경우

2. 9.1b 볼이 백스윙이나 스트로크를 하는 동안 움직인 경우의 처리방법 ★

플레이어가 스트로크 또는 스트로크를 위한 백스윙을 시작한 후, 플레이어의 정지한 볼이 움직이기 시작하였는데, 그대로 스트로크를 한 경우:
- 그 볼을 움직이게 한 원인이 무엇이든, 그 볼을 리플레이스해서는 안 됨
- 플레이어는 반드시 그 스트로크 후 그 볼이 정지한 곳에서 그 볼을 플레이하여야 함
- 플레이어가 그 볼을 움직이게 한 경우, 페널티가 있는지는 규칙 9.4b를 참조

규칙 9.1을 위반하여 잘못된 장소에서 플레이한 것에 대한 페널티: 규칙 14.7a에 따라 일반 페널티

2 9.2 볼이 움직였는지 여부와 그 볼을 움직이게 한 원인 판단하기 (Deciding Whether Ball Moved and What Caused It to Move)

1. 9.2a 볼이 움직였는지 여부 판단하기

플레이어의 정지한 볼이 움직인 것을 알고 있거나 사실상 확실한 경우에 한하여, 그 볼이 움직인 것으로 간주

그 볼이 움직였을 수도 있으나 그것을 알고 있거나 사실상 확실한 상황이 아닌 경우, 그 볼은 움직인 것으로 간주되지 않으므로, 반드시 놓인 그대로 플레이하여야 함

2. 9.2b 볼을 움직이게 한 원인 판단하기

플레이어의 정지한 볼이 움직인 경우:

- 무엇이 그 볼을 움직이게 하였는지를 반드시 판단하여야 함
- 그 원인에 따라, 플레이어가 반드시 그 볼을 리플레이스하여야 하는지 놓인 그대로 플레이하여야 하는지가 결정되고, 페널티가 있는지 여부가 결정

(1) 가능성이 있는 네 가지 원인 - 규칙에서 플레이어가 스트로크하기 전에 정지한 볼을 움직이게 할 수 있는 원인으로 규정하는 것은 다음의 네 가지뿐:

- 자연의 힘(예 바람 또는 물)(규칙 9.3 참조)
- 플레이어의 행동과 플레이어 캐디의 행동(규칙 9.4 참조)
- 매치플레이에서, 상대방의 행동과 상대방 캐디의 행동(규칙 9.5 참조)
- 스트로크플레이에서, 다른 모든 플레이어를 포함한 외부의 영향(규칙 9.6 참조)

규칙 22.2 (포섬에서, 파트너는 자신의 편을 위한 행동을 할 수 있으며 파트너의 행동은 플레이어의 행동으로 간주)와 23.5 (포볼에서, 파트너는 자신의 편을 위한 행동을 할 수 있으며 파트너가 플레이어의 볼이나 장비와 관련하여서 한 행동은 플레이어의 행동으로 간주) 참조

(2) 볼을 움직이게 한 원인을 판단하는 '알고 있거나 사실상 확실한'이라는 기준

- 플레이어나 상대방 또는 외부의 영향이 플레이어의 정지한 볼을 움직이게 한 것을 알고 있거나 사실상 확실한 경우에 한하여, 그것이 그 볼을 움직이게 한 원인으로 간주
- 이 중 하나가 그 원인이었다는 것을 알고 있거나 사실상 확실한 상황이 아닌 경우, 그 볼은 자연의 힘에 의하여 움직인 것으로 간주

이 기준을 적용할 때는 반드시 합리적으로 이용할 수 있는 모든 정보가 고려되어야 함. 합리적으로 이용할 수 있는 모든 정보는 플레이어가 알고 있는 모든 정보 또는 플레이어가 플레이를 부당하게 지연시키지 않으면서 합리적인 노력으로 얻을 수 있는 모든 정보를 의미

3 9.3 자연의 힘에 의하여 움직인 볼(Ball Moved by Natural Forces) ★★

자연의 힘(예 바람 또는 물)이 플레이어의 정지한 볼을 움직이게 한 경우,

- 페널티는 없으며,
- 그 볼은 반드시 그 새로운 지점에서 플레이하여야 함

예외 1 퍼팅그린에 있는 볼을 집어 올렸다가 리플레이스한 후 그 볼이 움직인 경우, 그 볼은 반드시 리플레이스하여야 함(규칙 13.1d 참조) - 플레이어가 퍼팅그린에 있는 자신의 볼을 집어 올렸다가 원래의 지점에 리플레이스한 후 그 볼이 움직인 경우:

- 그 볼은 반드시 원래의 지점에 리플레이스하여야 함(그 지점을 알 수 없는 경우에는 반드시 추정하여야 함)(규칙 14.2 참조)
- 그 볼을 움직이게 한 원인(자연의 힘 포함)이 무엇이든, 그 볼은 반드시 원래의 지점에 리플레이스하여야 함

예외 2 드롭하거나 플레이스하거나 리플레이스한 후 정지한 볼이 다른 코스의 구역이나 아웃오브바운즈로 움직인 경우, 그 볼은 반드시 리플레이스하여야 함: 플레이어가 원래의 볼이나 다른 볼을 드롭하거나 플레이스하거나 리플레이스하여 그 볼이 플레이 상태가 되었는데, 자연의 힘이 그 정지한 볼을 움직여서 다른 코스의 구역 또는 아웃오브바운즈에 정지하게 한 경우, 그 볼은 반드시 원래 지점에 리플레이스하여야 함(그 지점을 알 수 없는 경우에는 반드시 추정하여야 함)(규칙 14.2 참조). 그러나 그 볼이 퍼팅그린에서 리플레이스하였던 볼인 경우, 예외 1을 참조

규칙 9.3을 위반하여 잘못된 장소에서 플레이한 것에 대한 페널티: 규칙 14.7a에 따라 일반 페널티

4 9.4 플레이어가 집어 올리거나 움직인 볼(Ball Lifted or Moved by Player) ★

본 규칙은 플레이어(플레이어의 캐디 포함)가 자신의 정지한 볼을 집어 올렸거나 플레이어의 행동(플레이어 캐디의 행동 포함)이 그 볼을 움직이게 한 것을 알고 있거나 사실상 확실한 경우에만 적용

1. 9.4a 집어 올리거나 움직인 볼을 반드시 리플레이스하여야 하는 경우

플레이어가 자신의 정지한 볼을 집어 올리거나 움직이게 한 경우, 그 볼은 반드시 원래의 지점에 리플레이스하여야 함(그 지점을 알 수 없는 경우에는 반드시 추정하여야 함)(규칙 14.2 참조). 다만 다음의 경우는 예외:

- 플레이어가 구제를 받거나 다른 지점에 리플레이스하기 위하여 규칙에 따라 그 볼을 집어 올린 경우(규칙 14.2d와 14.2e 참조)
- 플레이어의 정지한 볼이 스트로크 또는 스트로크를 위한 백스윙을 시작한 후 움직이기 시작하였는데 플레이어가 그대로 스트로크를 한 경우(규칙 9.1b 참조)

2. 9.4b 볼을 집어 올리거나 고의로 건드리거나 움직이게 한 것에 대한 페널티

플레이어가 자신의 정지한 볼을 집어 올리거나 고의로 건드리거나 움직이게 한 경우, 플레이어는 **1벌타**를 받음

그러나 다음과 같은 다섯 가지 경우는 예외:

예외 1 플레이어가 볼을 집어 올리거나 움직이는 것이 허용되는 경우 - 플레이어가 다음과 같은 규칙에 따라 자신의 정지한 볼을 집어 올리거나 움직이게 한 경우, 페널티가 없음:

- 그 볼을 집어 올린 후 원래의 지점에 리플레이스하는 것을 허용하는 규칙
- 움직인 볼을 원래의 지점에 리플레이스할 것을 요구하는 규칙
- 플레이어가 볼을 다시 드롭하거나 플레이스하거나 다른 장소에서 플레이할 것을 요구하거나 허용하는 규칙

예외 2 볼을 발견하거나 확인하는 과정에서 우연히 움직이게 한 경우: 플레이어가 볼을 발견하거나 확인하는 과정에서 그 볼을 우연히 움직이게 한 경우, 페널티가 없음(규칙 7.4 참조)

예외 3 퍼팅그린에서 우연히 움직이게 한 경우: 플레이어가 퍼팅그린에서 그 볼을 우연히 움직이게 한 경우, 어떻게 그 볼을 움직이게 하였는지와 관계없이, 페널티가 없음(규칙 13.1d 참조)

예외 4 퍼팅그린 이외의 곳에서 규칙을 적용하는 동안 우연히 움직이게 한 경우 - 플레이어가 퍼팅그린 이외의 곳에서 다음과 같은 합리적인 행동을 하는 동안 그 볼을 우연히 움직이게 한 경우, 페널티가 없음:

- 규칙에 따라 허용될 때, 그 볼의 원래의 지점을 마크하거나 그 볼을 집어 올리거나 리플레이스하기 위한 합리적인 행동(규칙 14.1과 14.2 참조)
- 움직일 수 있는 장해물을 제거하기 위한 합리적인 행동(규칙 15.2 참조)
- 악화된 상태를 규칙에 따라 복구하기 위한 합리적인 행동(규칙 8.1d 참조)
- 규칙에 따라 구제를 받기 위한 합리적인 행동 - 규칙에 따라 구제를 받을 수 있는지 여부를 판단하거나(예 어떤 상태로부터 방해가 되는지 보기 위하여 클럽을 들고 스윙을 해보는 경우) 구제를 받을 곳을 정할 때(예 가장 가까운 완전한 구제지점을 정하는 경우)의 합리적인 행동 포함
- 규칙에 따라 측정하기 위한 합리적인 행동(예 규칙 6.4에 따라 플레이 순서를 정하기 위하여 거리를 측정하는 경우)

예외 5 볼이 플레이어나 장비에 기대어 정지한 후 움직인 경우: 스트로크(규칙 11.1) 결과 또는 플레이어의 볼을 드롭(규칙 14.3c(1))한 결과, 그 볼이 플레이어나 플레이어의 장비에 기대어 정지한 후, 플레이어가 비켜서거나 그 장비를 제거하다가 그 볼을 움직이게 한 경우, 페널티는 없음

규칙 9.4를 위반하여 잘못된 장소에서 플레이한 것에 대한 페널티: 규칙 14.7a에 따라 일반 페널티

플레이어가 규칙 9.4에 따라 움직인 볼을 리플레이스할 것이 요구될 때 리플레이스하지 않고 잘못된 장소에서 플레이한 경우, 플레이어는 오직 규칙 14.7a에 따른 일반 페널티만 받음(규칙 1.3c(4)의 예외 참조)

5 9.5 매치플레이에서 상대방이 집어 올리거나 움직인 볼 (Ball Lifted or Moved by Opponent in Match Play)

본 규칙은 상대방(상대방의 캐디 포함)이 플레이어의 정지한 볼을 집어 올렸거나 상대방의 행동(상대방 캐디의 행동 포함)이 그 볼을 움직이게 한 것을 알고 있거나 사실상 확실한 경우에 한하여 적용

상대방이 플레이어의 볼을 잘못된 볼로 플레이한 경우에는 본 규칙이 아니라 규칙 6.3c(1)가 적용

1. 9.5a 집어 올리거나 움직인 볼을 반드시 리플레이스하여야 하는 경우

상대방이 플레이어의 정지한 볼을 집어 올리거나 움직인 경우, 그 볼은 반드시 원래의 지점에 리플레이스하여야 함(그 지점을 알 수 없는 경우에는 반드시 추정하여야 함)(규칙 14.2 참조). 다만 다음의 경우는 예외:

- 상대방이 다음 스트로크나 홀 또는 매치를 컨시드한 경우(규칙 3.2b 참조)
- 구제를 받기 위하여 규칙을 적용하거나 자신의 볼을 다른 지점에 리플레이스하려는 플레이어의 요청에 따라, 상대방이 플레이어의 볼을 집어 올리거나 움직인 경우

2. 9.5b 볼을 집어 올리거나 고의로 건드리거나 움직이게 한 것에 대한 페널티

상대방이 플레이어의 정지한 볼을 집어 올리거나 고의로 건드리거나 움직이게 한 경우, 상대방은 1벌타를 받음

그러나 다음과 같은 경우는 예외:

예외 1 상대방이 플레이어의 볼을 집어 올리는 것이 허용된 경우: 다음과 같은 경우, 페널티가 없음:

- 상대방이 플레이어의 다음 스트로크나 홀 또는 매치를 컨시드하고 플레이어의 볼을 집어 올린 경우
- 상대방이 플레이어의 요청에 따라 플레이어의 볼을 집어 올린 경우

예외 2 퍼팅그린에 있는 플레이어의 볼에 실수로 마크하고 그 볼을 집어 올린 경우: 상대방이 퍼팅그린에 있는 플레이어의 볼을 자신의 볼로 착각하여 그 지점을 마크하고 그 볼을 집어 올린 경우, 페널티가 없음

예외 3 플레이어에게 적용되는 예외와 동일한 예외가 적용되는 경우: 상대방이 규칙 9.4b의 예외 2, 3, 4, 5에 언급된 행동을 하는 동안 플레이어의 볼을 우연히 움직이게 한 경우, 페널티가 없음

규칙 9.5를 위반하여 잘못된 장소에서 플레이한 것에 대한 페널티: 규칙 14.7a에 따라 일반 페널티

6 9.6 외부의 영향이 집어 올리거나 움직인 볼 ★★
(Ball Lifted or Moved by Outside Influence)

외부의 영향(스트로크플레이에서의 다른 플레이어나 다른 볼 포함)이 플레이어의 정지한 볼을 집어 올리거나 움직인 것을 알고 있거나 사실상 확실한 경우:

- 페널티는 없으며,
- 그 볼은 반드시 원래의 지점에 리플레이스하여야 함(그 지점을 알 수 없는 경우에는 반드시 추정하여야 함) (규칙 14.2 참조)

이는 플레이어의 볼이 발견되었는지 여부와 관계없이 적용

그러나 외부의 영향이 그 볼을 집어 올리거나 움직인 것을 알고 있거나 사실상 확실한 상황이 아닌데 그 볼이 분실된 경우, 플레이어는 반드시 규칙 18.2에 따라 스트로크와 거리 구제를 받아야 함

다른 플레이어가 플레이어의 볼을 잘못된 볼로 플레이한 경우에는 본 규칙이 아니라 규칙 6.3c(2)가 적용

규칙 9.6을 위반하여 잘못된 장소에서 플레이한 것에 대한 페널티: 규칙 14.7a에 따라 일반 페널티

7 9.7 집어 올리거나 움직인 볼마커(Ball-Marker Lifted or Moved)

본 규칙은 집어 올린 볼을 리플레이스하기 전에, 그 볼의 지점을 마크하는 볼마커를 집어 올리거나 움직인 경우의 처리방법에 관한 규칙

1. 9.7a 볼이나 볼마커는 반드시 리플레이스하여야 함

플레이어의 볼을 리플레이스하기 전에 플레이어의 볼마커를 어떤 식(자연의 힘 포함)으로든 집어 올리거나 움직인 것을 알고 있거나 사실상 확실한 경우,

- 플레이어는 반드시 그 볼을 원래의 지점에 리플레이스하여야 함(그 지점을 알 수 없는 경우에는 반드시 추정하여야 함)(규칙 14.2 참조)
- 또는 그 원래의 지점을 마크하기 위한 볼마커를 놓아두어야 함

2. 9.7b 볼마커를 집어 올리거나 움직이게 한 것에 대한 페널티

플레이어의 볼을 리플레이스하기 전에 플레이어의 볼마커를 플레이어 또는 매치플레이의 상대방이 집어 올리거나 움직이게 한 경우, 플레이어 또는 상대방은 1벌타를 받음

예외 볼마커를 집어 올리거나 움직이게 한 것에 대하여 규칙 9.4b와 9.5b의 예외가 적용: 플레이어나 상대방이 플레이어의 볼을 집어 올리거나 우연히 움직이게 한 것에 대한 페널티를 받지 않는 모든 경우, 플레이어의 볼마커를 집어 올리거나 우연히 움직인 것에 대한 페널티도 없음

규칙 9.7을 위반하여 잘못된 장소에서 플레이한 것에 대한 페널티: 규칙 14.7a에 따라 일반 페널티

04 규칙 10 - 스트로크의 준비와 실행; 어드바이스와 도움; 캐디

> **목적**
> 규칙 10은 플레이어가 다른 사람들(캐디 포함)로부터 제공받을 수 있는 어드바이스와 그 밖의 도움을 포함하여, 스트로크를 어떻게 준비하고 실행하는가에 관한 규칙. 본 규칙의 중요한 원칙은 골프는 기량과 개인적인 도전의 게임이라는 것임

1 10.1 스트로크하기(Making a Stroke)

> **목적**
> 규칙 10.1은 스트로크를 하는 방법과 스트로크를 할 때 금지되는 몇 가지 행동에 관한 규칙. 스트로크는 클럽헤드로 올바르게 볼을 치는 것으로 이루어짐. 따라서, 클럽을 고정하지 않고 자유롭게 휘둘러서, 플레이어가 그 클럽 전체의 움직임을 주도하고 통제하는 것이 근본적인 과제

1. 10.1a 볼을 올바르게 치기 ★

스트로크할 때:

- 플레이어는 반드시 클럽헤드의 어느 부분으로든 올바르게 볼을 쳐야 함. 즉, 클럽과 볼 사이에 순간적인 접촉만 있어야 하며, 볼을 밀어내거나 끌어당기거나 퍼 올려서는 안 됨
- 플레이어의 클럽이 우연히 두 번 이상 볼을 맞힌 경우, 그것은 한 번의 스트로크이며, 페널티는 없음

2. 10.1b 클럽을 고정시키는 경우

스트로크할 때, 플레이어가 다음과 같이 클럽을 고정해서는 안 됨:

- 클럽 또는 클럽을 쥔 손을 자신의 몸 어딘가에 대고 직접적으로 고정하거나(클럽 또는 클럽을 쥔 손을 다른 손이나 팔뚝에 대는 것은 예외),
- '고정점'을 사용하여, 즉 팔뚝을 자신의 몸 어딘가에 대고 클럽을 쥔 손을 다른 한 손이 클럽을 휘두를 수 있는 안정점으로 사용하여, 간접적으로 클럽을 고정해서는 안 됨

스트로크하는 동안 플레이어의 클럽이나 클럽을 쥔 손 또는 팔뚝이 단지 플레이어의 몸이나 옷에 닿기만 하고, 그것을 자신의 몸에 대지는 않은 경우, 본 규칙에 위반되지 않음

본 규칙의 목적상, '팔뚝'은 팔꿈치 아래에서 손목까지의 부분을 의미

규칙 25.3b와 25.4h(규칙 10.1b를 지체 장애가 있는 플레이어와 이동 보조장치를 사용하는 플레이어에게 적용하는 경우의 수정규칙) 참조

3. 10.1c 플레이 선을 가로질러 서거나 밟고 선 채 스트로크를 하는 경우 ★

플레이어가 고의로 두 발을 벌려 플레이 선이나 그 볼 후방의 연장선의 양쪽을 딛고 선 스탠스를 취하거나 그 선을 밟고 선 스탠스를 취한 채 스트로크를 해서는 안 됨

본 규칙에 한하여, 플레이 선에 그 선 양옆의 합리적인 거리는 포함되지 않음

예외 우연히 또는 다른 플레이어의 플레이 선을 밟지 않기 위하여 이와 같은 스탠스를 취한 경우, 페널티는 없음

규칙 25.4i(규칙 10.1c를 이동 보조장치를 사용하는 플레이어에게 적용하는 경우, 이동 보조장치의 모든 부분이 스탠스에 포함되는 것으로 수정) 참조

4. 10.4d 움직이는 볼을 플레이한 경우 ★

플레이어는 움직이는 볼에 스트로크해서는 안 됨:

- 인플레이 상태의 볼이 한 지점에 정지하지 않는 경우, 그 볼은 '움직이는' 볼
- 정지한 볼이 기우뚱거리기만 하다가(또는 제자리에서 흔들리기만 하다가) 멈추거나 도로 원래의 지점에 정지한 경우, 그 볼은 정지한 볼로 간주되며 움직이는 볼이 아님

그러나 다음과 같은 세 가지 경우는 예외이며, 페널티가 없음:

예외 1 플레이어가 스트로크를 위한 백스윙을 시작한 후 볼이 움직이기 시작한 경우: 이 상황에서 움직이는 볼에 스트로크한 것에 대해서는 본 규칙이 아니라 규칙 9.1b가 적용

예외 2 볼이 티에서 떨어지는 경우: 티에서 떨어지는 볼에 스트로크한 것에 대해서는 본 규칙이 아니라, 규칙 6.2b(5)가 적용

예외 3 볼이 물속에서 움직이는 경우: 볼이 일시적으로 고인 물이나 페널티구역에 있는 물속에서 움직이는 경우,

- 플레이어는 페널티 없이 그 움직이는 볼에 스트로크할 수도 있고,
- 규칙 16.1 또는 17에 따른 구제를 받고 그 움직이는 볼을 집어 올릴 수도 있음

어떤 경우든, 플레이어가 그 볼이 바람이나 물결을 타고 더 좋은 쪽으로 가기를 기다리면서 부당하게 플레이를 지연시켜서는 안 됨(규칙 5.6a 참조)

규칙 10.1을 위반하여 스트로크한 것에 대한 페널티: 일반 페널티

스트로크플레이에서, 본 규칙을 위반하여 스트로크한 경우, 그 스트로크는 타수에 포함되며, 플레이어는 **2벌타**를 받음

2 10.2 어드바이스와 그 밖의 도움(Advice and Other Help)

> **목적**
> 플레이어의 근본적인 도전은 자신의 플레이를 위한 전략과 전술을 결정하는 것. 따라서, 라운드 동안 플레이어가 제공받을 수 있는 어드바이스나 그 밖의 도움에는 한계가 있음

1. 10.2a 어드바이스 ★★

라운드 동안,

- 플레이어는 그 코스에서 열리는 경기에서 플레이 중인 누구에게도 어드바이스를 제공해서는 안 되고,
- 자신의 캐디 이외의 누구에게도 어드바이스를 요청해서는 안 되며,
- 다른 플레이어에게 제공하거나 요청할 경우 어드바이스가 될 정보를 알기 위하여 그 다른 플레이어의 장비를 만져서는 안 됨(예 다른 플레이어가 어떤 클럽을 사용하고 있는지 확인하기 위하여 그 플레이어의 클럽이나 골프백을 만지는 경우)

이는 라운드 전이나 규칙 5.7a에 따라 플레이가 중단된 동안 또는 한 경기의 라운드와 라운드 사이에는 적용되지 않음

규칙 10.2a의 위반에 대한 페널티: 일반 페널티

이 페널티는 매치플레이와 스트로크플레이에 공통적으로 다음과 같이 적용:

- 플레이어 중 누군가 홀을 플레이 중일 때, 플레이어가 어드바이스를 요청하거나 제공한 경우 - 그 플레이어는 현재 플레이 중인 홀 또는 방금 끝낸 홀에 대하여 **일반 페널티**를 받음

- 플레이어들이 홀과 홀 사이에 있을 때, 플레이어가 어드바이스를 요청하거나 제공한 경우 - 그 플레이어는 다음 홀에 대하여 일반 페널티를 받음

규칙 22, 23, 24(파트너로서 플레이하는 경기 방식에서 플레이어는 자신의 파트너나 파트너의 캐디와 어드바이스를 주고받을 수 있음) 참조

2. 10.2b 그 밖의 도움

(1) **캐디로부터 플레이 선 또는 그 밖의 방향 정보와 관련된 도움을 받는 경우** - 플레이어의 캐디가 플레이어에게 플레이 선 또는 그 밖의 방향 정보와 관련된 도움을 주고 있는 경우, 캐디는 다음과 같은 제한을 받음:

- 플레이어의 캐디는 그런 도움을 주기 위하여 어떤 물체를 지면에 내려놓아서는 안 됨(스트로크하기 전에 그 물체를 제거하더라도, 플레이어는 페널티를 면할 수 없음)
- 스트로크를 하는 동안:
  - 플레이어의 캐디는 플레이어가 플레이하고자 하는 위치에 서 있어서는 안 되며,
  - 그런 도움을 주려는 어떠한 행동도 해서는 안 됨(예 지면상의 한 지점을 가리키는 동작)
- 플레이어의 캐디는 규칙 10.2b(4)에 따라 허용되지 않는 경우, 그 제한 구역에서 있어서는 안 됨

그러나 본 규칙이 플레이어의 캐디가 깃대를 잡아주기 위하여 홀 가까이 서 있는 것을 금지하는 것은 아님

(2) **캐디 이외의 다른 누군가로부터 플레이 선 또는 그 밖의 방향 정보와 관련된 도움을 받는 경우** - 플레이어는 자신의 캐디 이외의 다른 누군가로부터 플레이 선 또는 그 밖의 방향 정보와 관련된 도움을 받아서는 안 됨. 다만 다음과 같은 경우는 예외:

- 캐디 이외의 다른 누군가는 어떤 물체와 관련하여 공공연하게 알려진 정보를 제공하여 플레이어에게 도움을 줄 수 있음(예 보이지 않는 페어웨이의 중심선을 나타내는 나무를 가리키는 동작)
- 플레이어의 볼이 퍼팅그린 이외의 곳에 있는 경우, 캐디 이외의 다른 누군가는 플레이어가 플레이하고자 하는 방향에 서 있을 수 있으나 반드시 플레이어가 스트로크하기 전에 그 자리에서 비켜나야 함

그러나 본 규칙이 누구든지 깃대를 잡아주기 위하여 홀 가까이 서 있는 것을 금지하는 것은 아님

(3) **목표지점을 조준하거나 스탠스를 취하거나 스윙하는 것과 관련된 도움을 받기 위하여 물체를 지면에 내려놓아서는 안 됨** - 플레이어는 목표지점을 조준하거나 스트로크를 위한 스탠스를 취하는 것과 관련된 도움을 받기 위하여 어떤 물체(예 플레이어가 조준하여야 하거나 발로 딛고서야 할 곳을 나타내기 위하여 지면에 내려놓는 클럽)를 지면에 내려놓아서는 안 됨

'어떤 물체를 지면에 내려놓는다'라는 것은 그 물체는 지면에 닿아있고 플레이어는 그 물체와 접촉하고 있지 않은 상태를 의미

본 규칙을 위반하는 경우, 스트로크하기 전에 그 물체를 제거하더라도, 플레이어는 페널티를 면할 수 없음

본 규칙은 또한 이와 유사한 목적을 가지고 하는 행동에도 적용(예 플레이어가 자신의 스윙과 관련된 도움을 받기 위하여 모래나 이슬에 어떤 표시를 하는 경우)

본 규칙은 볼의 지점을 표시할 때 사용하는 볼마커나 어떤 지점에 놓아두는 볼에는 적용되지 않음. 그러나 『장비 규칙』의 '정렬 도구'의 정의에 부합되는 볼마커에는 규칙 4.3이 적용

규칙 25.2c(규칙 10.2b(3)를 눈이 보이지 않는 플레이어에게 적용하는 경우의 수정규칙) 참조

(4) **플레이어가 스트로크하기 전, 캐디의 제한 구역** - 플레이어가 스트로크를 위한 스탠스를 취하기 시작(즉, 그 스탠스의 위치에 한쪽 발을 디딘 시점)하고 그 스트로크를 할 때까지, 플레이어의 캐디가 고의로 플레이어의 볼 후방의 플레이 선의 연장 선상이나 그 가까이에 서 있어서는 안 되는 경우와 이유는 다음과 같음(즉, '제한 구역'):

- **목표지점을 조준하는 경우** - 플레이어의 캐디가 목표지점을 조준하는 플레이어에게 도움을 주기 위하여 그 제한 구역에 서 있어서는 안 됨. 캐디가 그 제한 구역에 서 있다가 아무 말 없이 그 자리에서 비켜나는 것도 이와 같은 도움에 포함됨. 즉, 그 자리에 서 있었던 것만으로도 플레이어에게 플레이어가 의도하는 목표를 정확하게 조준하고 있다는 신호로 도움을 준 것이기 때문임. 그러나 플레이어가 그 스트로크를 하기 전에 그 스탠스에서 물러나고, 캐디는 플레이어가 다시 스트로크를 위한 스탠스를 취하기 시작하기 전에 그 제한 구역에서 비켜나는 경우, 페널티가 없음

(5) **목표지점을 조준하는 것 이외의 도움** - 플레이어의 캐디가 플레이어에게 목표지점을 조준하는 것 이외의 어떤 특정한 것과 관련하여 도움을 주고 있는 경우(예 백스윙을 하는 동안 플레이어의 클럽이 근처에 있는 나무에 부딪히는지 살펴보는 경우)에는 캐디가 그 제한 구역에 서 있을 수 있음. 그러나 이는 그 스트로크를 하기 전에 캐디가 그 제한 구역에서 비켜나는 경우에 한하여 또는 그런 위치에 서는 것이 루틴이 아닌 경우에 한하여 적용

- 플레이어의 캐디가 그 제한 구역에 무심코 서 있었던 경우, 페널티가 없음
- 본 규칙이 플레이어가 캐디 이외의 사람으로 하여금 그 제한 구역에 서서 플레이어의 볼이 날아가는 것을 지켜보도록 하는 것을 금지하는 것은 아님

규칙 22, 23, 24(파트너와 어드바이스 제공자가 참여하는 플레이 방식에서, 플레이어의 파트너와 그 파트너의 캐디 및 모든 어드바이스 제공자는 이와 같은 제한을 받음) 참조

규칙 25.2d(규칙 10.2b(4)를 눈이 보이지 않는 플레이어에게 적용하는 경우의 수정규칙) 참조

- **물리적인 도움과 집중하는 데 방해가 되는 요인의 제거 및 그 밖의 요소로부터의 보호**
  - 플레이어는 다음과 같은 상태에서 스트로크해서는 안 됨:
- 자신의 캐디나 다른 사람으로부터 물리적인 도움을 받고 있는 상태
- 다음과 같은 목적으로, 자신의 캐디나 다른 사람을 고의로 세워두거나 어떤 물체를 고의로 놓아둔 상태
  - 집중하는 데 방해가 되는 요인을 제거하기 위하여
  - 햇빛·비·바람·그 밖의 요소로부터 보호를 받기 위하여 그러나 본 규칙이 다음과 같은 행동을 금지하는 것은 아님:
- 플레이어가 스트로크하면서 그 밖의 요소들로부터 자신을 스스로 보호하기 위하여서 하는 행동(예 기능성 의류를 착용하거나 직접 우산을 쓰는 경우)
- 플레이어가 어떤 위치에 있는 사람(그러나 플레이어가 그 사람에게 그 위치에 있으라고 한 적은 없는 사람)에게 그 자리에 그대로 있으라거나 그 자리에서 비켜달라고 요청하는 행동(예 갤러리가 플레이어의 볼에 그림자를 드리우고 있는 경우)

규칙 10.2b의 위반에 대한 페널티: 일반 페널티

3. 10.2b/1 자립형 퍼터를 이용하여 정렬하는 것은 허용되지 않음

단, 장비 규칙에 적합한 클럽으로 등록된 경우 사용할 수 있으나 도움을 받기 위해 지면에 내려놓아서는 안 됨

4. 10.2b(3)/1 클럽헤드를 볼 뒤의 지면에 대고 스탠스 취하는 것에 대한 허용

예로 플레이어가 볼 뒤에 서서 클럽헤드를 플레이 선에 수직으로 댄 후 계속 그 클럽을 잡은 채, 스탠스를 취하기 위해 볼 뒤쪽으로부터 볼 쪽으로 돌아 들어가는 경우가 금지되는 것이 아님

3 10.3 캐디(Caddies)

> **● 목적 ●**
> 플레이어는 라운드 동안 자신의 클럽을 가지고 있고 어드바이스와 그 밖의 도움을 주는 캐디를 쓸 수는 있지만, 캐디에게 허용되는 행동에는 한계가 있다. 라운드 동안 캐디가 한 행동에 대한 책임은 플레이어에게 있으며, 캐디가 규칙을 위반하는 경우에는 플레이어가 페널티를 받게 됨

1. 10.3a 캐디는 라운드 동안 플레이어를 도울 수 있음

(1) 플레이어에게는 한 번에 한 명의 캐디만 허용 - 플레이어는 라운드 동안 자신의 클럽을 가지고 있고 운반하고 취급하고 자신에게 어드바이스를 제공하고 그 밖의 허용된 방식으로 도움을 주는 캐디를 쓸 수 있음. 그러나 다음과 같은 제한을 받음:

- 어떤 경우에도 플레이어는 두 명 이상의 캐디를 써서는 안 됨
- 플레이어가 라운드 동안 캐디를 바꿀 수는 있지만, 새로운 캐디로부터 어드바이스를 제공받을 목적으로 일시적으로 캐디를 바꿔서는 안 됨

  플레이어가 캐디를 쓰든 쓰지 않든, 플레이어와 함께 걷거나 타거나 플레이어를 위하여 그 밖의 것들(예: 비옷·우산·먹을 것·마실 것)을 가져다주는 사람은, 플레이어에 의하여 캐디로 지명되거나 플레이어의 클럽을 가지고 있고 운반하고 취급하지 않는 한, 그 플레이어의 캐디가 아님

(2) 둘 이상의 플레이어들이 한 명의 캐디를 공동으로 쓸 수 있음 - 공동으로 쓰는 캐디의 특정한 행동과 관련하여 규칙에 관한 문제가 생긴 경우, 다음과 같이 판단하여야 함:

  그 캐디의 행동이 그 캐디를 공동으로 쓰는 플레이어 중 어느 한 플레이어의 특정한 지시에 따라 이루어진 경우, 그 행동은 그 플레이어를 위한 행동

- 그 캐디를 공동으로 쓰는 플레이어 중 누구도 그 행동을 특정하여 지시하지 않은 경우, 그 행동은 그 볼과 관련된 플레이어를 위한 행동으로 간주
- 그 캐디를 공동으로 쓰는 플레이어 중 누구도 그 행동을 특정하여 지시하지 않았고 그 플레이어들의 볼 중 어떤 볼도 관련되지 않은 경우, 그 캐디를 공동으로 쓰고 있는 플레이어들 모두가 페널티를 받음

규칙 25.2, 25.4, 25.5(특정한 장애가 있는 플레이어는 캐디와 조력자의 도움을 동시에 받을 수 있음) 참조

「위원회 절차」: 위원회는 플레이어가 캐디를 쓰는 것을 금지하거나 요구하거나 또는 플레이어가 캐디를 선택할 권한을 제한하는 로컬룰을 채택할 수 있음

규칙 10.3a의 위반에 대한 페널티:

- 플레이어는 한 번에 두 명 이상의 캐디로부터 도움을 받는 각 홀에 대하여 일반 페널티를 받음
- 그런 위반이 홀과 홀 사이에서 일어나거나 계속된 경우, 플레이어는 다음 홀에 대하여 일반 페널티를 받음

2. 10.3b 캐디가 할 수 있는 행동 ★★

다음은 캐디에게 허용되는 행동과 허용되지 않는 행동의 예:

(1) 언제나 허용되는 행동: 규칙에 따라 허용되는 경우, 캐디는 언제나 다음과 같은 행동을 할 수 있음:

- 플레이어의 클럽과 장비를 가지고 있고 운반하고 다루는 행동(카트 운전 및 트롤리 끌기 포함)
- 플레이어의 볼을 찾는 행동(규칙 7.1)
- 플레이어가 스트로크하기 전에, 플레이어에게 정보·어드바이스·그 밖의 도움을 제공하는 행동(규칙 10.2a와 10.2b)

- 벙커를 고르거나 코스를 보호하기 위한 행동(규칙 8.2의 예외, 8.3의 예외, 12.2b(2)와 (3))
- 퍼팅그린에서 모래와 흩어진 흙을 제거하고, 퍼팅그린에 생긴 손상을 수리하는 행동(규칙 13.1c)
- 깃대를 제거하거나 잡아주는 행동(규칙 13.2b)
- 플레이어가 규칙(규칙 14.1b)에 따라 구제를 받으리라 판단하는 것이 합리적인 경우(예 플레이어의 그런 행동이나 언급이 있는 경우), 플레이어의 볼을 집어 올리는 행동
- 퍼팅그린에서 플레이어의 볼의 지점을 마크하고 그 볼을 집어 올리고 리플레이스하는 행동(규칙 14.1b의 예외와 14.2b)
- 플레이어의 볼을 닦는 행동(규칙 14.1c)
- 루스임페디먼트와 움직일 수 있는 장해물 제거하는 행동(규칙 15.1과 15.2)

(2) <u>플레이어의 위임을 받은 경우에 한하여 허용되는 행동</u> - 캐디는 규칙에서 플레이어에게 허용되는 경우와 플레이어의 위임을 받은 경우에 한하여 다음과 같은 행동을 할 수 있음(위임을 할 경우, 플레이어는 반드시 한 라운드 전체에 대해서가 아니라, 각 경우를 특정하여 위임하여야 함):

- 플레이어의 볼이 정지한 후 악화된 상태를 복구하는 행동(규칙 8.1d)
- 플레이어의 볼이 퍼팅그린 이외의 곳에 있을 때, 그 볼을 리플레이스할 것을 요구하는 규칙에 따라 그 볼을 집어 올리는 행동(규칙 14.1b)

(3) <u>허용되지 않는 행동</u> - 캐디가 플레이어를 위하여 다음과 같은 행동을 하는 것은 허용되지 않음:

- 캐디가 상대방에게 다음 스트로크나 홀 또는 매치를 컨시드 하거나 상대방과 매치 스코어에 합의하는 행동(규칙 3.2)
- 캐디가 집어 올리거나 움직인 볼이 아닌 한, 캐디가 볼을 리플레이스하는 행동(규칙 14.2b)
- 플레이어가 구제를 받을 때, 캐디가 볼을 드롭하거나 플레이스하는 행동(규칙 14.3)
- 캐디가 규칙에 따라 구제를 받기로 결정하는 행동(예 규칙 19에 따라 언플레이어블 볼로 처리하거나 규칙 16.1 또는 17에 따라 비정상적인 코스상태나 페널티구역으로부터 구제를 받는 경우) - 캐디가 플레이어에게 구제를 받을 것을 권할 수는 있지만, 그 결정은 반드시 플레이어가 내려야 함

3. 10.3c 캐디의 행동과 캐디의 규칙 위반에 대한 책임은 플레이어에게 있음

라운드 동안과 규칙 5.7a에 따라 플레이가 중단된 동안 자신 캐디의 행동에 대한 책임은 플레이어에게 있음. 그러나 그 캐디가 라운드 전이나 후에 한 행동에 대해서는 책임이 없음

캐디의 행동이 규칙에 위반되는 행동이거나, 플레이어가 하였더라도 규칙에 위반되었을 행동인 경우, 그 규칙에 따른 페널티는 플레이어가 받음

플레이어가 특정한 사실을 인지하고 있는지 여부에 따라 규칙의 적용이 결정되는 경우, 플레이어의 캐디가 알고 있는 사실은 플레이어도 모두 알고 있는 것으로 간주

05 규칙 11 - 움직이고 있는 볼이 우연히 사람이나 동물 또는 물체를 맞힌 경우; 움직이고 있는 볼에 영향을 미치기 위한 고의적인 행동

> **● 목적 ●**
>
> 규칙 11은 플레이어의 움직이고 있는 볼이 코스 상에 있는 사람·동물·장비·다른 무엇인가를 맞힌 경우에는 어떻게 하여야 하는가에 관한 규칙. 이와 같은 일이 우연히 일어난 경우, 페널티는 없으며 원칙적으로 플레이어는 좋든 싫든 반드시 그 결과를 그대로 받아들이고 그 볼이 정지한 지점에서 플레이하여야 함. 규칙 11은 또한 플레이어가 움직이고 있는 볼이 정지할 수도 있는 곳에 영향을 미치기 위하여 고의로 하는 행동을 제한

본 규칙은 인플레이 상태의 볼이 움직이고 있는 모든 경우(스트로크 후 움직이든 다른 원인으로 움직이든)에 적용. 다만 볼이 구제구역에 드롭된 후 아직 정지하지 않은 경우는 예외. 그 경우에는 규칙 14.3이 적용

1 11.1 움직이고 있는 볼이 우연히 사람이나 외부의 영향을 맞힌 경우 ★★
(Ball in Motion Accidentally Hits Person or Outside Influence)

1. 11.1a 어떤 플레이어에게도 페널티는 없음

플레이어의 움직이고 있는 볼이 우연히 사람(플레이어 자신 포함)이나 외부의 영향을 맞힌 경우:

- 어떤 플레이어에게도 페널티는 없음
- 그 볼이 플레이어·상대방·다른 플레이어·다른 플레이어들의 캐디·장비를 맞힌 경우에도 페널티는 없음

> **예외** 스트로크플레이에서 퍼팅그린에서 볼을 플레이한 경우: 플레이어의 움직이고 있는 볼이 퍼팅그린에 정지한 다른 볼을 맞혔는데, 그 스트로크 전에 그 두 개의 볼이 모두 퍼팅그린에 있었던 경우, 플레이어는 일반 페널티(2벌타)를 받음

2. 11.2b 볼을 반드시 플레이하여야 할 장소

(1) **퍼팅그린 이외의 곳에서 플레이한 볼인 경우** - 퍼팅그린 이외의 곳에서 플레이한 플레이어의 움직이고 있는 볼이 우연히 사람(플레이어 자신 포함)이나 외부의 영향(장비 포함)을 맞힌 경우, 원칙적으로 그 볼은 반드시 놓인 그대로 플레이하여야 함. 그러나 그 볼이 사람·동물·움직이는 외부의 영향 위에 정지한 경우, 그 볼을 놓인 그대로 플레이해서는 안 됨

볼이 퍼팅그린 이외의 곳에 위치한 사람·동물·움직이는 외부의 영향 위에 정지한 경우 - 플레이어는 반드시 다음의 조건을 모두 충족시키는 구제구역에 원래의 볼이나 다른 볼을 드롭하여야 함(규칙 14.3 참조):

- 기준점: 그 볼이 최초로 그 사람·동물·움직이는 외부의 영향 위에 정지한 지점의 바로 아래로 추정되는 지점
- 구제구역의 크기: 기준점으로부터 한 클럽 길이 이내의 구역
- 구제구역의 위치 제한:
  - 구제구역은 반드시 기준점과 동일한 코스의 구역에 있어야 하고
  - 기준점보다 홀에 더 가깝지 않아야 함
  - 볼이 퍼팅그린에 있는 사람·동물·움직이는 외부의 영향 위에 정지한 경우 - 플레이어는 반드시 규칙 14.2b(2)와 14.2e의 리플레이스 절차에 따라, 그 볼이 최초로 그 사람·동물·움직이는 외부의 영향 위에 정지한 지점의 바로 아래로 추정되는 지점에 원래의 볼이나 다른 볼을 플레이스하여야 함

규칙 11.1b(1)를 위반하여 잘못된 장소에서 플레이한 것에 대한 페널티: 규칙 14.7에 따라 일반 페널티

(2) 퍼팅그린에서 플레이한 볼인 경우 - 퍼팅그린에서 플레이한 플레이어의 움직이고 있는 볼이 우연히 플레이어 자신 또는 외부의 영향을 맞힌 경우, 그 볼은 원칙적으로 반드시 놓인 그대로 플레이하여야 함. 그러나 그 움직이고 있는 볼이 퍼팅그린에 있는 다음과 같은 것을 맞힌 것을 알고 있거나 사실상 확실한 경우, 플레이어는 반드시 그 스트로크를 한 지점에서 원래의 볼이나 다른 볼을 다시 플레이하여야 함(규칙 14.6 참조)

- 다음의 사람을 제외한 모든 사람:
  - 플레이어 자신
  - 깃대를 잡아주고 있는 사람(깃대를 잡아주고 있는 사람에 대해서는 본 규칙이 아니라, 규칙 13.2b(2)가 적용)
- 다음의 것들 이외의 움직일 수 있는 장해물:
  - 그 스트로크를 할 때 사용한 클럽
  - 볼마커
  - 정지한 볼(스트로크플레이에서 페널티가 적용되는지는 규칙 11.1a를 참조)
  - 깃대(깃대에 대해서는 본 규칙이 아니라, 규칙 13.2b(2)가 적용)
- 루스임페디먼트(예 곤충)로 규정된 동물 이외의 동물

플레이어가 그 스트로크를 다시 하더라도 잘못된 장소에서 플레이한 경우, 플레이어는 규칙 14.7에 따라 **일반 페널티**를 받음

그 스트로크를 다시 하지 않은 경우, 플레이어는 **일반 페널티**를 받고 그 스트로크는 타수에 포함. 그러나 플레이어가 잘못된 장소에서 플레이한 것은 아님

규칙 25.4k(규칙 11.1b(2)를 이동 보조장치를 사용하는 플레이어에게 적용하는 경우, 그 장치를 맞힌 볼은 놓인 그대로 플레이하는 것으로 수정) 참조

플레이어가 퍼팅그린에서 플레이하여 움직이고 있는 볼이 그 퍼팅그린에서 움직이고 있는 다른 볼을 우연히 맞힌 것을 알고 있거나 사실상 확실한 경우, 그 플레이어는 그 스트로크를 한 지점에서 원래의 볼 또는 다른 볼을 플레이함으로써 그 스트로크를 다시 플레이하여야 함

2 11.2 움직이고 있는 볼이 사람에 의하여 고의로 방향이 바뀌거나 멈춰진 경우 ★
(Ball in Motion Deliberately Deflected or Stopped by Person)

1. 11.2a 규칙 11.2가 적용되는 경우

본 규칙은 다음과 같이 플레이어의 움직이고 있는 볼이 사람에 의하여 고의로 방향이 바뀌거나 멈춰진 것을 알고 있거나 사실상 확실한 때에만 적용:

- 누군가가 플레이어의 움직이고 있는 볼을 고의로 건드린 경우
- 플레이어의 움직이고 있는 볼이 그 볼의 방향을 바꾸거나 멈추게 할 수도 있는 위치에 플레이어가 고의로 놓아둔 장비나 물체(그 볼을 플레이하거나 다른 원인으로 그 볼이 움직이기 전에 놓여있던 볼마커나 정지해있던 다른 볼은 제외) 또는 세워둔 사람(예 플레이어의 캐디)을 맞힌 경우

  예외 매치플레이에서 볼이 홀에 들어갈 수 있는 합리적인 기회가 없었을 때 고의로 그 볼의 방향을 바꾸거나 멈추게 한 경우: 상대방의 움직이고 있는 볼이 홀에 들어갈 수 있는 합리적인 기회가 없었을 때 또는 컨시드를 받거나 그 볼이 홀에 들어가야 그 홀을 비길 수 있었을 때 누군가가 고의로 그 볼의 방향을 바꾸거나 멈추게 한 경우에 대해서는 본 규칙이 아니라 규칙 3.2a(1) 또는 3.2b(1)가 적용

플레이어가 볼이나 볼마커가 플레이에 도움이 되거나 방해가 될 수도 있다고 합리적으로 확신하는 경우, 스트로크하기 전에 그 볼이나 볼마커를 집어 올리게 할 권리에 대해서는 규칙 15.3을 참조

2. 11.2b 페널티가 플레이어에게 적용되는 경우

- 플레이어가 움직이고 있는 볼의 방향을 고의로 바꾸거나 그 볼을 멈추게 한 경우, 플레이어는 일반 페널티를 받음
- 그 볼이 플레이어 자신의 볼이든 상대방이나 스트로크플레이의 다른 플레이어가 플레이한 볼이든, 플레이어는 일반 페널티를 받음

  예외 물속에서 움직이는 볼: 플레이어가 규칙 16.1이나 17에 따라 구제를 받을 때 일시적으로 고인 물이나 페널티구역의 물속에서 움직이는 볼을 집어 올린 경우, 페널티가 없음(규칙 10.1d의 예외 3 참조)

규칙 22.2 (포섬에서, 파트너는 자신의 편을 위한 행동을 할 수 있으며 파트너의 행동은 플레이어의 행동으로 간주)와 23.5 (포볼에서, 파트너는 자신의 편을 위한 행동을 할 수 있으며 파트너가 플레이어의 볼이나 장비와 관련하여서 한 행동은 플레이어의 행동으로 간주) 참조

3. 11.2c 고의로 방향이 바뀌거나 멈춰진 볼을 반드시 플레이하여야 할 장소

플레이어의 움직이고 있는 볼이 사람에 의하여 고의로 방향이 바뀌거나 멈춰진 것을 알고 있거나 사실상 확실한 경우(그 볼이 발견되었는지와 관계없이), 그 볼을 놓인 그대로 플레이해서는 안 됨. 플레이어는 반드시 다음과 같은 구제를 받아야 함:

(1) 퍼팅그린 이외의 곳에서 스트로크한 경우 - 플레이어는 그 볼의 방향이 바뀌거나 그 볼이 멈춰지지 않았다면 정지하였을 것으로 추정되는 지점을 기준으로 반드시 구제를 받아야 함

볼이 퍼팅그린 이외의 코스 상에 정지하였을 것으로 추정되는 경우 - 플레이어는 반드시 다음의 조건을 모두 충족시키는 구제구역에 원래의 볼이나 다른 볼을 드롭하여야 함(규칙 14.3 참조)

- 기준점: 그 볼이 정지하였을 것으로 추정되는 지점
- 구제구역의 크기: 기준점으로부터 한 클럽 길이 이내의 구역
- 구제구역의 위치 제한:
  - 구제구역은 반드시 기준점과 동일한 코스의 구역에 있어야 하고
  - 기준점보다 홀에 더 가깝지 않아야 함

  예외 볼이 페널티구역에 정지하였을 것으로 추정되는 경우 - 그 볼이 정지하였을 것으로 추정되는 지점이 페널티구역인 경우, 플레이어가 본 규칙에 따라 구제를 받는 것이 요구되는 것은 아님. 그 볼이 그 페널티구역의 경계를 마지막으로 통과하였을 것으로 추정되는 지점을 기준으로 규칙 17.1d에 따라 페널티구역으로부터 직접적으로 구제를 받을 수도 있음

볼이 퍼팅그린에 정지하였을 것으로 추정되는 경우 - 플레이어는 반드시 규칙 14.2b(2)와 14.2e의 리플레이스 절차에 따라, 그 볼이 정지하였을 것으로 추정되는 지점에 원래의 볼이나 다른 볼을 플레이스하여야 함

볼이 아웃오브바운즈에 정지하였을 것으로 추정되는 경우 - 플레이어는 반드시 규칙 18.2에 따라 스트로크와 거리 구제를 받아야 함

규칙 11.2c(1)를 위반하여 잘못된 장소에서 플레이한 것에 대한 페널티: 규칙 14.7a에 따라 일반 페널티

(2) **퍼팅그린에서 스트로크한 경우** - 플레이어는 반드시 그 스트로크를 하였던 지점에서 원래의 볼이나 다른 볼을 다시 플레이하여야 함(규칙 14.6 참조)

- 플레이어가 그 스트로크를 다시 하더라도 잘못된 장소에서 플레이한 경우, 플레이어는 규칙 14.7에 따라 일반 페널티를 받음
- 그 스트로크를 다시 하지 않은 경우, 플레이어는 일반 페널티를 받고 그 스트로크는 타수에 포함. 그러나 플레이어가 잘못된 장소에서 플레이한 것은 아님

3 11.3 움직이고 있는 볼에 영향을 미치기 위하여 고의로 물체를 제거하거나 상태를 변경하는 경우 ★
(Deliberately Removing Objects or Altering Conditions to Affect Ball in Motion)

볼이 움직이고 있을 때, 플레이어는 그 볼(플레이어 자신의 볼이든 다른 플레이어의 볼이든)이 정지할 수도 있는 곳에 영향을 미치기 위하여 고의로 다음과 같은 행동을 해서는 안 됨:

- 규칙 8.1a에 언급된 것과 같은 행동으로 물리적인 상태를 변경하는 행동(예 디봇을 제자리에 메우거나 들뜬 뗏장을 누르는 경우)
- 다음과 같은 것을 집어 올리거나 제거하는 행동
    - 루스임페디먼트(규칙 15.1a의 예외 2 참조)
    - 움직일 수 있는 장해물(규칙 15.2a의 예외 2 참조)

이와 같은 고의적인 행동이 그 볼이 정지하는 곳에 영향을 미치지 않더라도, 플레이어가 그런 행동을 한 것은 본 규칙에 위반

예외 깃대·퍼팅그린에 정지한 볼·플레이어의 장비를 움직이는 경우: 본 규칙이 플레이어가 다음과 같은 것을 집어 올리거나 움직이는 것을 금지하는 것은 아님:

- 홀에서 제거된 깃대
- 퍼팅그린에 정지한 볼(페널티가 적용되는지는 규칙 9.4, 9.5, 14.1을 참조)
- 모든 플레이어의 장비(퍼팅그린 이외의 곳에 정지한 볼 또는 코스 상에 놓인 볼마커는 제외)

볼이 움직이고 있는 동안 홀에서 깃대를 제거한 경우(깃대를 잡고 있다가 제거한 경우 포함)에는 본 규칙이 아니라 규칙 13.2가 적용

규칙 11.3을 위반하여 허용되지 않는 행동을 한 것에 대한 페널티: 일반 페널티

규칙 22.2 (포섬에서, 파트너는 자신의 편을 위한 행동을 할 수 있으며 파트너의 행동은 플레이어의 행동으로 간주)와 23.5 (포볼에서, 파트너는 자신의 편을 위한 행동을 할 수 있으며 파트너가 플레이어의 볼이나 장비와 관련하여서 한 행동은 플레이어의 행동으로 간주) 참조

Chapter 04 벙커와 퍼팅그린에 관한 특정한 규칙(규칙 12~13)

01 규칙 12 - 벙커

> **목적**
> 규칙 12는 모래에서 볼을 플레이하는 플레이어의 능력을 테스트하기 위하여 특별하게 조성된 구역인 벙커에 관한 특정한 규칙. 플레이어가 이와 같은 도전에 직면하게 된다는 것을 확실하게 하려고, 벙커에 볼이 있는 경우에는 스트로크하기 전에 모래를 건드리는 것에 대하여 그리고 벙커에 있는 볼이 구제를 받을 수 있는 곳에 대하여 몇 가지 제한을 받음

1 12.1 볼이 벙커에 있는 경우(When Ball Is in Bunker)

다음과 같은 경우, 그 볼은 벙커에 있는 볼:
- 볼의 일부라도 벙커의 경계 안의 바닥에 있는 모래에 닿아있는 경우
- 볼의 일부라도 벙커의 경계 안에 있고,
  - 원래는 모래가 있었을 그 벙커의 바닥(예 모래가 바람에 날려버렸거나 물에 떠내려간 자리)에 정지한 경우
  - 그 벙커 안에 있는 모래나 원래는 모래가 있었을 바닥에 닿아있는 루스임페디먼트·움직일 수 있는 장해물·비정상적인 코스상태·코스와 분리할 수 없는 물체의 안이나 위에 정지한 경우

볼이 벙커의 모래에는 전혀 닿지 않은 채 그 벙커의 경계 안에 있는 흙이나 풀 또는 자라거나 붙어 있는 자연물 위에 놓여 있는 경우, 그 볼은 벙커에 있는 볼이 아님

볼의 일부는 벙커에 있고 일부는 다른 코스의 구역에 있는 경우, 규칙 2.2c를 참조

2 12.2 벙커에서 플레이하기(Playing Ball in Bunker)

본 규칙은 라운드 동안과 규칙 5.7a에 따라 플레이가 중단된 동안에 모두 적용

1. 12.2a 루스임페디먼트와 움직일 수 있는 장해물 제거하기
- 벙커에 있는 볼을 플레이하기 전에, 플레이어는 규칙 15.1에 따라 루스임페디먼트를 제거할 수도 있고, 규칙 15.2에 따라 움직일 수 있는 장해물을 제거할 수도 있음
- 여기에는 이런 것들을 제거하는 과정에서 발생하는 벙커의 모래와의 합리적인 접촉이나 움직임이 포함

2. 12.2b 벙커의 모래를 건드리는 것에 대한 제한

(1) 모래를 건드려서 페널티를 받게 되는 경우 - 벙커에 있는 볼에 스트로크하기 전에, 플레이어는 다음과 같은 행동을 해서는 안 됨:
- 다음 스트로크를 위한 정보를 얻으려고 모래의 상태를 테스트하기 위하여 고의로 손·클럽·고무래·그 밖의 물체로 모래를 건드리는 행동
- 클럽으로 벙커의 모래를 건드리는 다음과 같은 행동

- 볼 바로 앞뒤에 있는 모래를 건드리는 행동(다만 올바르게 볼을 찾을 때 규칙 7.1a에 따라 허용되는 경우 또는 루스임페디먼트나 움직일 수 있는 장해물을 제거할 때 규칙 12.2a에 따라 허용되는 경우는 예외)
- 연습 스윙을 하면서 모래를 건드리는 행동
- 스트로크를 위한 백스윙을 하면서 모래를 건드리는 행동

규칙 25.2f (규칙 12.2b(1)를 눈이 보이지 않는 플레이어에게 적용하는 경우의 수정규칙)와 규칙 25.4l (규칙 12.2b(1)를 이동 보조장치를 사용하는 플레이어에게 적용하는 경우의 수정규칙) 참조

(2) **모래를 건드려도 페널티를 받지 않는 경우** - (1)에 언급된 경우를 제외하고, 본 규칙이 다음과 같이 플레이어가 벙커의 모래를 건드리는 것을 금지하는 것은 아님:
- 연습 스윙이나 스트로크를 위한 스탠스를 취하려고 모래를 발로 파고드는 것
- 코스를 보호하기 위하여 벙커를 평평하게 고르는 것
- 클럽·장비·그 밖의 물체를 벙커에 던져두거나 놓아두는 것
- 측정하거나 마크하거나 집어 올리거나 리플레이스하기 또는 규칙에 따른 그 밖의 행동을 하는 것
- 잠시 쉬거나 균형을 유지하거나 넘어지지 않기 위하여 클럽에 기대는 것
- 화가 나거나 자신의 플레이에 실망하여 모래를 내리치는 것

그러나 플레이어가 모래를 건드리는 행동이 규칙 8.1a를 위반하여 스트로크에 영향을 미치는 상태를 개선한 경우, 플레이어는 일반 페널티를 받음(플레이에 영향을 미치기 위하여 물리적인 상태를 개선하거나 악화시키는 것을 제한하는 것에 대해서는 규칙 8.2와 8.3을 참조)

(3) **볼이 벙커 밖으로 나간 후에는 아무런 제한이 없음** - 벙커에 있는 볼을 플레이한 후 그 볼이 그 벙커 밖으로 나간 경우 또는 플레이어가 벙커 밖 구제를 받았거나 받으려고 하는 경우:
- 플레이어는 규칙 12.2b(1)에 따른 페널티 없이 벙커에 있는 모래를 건드릴 수 있고,
- 규칙 8.1a에 따른 페널티 없이 코스를 보호하기 위하여 벙커를 평평하게 고를 수 있음

벙커에서 플레이한 볼이 벙커 밖에 정지한 경우 및 다음과 같은 경우에도 아무런 제한 없이 그 벙커의 모래를 건드릴 수 있음:
- 규칙에서 플레이어가 그 벙커에 볼을 드롭하여 스트로크와 거리 구제를 받을 것을 요구하거나 허용하는 경우
- 그 벙커의 모래가 플레이어가 그 벙커 밖에서 하려는 다음 스트로크의 플레이 선상에 걸리는 경우

그러나 벙커에서 플레이한 볼이 도로 그 벙커로 들어가는 경우 또는 플레이어가 그 벙커 안에 볼을 드롭하여 구제를 받는 경우 또는 플레이어가 그 벙커 밖 구제를 받지 않기로 결정하는 경우, 규칙 12.2b(1)과 8.1a의 제한 사항은 벙커에 있는 그 인플레이 상태의 볼에 다시 적용

규칙 12.2의 위반에 대한 페널티: 일반 페널티

3 12.3 벙커에 있는 볼에 관한 특정한 구제 규칙 (Specific Rules for Relief for Ball in Bunker)

볼이 벙커에 있는 경우, 다음과 같은 상황에서는 특정한 구제 규칙이 적용될 수 있음:
- 비정상적인 코스상태로 인한 방해를 받는 상황(규칙 16.1c)
- 위험한 동물이 있는 상태로 인한 방해를 받는 상황(규칙 16.2)
- 언플레이어블 볼을 선언한 상황(규칙 19.3)

02 규칙 13 - 퍼팅그린

> **목적**
> 규칙 13은 퍼팅그린에 관한 특정한 규칙. 퍼팅그린은 지면을 따라 볼을 플레이하도록 특별하게 조성된 구역이며, 각 퍼팅그린에는 깃대와 홀이 있고, 따라서 다른 코스의 구역에 적용되는 규칙과는 다른 특정한 규칙이 적용

1 13.1 퍼팅그린에서 허용되거나 요구되는 행동 ★★
(Actions Allowed or Required on Putting Greens)

> **목적**
> 본 규칙은 플레이어가 퍼팅그린 밖에서는 원칙적으로 허용되지 않는 것들을 퍼팅그린에서는 할 수 있도록 허용. 즉, 퍼팅그린에서는 볼을 마크하고 집어 올리고 닦고 리플레이스하는 것 그리고 퍼팅그린의 손상을 수리하거나 퍼팅그린에 있는 모래와 흩어진 흙을 제거하는 것이 허용. 또한, 퍼팅그린에서 볼이나 볼마커를 우연히 움직이게 한 것에 대해서는 페널티가 없음

1. 13.1a 볼이 퍼팅그린에 있는 경우

다음과 같은 경우, 그 볼은 퍼팅그린에 있는 볼:

- 볼의 일부라도 퍼팅그린에 닿아있는 경우
- 볼의 일부라도 어떤 것(예 루스임페디먼트나 장해물)의 안이나 위에 놓인 채 그 퍼팅그린의 경계 안에 있는 경우

볼 일부는 퍼팅그린에 있고 일부는 다른 코스의 구역에 있는 경우에 대해서는 규칙 2.2c를 참조

2. 13.1b 퍼팅그린에 있는 볼을 마크하기 · 집어 올리기 · 닦기

퍼팅그린에 있는 볼은 집어 올리거나 닦을 수 있음(규칙 14.1 참조)

퍼팅그린에 있는 볼을 집어 올리기 전에는 반드시 그 볼의 지점을 마크하여야 하고(규칙 14.1 참조), 그 볼은 반드시 원래의 지점에 리플레이스하여야 함(규칙 14.2 참조)

3. 13.1c 퍼팅그린에서 허용되는 개선

라운드 동안과 규칙 5.7a에 따라 플레이가 중단된 동안, 그 볼이 퍼팅그린에 있든 퍼팅그린 밖에 있든 관계없이, 플레이어는 퍼팅그린에서 다음과 같은 행동을 할 수 있음:

(1) 모래와 흩어진 흙 제거 - 퍼팅그린에 있는 모래와 흩어진 흙은 페널티 없이 제거할 수 있음

(2) 손상 수리 - 퍼팅그린을 원래 상태와 가능한 한 가장 가까운 상태로 복구시키기 위한 합리적인 행동으로 페널티 없이 퍼팅그린의 손상을 수리할 수 있음

- 그러나 반드시 손·발·그 밖의 신체의 일부·볼 자국 수리기·티·클럽·그것과 유사한 일반적인 장비를 사용하여 그 손상을 수리하여야 하며,
- 퍼팅그린의 손상을 수리하느라 플레이를 부당하게 지연시켜서는 안 됨(규칙 5.6a 참조)

그러나 플레이어가 퍼팅그린을 원래의 상태로 복구시키기 위한 합리적인 행동이라고 하기에는 지나친 행동(예 홀에 이르는 경로를 만들거나 허용되지 않는 물체를 사용하는 행동)으로 퍼팅그린을 개선한 경우, 플레이어는 규칙 8.1a의 위반에 대하여 일반 페널티를 받음

'퍼팅그린의 손상'은 사람(플레이어 자신 포함)이나 외부의 영향으로 인하여 생긴 다음과 같은 손상을 의미:

- 볼 자국·신발로 인한 손상(예 스파이크 자국)·장비나 깃대에 긁히거나 찍힌 자국
- 전에 쓰던 홀을 메운 부분·뗏장을 덧댄 부분·잔디 이음매·코스 관리도구나 차량에 긁히거나 찍힌 자국
- 동물의 발자국이나 발굽 자국
- 지면에 박힌 물체(예 돌멩이·도토리·우박·티) 및 그 물체에 의하여 패인 자국

그러나 다음과 같은 원인으로 생긴 손상이나 상태는 '퍼팅그린의 손상'에 포함되지 않음:

- 퍼팅그린의 전반적인 상태를 유지하기 위한 일상적인 작업(예 에어레이션 구멍·잔디를 수직으로 깎는 작업으로 인하여 생긴 홈)
- 급수·비·그 밖의 자연의 힘
- 그린 표면의 자연적인 손상(예 그린에 난 잡초 또는 잔디가 죽거나 병들거나 고르지 않게 자란 부분)
- 홀이 자연적으로 마모된 부분

4. 13.1d 퍼팅그린에서 볼이나 볼마커가 움직인 경우

다음은 퍼팅그린에서 볼이나 볼마커가 움직인 경우에 관한 특정한 규칙

(1) 볼을 우연히 움직이게 한 것에 대한 페널티는 없음 - 플레이어나 상대방 또는 스트로크플레이의 다른 플레이어가 퍼팅그린에 있는 플레이어의 볼이나 볼마커를 우연히 움직인 경우, 페널티가 없음

- 플레이어는 반드시 그 볼을 원래의 지점에 리플레이스하여야 함(그 지점을 알 수 없는 경우에는 반드시 추정하여야 함)(규칙 14.2 참조)
- 또는 원래의 지점을 마크하기 위한 볼마커를 놓아두어야 함

  예외 백스윙이나 스트로크를 하는 동안 볼이 움직이기 시작하였는데 그대로 스트로크를 한 경우, 그 볼은 반드시 놓인 그대로 플레이하여야 함(규칙 9.1b 참조)

플레이어나 상대방이 퍼팅그린에 있는 플레이어의 볼이나 볼마커를 고의로 집어 올리거나 움직인 경우, 페널티가 적용되는지 여부에 대해서는 규칙 9.4 또는 9.5를 참조

(2) 자연의 힘에 의하여 움직인 볼을 리플레이스할 경우 - 자연의 힘이 퍼팅그린에 있는 플레이어의 볼을 움직이게 한 경우, 플레이어가 반드시 플레이하여야 할 곳은 플레이어가 그 볼을 퍼팅그린에서 집어 올렸다가 리플레이스하였는지 여부에 따라 결정(규칙 14.1 참조):

- 집어 올렸다가 리플레이스한 볼인 경우 - 그 볼은 반드시 그 볼이 움직이기 전에 있던 지점에 리플레이스하여야 하며(그 지점을 알 수 없는 경우에는 반드시 추정하여야 함)(규칙 14.2 참조), 플레이어나 상대방 또는 외부의 영향이 아니라 자연의 힘에 의하여 그 볼이 움직였던 경우(규칙 9.3의 예외 참조)에도 반드시 그 지점에 리플레이스하여야 함
- 집어 올렸다가 리플레이스한 볼이 아닌 경우 - 그 볼은 반드시 그 새로운 지점에서 플레이하여야 함(규칙 9.3 참조)

규칙 13.1d를 위반하여 잘못된 장소에서 플레이한 것에 대한 페널티: 규칙 14.7a에 따라 일반 페널티

5. 13.1e 고의로 그린을 테스트해서는 안 됨

라운드 동안과 규칙 5.7a에 따라 플레이가 중단되는 동안, 플레이어는 퍼팅그린이나 잘못된 그린을 테스트하기 위하여 다음과 같은 행동을 해서는 안 됨:

- 그린의 표면을 문지르는 행동
- 그린에서 볼을 굴려보는 행동

[예외] 홀과 홀 사이에서 그린을 테스트하는 경우 - 플레이어가 홀과 홀 사이에 있을 때는 방금 끝난 홀의 퍼팅그린이나 연습 그린에서 그 표면을 문지르거나 볼을 굴려볼 수 있음(규칙 5.5b 참조)

규칙 13.1e를 위반하여 퍼팅그린이나 잘못된 그린을 테스트한 것에 대한 페널티: 일반 페널티

「위원회 절차」: 위원회는 플레이어가 방금 끝난 홀의 퍼팅그린에서 볼을 굴려보는 것을 금지하는 로컬룰을 채택할 수 있음

6. 13.1f 잘못된 그린으로부터 반드시 구제를 받아야 함

(1) 잘못된 그린으로 인한 방해의 의미 - 본 규칙에 따른 방해는 다음과 같은 경우에 존재:

- 플레이어의 볼의 일부라도 잘못된 그린에 닿아있거나 놓여 있는 경우 또는 어떤 것(예) 루스임페디먼트나 장해물)의 안이나 위에 놓인 채 그 잘못된 그린의 경계 안에 있는 경우
- 잘못된 그린이 플레이어의 의도된 스탠스 구역이나 의도된 스윙 구역에 물리적으로 방해가 되는 경우

(2) 반드시 구제가 이루어져야 함 - 잘못된 그린으로 인한 방해가 있는 경우, 플레이어는 그 볼을 놓인 그대로 플레이해서는 안 됨

플레이어는 반드시 다음의 조건을 모두 충족시키는 구제구역에 원래의 볼이나 다른 볼을 드롭하여 페널티 없는 구제를 받아야 함(규칙 14.3 참조)

- 기준점: 원래의 볼이 정지한 코스의 구역과 동일한 구역에 있는 가장 가까운 완전한 구제지점
- 구제구역의 크기: 기준점으로부터 한 클럽 길이 이내의 구역
- 구제구역의 위치 제한:
  - 구제구역은 반드시 기준점과 동일한 코스의 구역에 있어야 하고
  - 기준점보다 홀에 더 가깝지 않아야 하며
  - 반드시 그 잘못된 그린으로 인한 모든 방해로부터 완전한 구제를 받는 구역이어야 함

(3) 명백하게 불합리한 경우에는 구제를 받을 수 없음 - 플레이어가 그러한 상황에서 선택하기에는 명백하게 불합리한 클럽·스탠스나 스윙의 유형·플레이 방향을 선택할 때만 방해가 존재하는 경우, 규칙 13.1f에 따른 구제를 받을 수 없음

규칙 13.1f를 위반하여 잘못된 장소에서 플레이한 것에 대한 페널티: 규칙 14.7a에 따라 일반 페널티

「위원회 절차」: 위원회는 의도된 스탠스 구역에 방해가 되는 것만으로는 잘못된 그린으로부터 구제를 받을 수 없는 로컬룰을 채택할 수 있음

2 13.2 깃대(The Flag stick)

● 목적 ●
본 규칙은 플레이어가 깃대를 다루는 방법을 선택하는 것에 관한 규칙. 플레이어는 깃대를 홀에 꽂힌 그대로 두거나 제거하도록 할 수 있음(누군가에게 깃대를 잡고 있다가 볼을 플레이한 후 제거하도록 하는 경우 포함). 그러나 플레이어는 반드시 스트로크하기 전에 깃대를 어떻게 할 것인지 결정하여야 함. 움직이고 있는 볼이 우연히 깃대를 맞힌 경우, 원칙적으로 페널티가 없음

본 규칙은, 볼이 퍼팅그린에 있든 퍼팅그린 밖에 있든, 코스 상에서 플레이한 모든 볼에 적용

1. 13.2a 깃대를 홀에 꽂힌 그대로 두기

(1) 플레이어는 깃대를 홀에 꽂힌 그대로 둘 수 있음 - 플레이어는 깃대를 홀에 꽂힌 그대로 두고 스트로크를 할 수 있으므로, 움직이고 있는 볼이 깃대를 맞히는 일이 일어날 수도 있음

플레이어는 반드시 스트로크하기 전에 다음 중 어떤 방법으로 깃대를 다룰 것인지 결정하여야 함:
- 깃대를 홀에 꽂혀 있는 상태 그대로 두거나, 깃대가 홀 중앙에 오도록 고쳐 세움
- 제거된 깃대를 홀에 도로 꽂아두도록 함. 어떤 경우든:
- 플레이어가 고의로 깃대를 홀 중앙이 아닌 위치로 이동시켜서 이익을 얻으려고 해서는 안 됨
- 플레이어가 그렇게 한 후 움직이고 있는 볼이 그 깃대를 맞힌 경우, 플레이어는 일반 페널티를 받음

(2) 볼이 홀에 꽂혀 있는 깃대를 맞힌 경우, 페널티가 없음 - 깃대가 홀에 꽂혀 있는 상태에서 플레이어가 스트로크한 후 움직이고 있는 볼이 그 깃대를 맞힌 경우:
- 페널티는 없고(위 (1)에 페널티를 받는 것으로 언급된 경우는 제외),
- 그 볼은 반드시 놓인 그대로 플레이하여야 함

(3) 볼이 움직이고 있는 동안 플레이어가 깃대를 움직이거나 제거하는 것에 대한 제한 - 깃대가 홀에 꽂혀 있는 상태에서 스트로크한 후:
- 플레이어와 플레이어의 캐디는 플레이어의 움직이고 있는 볼이 정지할 수도 있는 곳에 영향을 미치기 위하여 고의로 그 깃대를 움직이거나 제거해서는 안 됨(예 볼이 깃대를 맞히지 않게 하려고). 그렇게 한 경우, 플레이어는 일반 페널티를 받음
- 그러나 그 밖의 이유로 플레이어가 홀에 꽂힌 깃대를 움직이거나 제거하도록 한 경우, 페널티가 없음 (예 플레이어가 움직이고 있는 볼이 정지하기 전에 깃대를 맞히지는 않을 것이라고 합리적으로 확신하는 경우)

(4) 플레이어가 깃대를 홀에 꽂혀 있는 그대로 두기로 결정한 경우, 다른 플레이어가 그 깃대를 움직이거나 제거하는 것에 대한 제한 - 플레이어가 깃대를 홀에 꽂혀 있는 그대로 두고 누구에게도 그 깃대를 잡아줄 것을 위임하지 않은 경우(규칙 13.2b(1) 참조), 다른 플레이어가 고의로 플레이어의 움직이고 있는 볼이 정지할 수도 있는 곳에 영향을 미치기 위하여 그 깃대를 움직이거나 제거해서는 안 됨
- 플레이어가 스트로크하기 전 또는 하는 동안 다른 플레이어나 다른 플레이어의 캐디가 홀에 꽂혀 있던 깃대를 움직이거나 제거하였고 플레이어는 그것을 인지하지 못한 채 그 스트로크를 한 경우, 그 다른 플레이어는 일반 페널티를 받음
- 그러나 다른 플레이어나 다른 플레이어의 캐디가 다음과 같은 이유로 깃대를 움직이거나 제거한 경우, 페널티가 없음:
  - 다른 플레이어나 다른 플레이어의 캐디가 플레이어의 움직이고 있는 볼이 정지하기 전에 그 깃대를 맞히지는 않을 것이라고 합리적으로 확신한 경우
  - 다른 플레이어나 다른 플레이어의 캐디가 플레이어가 플레이하려고 한 것 또는 플레이어의 볼이 움직이고 있는 것을 인지하지 못한 경우

규칙 22.2(포섬에서, 파트너는 자신의 편을 위한 행동을 할 수 있으며 파트너의 행동은 플레이어의 행동으로 간주)와 23.5(포볼에서, 파트너는 자신의 편을 위한 행동을 할 수 있으며 파트너가 플레이어의 볼이나 장비와 관련하여서 한 행동은 플레이어의 행동으로 간주) 참조

2. 13.2b 깃대 제거

(1) 플레이어는 깃대를 홀에서 제거하도록 할 수 있음 - 플레이어는 홀에서 깃대를 제거한 채 스트로크를 할 수 있으므로, 플레이어의 움직이는 볼이 홀에 꽂혀 있는 깃대를 맞히는 일은 일어나지 않을 것

플레이어는 반드시 스트로크하기 전에 다음 중 어떤 방법으로 깃대를 다룰 것인지 결정하여야 함:

- 그 볼을 플레이하기 전에 홀에서 깃대를 제거하도록 함
- 누군가에게 깃대를 잡고 있도록 위임
  - 즉, 플레이어가 스트로크하기 전에는 플레이어가 홀의 위치가 어디인지 알 수 있도록 깃대를 홀 안에 꽂은 채 또는 홀보다 위로 든 채 또는 홀 바로 옆에 댄 채 잡고 있다가,
  - 스트로크하는 동안 또는 스트로크를 끝낸 후 깃대를 제거하도록 함. 다음과 같은 경우, 플레이어는 깃대를 잡아줄 것을 위임한 것으로 간주:
- 플레이어가 스트로크할 때, 플레이어의 캐디가 깃대를 홀 안에 꽂은 채 또는 홀보다 위로 든 채 또는 홀 바로 옆에 댄 채 잡고 있는 경우 - 캐디가 그렇게 하고 있는 것을 플레이어가 인지하지 못하였더라도, 그렇게 하도록 위임한 것으로 간주
- 플레이어가 다른 누군가에게 깃대를 잡아 달라고 요청하여 그 사람이 그렇게 한 경우
- 다른 누군가가 깃대를 홀 안에 꽂은 채 또는 홀보다 위로 든 채 또는 홀 바로 옆에 댄 채 잡고 있는 것을 플레이어가 보았지만, 그 사람에게 비켜달라거나 깃대를 홀에 꽂아두라고 요청하지 않고 그대로 스트로크를 한 경우

(2) 볼이 깃대 또는 깃대를 잡고 있는 사람을 맞힌 경우의 처리방법 - 플레이어의 움직이고 있는 볼이 플레이어가 위의 (1)에 따라 제거하도록 한 깃대를 맞히거나 그 깃대를 잡고 있는 사람(또는 그 사람이 들고 있는 것)을 맞힌 경우, 처리방법은 그것을 우연히 맞힌 것인지 고의로 맞힌 것인지에 따라 결정

- 볼이 깃대 또는 깃대를 제거하거나 잡고 있는 사람을 우연히 맞힌 경우 - 플레이어의 움직이고 있는 볼이 깃대 또는 깃대를 제거하거나 잡고 있는 사람(또는 그 사람이 들고 있는 것)을 우연히 맞힌 경우, 페널티는 없으며 그 볼은 반드시 놓인 그대로 플레이하여야 함
- 볼이 깃대를 잡고 있는 사람에 의하여 고의로 방향이 바뀌거나 멈춰진 경우 - 깃대를 잡고 있는 사람이 고의로 플레이어의 움직이고 있는 볼의 방향을 바꾸거나 그 볼을 멈추게 한 경우, 규칙 11.2c가 적용:
  - 그 볼을 플레이하여야 할 곳 - 플레이어는 그 볼을 놓인 그대로 플레이해서는 안 되며, 반드시 규칙 11.2c에 따라 구제를 받아야 함
  - 페널티가 적용되는 경우 - 그 볼의 방향을 고의로 바꾸거나 그 볼을 멈추게 한 사람이 플레이어나 플레이어의 캐디였던 경우, 플레이어는 규칙 11.2의 위반에 대하여 일반 페널티를 받음

본 규칙의 목적상 '고의로 방향을 바꾸거나 멈추게 한 경우'는 규칙 11.2a의 경우와 동일한 의미이며, 여기에는 플레이어의 움직이고 있는 볼이 다음과 같은 것을 맞힌 경우도 포함:

- 그 볼의 방향을 바꾸거나 그 볼을 멈추게 할 수도 있는 위치에 고의로 놓아두었거나 내버려 둔 깃대(홀에서 제거한 깃대)
- 깃대를 잡고 있던 사람이 고의로 홀에서 제거하지 않은 깃대 또는 고의로 그 볼이 지나갈 경로 밖으로 옮겨놓지 않은 깃대
- 고의로 그 볼이 지나갈 경로 밖으로 비켜나지 않은, 깃대를 잡아주거나 제거한 사람(또는 그 사람이 들고 있던 것)

예외 움직이고 있는 볼에 영향을 미치기 위하여 고의로 깃대를 움직이는 것에 대한 제한(규칙 11.3 참조)

규칙 22.2(포섬에서, 파트너는 자신의 편을 위한 행동을 할 수 있으며 파트너의 행동은 플레이어의 행동으로 간주)와 23.5(포볼에서, 파트너는 자신의 편을 위한 행동을 할 수 있으며 파트너가 플레이어의 볼이나 장비와 관련하여서 한 행동은 플레이어의 행동으로 간주) 참조

3. 13.2c 홀에 꽂혀 있는 깃대에 기댄 채 정지한 볼 ★★

플레이어의 볼이 홀에 꽂혀 있는 깃대에 기댄 채 정지하였을 때:

- 그 볼의 일부라도 퍼팅그린의 표면 아래의 홀 안에 있는 경우, 볼 전체가 그 표면 아래에 있지 않더라도, 그 볼은 홀에 들어간 것으로 간주
- 그 볼의 어떤 부분도 퍼팅그린의 표면 아래의 홀 안에 있지 않은 경우:
  - 그 볼은 홀에 들어간 것이 아니므로, 반드시 놓인 그대로 플레이하여야 함
  - 깃대를 제거하자 그 볼이 움직인 경우(홀 안으로 떨어지든 홀 밖으로 움직이든), 페널티는 없으며 그 볼은 반드시 홀 가장자리에 리플레이스하여야 함(규칙 14.2 참조)

규칙 13.2c를 위반하여 잘못된 장소에서 플레이한 것에 대한 페널티: 규칙 14.7a에 따라 일반 페널티

스트로크플레이에서 규칙 3.3c에 따라 요구되는 바와 같이 홀 아웃하지 않은 경우, 플레이어는 **실격**이 됨

- 페널티가 적용되는 경우 - 그 볼의 방향을 고의로 바꾸거나 그 볼을 멈추게 한 사람이 플레이어나 플레이어의 캐디였던 경우, 플레이어는 규칙 11.2의 위반에 대하여 **일반 페널티**를 받음

본 규칙의 목적상 '고의로 방향을 바꾸거나 멈추게 한 경우'는 규칙 11.2a의 경우와 동일한 의미이며, 여기에는 플레이어의 움직이고 있는 볼이 다음과 같은 것을 맞힌 경우도 포함:

- 그 볼의 방향을 바꾸거나 그 볼을 멈추게 할 수도 있는 위치에 고의로 놓아두었거나 내버려 둔 깃대(홀에서 제거한 깃대)
- 깃대를 잡고 있던 사람이 고의로 홀에서 제거하지 않은 깃대 또는 고의로 그 볼이 지나갈 경로 밖으로 옮겨놓지 않은 깃대
- 고의로 그 볼이 지나갈 경로 밖으로 비켜나지 않은, 깃대를 잡아주거나 제거한 사람(또는 그 사람이 들고 있던 것)

예외 움직이고 있는 볼에 영향을 미치기 위하여 고의로 깃대를 움직이는 것에 대한 제한(규칙 11.3 참조)

규칙 22.2(포섬에서, 파트너는 자신의 편을 위한 행동을 할 수 있으며 파트너의 행동은 플레이어의 행동으로 간주)와 23.5(포볼에서, 파트너는 자신의 편을 위한 행동을 할 수 있으며 파트너가 플레이어의 볼이나 장비와 관련하여서 한 행동은 플레이어의 행동으로 간주) 참조

3 13.3 홀에 걸쳐있는 볼(Ball Overhanging Hole) ★★

1. 13.3a 홀에 걸쳐있는 볼이 홀 안으로 떨어지는지 지켜보기 위하여 기다리는 시간 플레이어의 볼의 일부라도 홀 가장자리에 걸쳐있는 경우:

- 플레이어에게는 홀에 다가가는 데 필요한 합리적인 시간 외에도, 그 볼이 홀 안으로 떨어지는지 지켜보기 위하여 기다리는 시간(10초)이 더 허용
- 그 기다리는 시간(10초) 안에 그 볼이 홀 안으로 떨어진 경우, 플레이어는 직전의 스트로크로 홀 아웃한 것이 됨
- 그 기다리는 시간(10초) 안에 그 볼이 홀 안으로 떨어지지 않은 경우,
  - 그 볼은 정지한 볼로 간주
  - 그 볼을 플레이하기 전에 그 볼이 홀 안으로 떨어진 경우, 플레이어는 직전의 스트로크로 홀 아웃한 것. 그러나 그 홀의 스코어에 1벌타가 추가

2. 13.3b 기다리는 시간(10초)이 종료되기 전에 홀에 걸쳐있는 볼을 집어 올리거나 움직인 경우의 처리방법

규칙 13.3a의 기다리는 시간(10초)이 종료되기 전에 무엇인가가(자연의 힘은 제외) 홀에 걸쳐있던 볼을 집어 올리거나 움직인 경우, 그 볼은 정지하였던 볼로 간주:

- 그 볼은 반드시 그 홀의 가장자리에 리플레이스하여야 하며(규칙 14.2 참조),
- 규칙 13.3a의 기다리는 시간(10초)은 더 이상 그 볼에 적용되지 않음(리플레이스한 볼이 자연의 힘에 의하여 움직인 경우의 처리 방법에 대해서는 규칙 9.3을 참조)
- 매치플레이의 상대방이나 스트로크플레이의 다른 플레이어가 홀에 걸쳐있던 플레이어의 볼을 그 기다리는 시간(10초)이 종료되기 전에 고의로 집어 올리거나 움직인 경우,
- 매치플레이에서, 플레이어의 볼은 직전의 스트로크로 홀에 들어간 것으로 간주되며,
- 상대방에게 규칙 11.2b에 따른 페널티는 적용되지 않음
- 스트로크플레이에서, 그 볼을 집어 올리거나 움직인 플레이어는 일반 페널티(2벌타)를 받음. 그 볼은 반드시 그 홀의 가장자리에 리플레이스하여야 함(규칙 14.2 참조)

Chapter 05 볼을 집어 올리고 되돌려놓기(규칙 14)

01 규칙 14 - 볼에 관한 절차; 마크하기·집어 올리기·닦기; 리플레이스하기; 구제구역에 드롭하기; 잘못된 장소에서 플레이한 경우

> **● 목적 ●**
> 규칙 14는 플레이어가 정지한 볼을 올바른 장소에서 플레이하기 위하여, 언제 그리고 어떻게 그 볼의 지점을 마크하고 그 볼을 집어 올리고 닦고 도로 인플레이하는가에 관한 규칙
> - 집어 올리거나 움직인 볼을 리플레이스할 경우, 반드시 그 집어 올리거나 움직인 볼을 원래의 지점에 놓아야 함
> - 페널티 없는 구제나 페널티 구제를 받는 경우, 반드시 교체한 볼이나 원래의 볼을 특정한 구제구역에 드롭하여야 함
>
> 이와 같은 절차를 사용하는 과정에서 한 잘못은 그 볼을 플레이하기 전에 페널티 없이 바로잡을 수 있음. 그러나 그 볼을 잘못된 장소에서 플레이한 경우, 플레이어는 페널티를 받음

1 14.1 마크하기 · 집어 올리기 · 닦기(Marking, Lifting and Cleaning Ball)

본 규칙은 플레이어의 정지한 볼을 고의로 '집어 올린' 경우에 적용. 고의로 '집어 올린' 경우란 어떤 식으로든 그 볼을 집어 올린 것을 의미하며, 여기에는 그 볼을 손으로 들어서 올리거나 회전시키거나 고의로 그 볼을 원래의 지점으로부터 움직이게 한 경우가 포함

1. 14.1a 집어 올린 후 리플레이스하여야 할 볼은 반드시 그 지점을 마크하여야 함

원래의 지점에 리플레이스할 것을 요구하는 규칙에 따라 볼을 집어 올리는 경우, 플레이어는 반드시 다음과 같이 그 지점을 마크하여야 함:

- 그 볼의 지점을 마크한다는 것은 그 볼 바로 뒤나 옆에 볼마커를 놓아두거나,
- 클럽을 들고 그 볼 바로 뒤나 옆의 지면에 대는 것을 의미

그 지점을 볼마커로 마크한 경우, 그 볼을 리플레이스한 후 스트로크를 하기 전에 플레이어는 반드시 그 볼마커를 제거하여야 함

그 지점을 마크하지 않고 볼을 집어 올리거나 잘못된 방법으로 마크하거나 볼마커를 그대로 둔 채 스트로크를 한 경우, 플레이어는 **1벌타**를 받음

규칙에 따라 구제를 받기 위하여 볼을 집어 올리는 경우, 플레이어가 그 볼을 집어 올리기 전에 그 지점을 마크할 것이 요구되는 것은 아님

2. 14.1b 볼을 집어 올릴 수 있는 사람 ★

규칙에 따라 플레이어의 볼을 집어 올릴 수 있는 사람은:

- 플레이어
- 또는 플레이어가 위임한 사람뿐임. 그러나 플레이어가 위임할 때는 그 라운드 전체에 대해서가 아니라, 반드시 그 볼을 집어 올리기 전에 그때그때 그 행위를 특정하여 위임하여야 함

예외 캐디가 플레이어의 위임 없이 플레이어의 볼을 집어 올릴 수 있는 경우:

- 플레이어의 볼이 퍼팅그린에 있는 경우
- 플레이어가 규칙에 따라 구제를 받으리라 판단하는 것이 합리적인 경우(예 플레이어의 그런 행동이나 언급이 있는 경우)

캐디가 플레이어의 볼을 집어 올리는 것이 허용되지 않을 때 그 볼을 집어 올린 경우, 플레이어는 **1벌타**를 받음(규칙 9.4 참조)

규칙 25.2g, 25.4a, 25.5d (규칙 14.1을 장애를 가진 플레이어에게 적용하는 경우, 플레이어의 위임 없이도 퍼팅그린에 있는 플레이어의 볼을 집어 올리기 위한 조력을 허용하는 것으로 수정) 참조

3. 14.1c 볼 닦기 ★

퍼팅그린에서 집어 올린 볼은 언제든지 닦을 수 있음(규칙 13.1b 참조)

어느 곳에서든 집어 올린 볼은 항상 닦을 수 있음. 다만 다음과 같은 경우는 예외:

- 볼이 갈라지거나 금이 갔는지 확인하기 위하여 볼을 집어 올린 경우 – 그 볼을 닦는 것이 허용되지 않음(규칙 4.2c(1) 참조)
- 자신의 볼인지 확인하기 위하여 볼을 집어 올린 경우 – 그 볼을 확인하는 데 필요한 정도로만 닦는 것이 허용(규칙 7.3 참조)
- 플레이에 방해가 되기 때문에 볼을 집어 올린 경우 – 그 볼을 닦는 것이 허용되지 않음(규칙 15.3b(2) 참조)
- 구제가 허용되는 상태에 놓인 것인지 확인하기 위하여 볼을 집어 올린 경우 – 그 볼을 닦는 것이 허용되지 않음. 다만 플레이어가 규칙에 따라 구제를 받을 수 있는 경우는 예외(규칙 16.4 참조)

플레이어가 본 규칙에 따라 볼을 닦는 것이 허용되지 않을 때 자신의 볼을 닦은 경우, 플레이어는 **1벌타**를 받음. 그 볼을 집어 올렸던 경우, 반드시 리플레이스하여야 함

규칙 22.2(포섬에서, 파트너는 자신의 편을 위한 행동을 할 수 있으며 파트너의 행동은 플레이어의 행동으로 간주)와 23.5 (포볼에서, 파트너는 자신의 편을 위한 행동을 할 수 있으며 파트너가 플레이어의 볼이나 장비와 관련하여서 한 행동은 플레이어의 행동으로 간주) 참조

2 14.2 리플레이스하기(Replacing Ball on Spot)

본 규칙은 집어 올리거나 움직인 볼을 특정 지점에 리플레이스할 것을 규칙에서 요구하는 모든 경우에 적용

1. 14.2a 반드시 원래의 볼을 사용하여야 함

볼을 리플레이스하는 경우, 반드시 원래의 볼을 사용하여야 함

예외 다른 볼을 사용할 수 있는 경우:

- 플레이어가 고의로 원래의 볼을 회수할 수 없게 만든 것이 아닌 한, 합리적인 노력으로 원래의 볼을 수 초 이내에 회수할 수 없는 경우
- 원래의 볼이 갈라지거나 금이 간 경우(규칙 4.2c 참조)
- 중단되었던 플레이가 재개되는 경우(규칙 5.7d 참조)
- 플레이어의 원래의 볼을 다른 플레이어가 잘못된 볼로 플레이한 경우(규칙 6.3c(2) 참조)

2. 14.2b 반드시 볼을 리플레이스하여야 하는 사람과 리플레이스하여야 하는 방법 ★★

(1) 반드시 볼을 리플레이스하여야 하는 사람 - 규칙에 따라 반드시 플레이어의 볼을 리플레이스하여야 하는 사람은:

- 플레이어
- 또는 그 볼을 집어 올렸거나 움직이게 한 사람뿐임

리플레이스하는 것이 허용되지 않는 사람이 리플레이스한 볼을 플레이한 경우, 플레이어는 1벌타를 받음

규칙 25.2h, 25.3c, 25.4a (규칙 14.2b(1)을 장애를 가진 플레이어에게 적용되는 경우, 플레이어가 다른 누군가에게 자신의 볼을 플레이스하거나 리플레이스하도록 일괄 위임하는 것을 허용하는 것으로 수정) 참조

(2) 볼을 리플레이스 하는 방법 - 그 볼을 리플레이스할 때는 반드시 요구되는 지점에 손으로 내려놓고 그 볼이 그 지점에 그대로 멈추도록 리플레이스하여야 함

요구되는 지점에 리플레이스하였지만 잘못된 방법으로 리플레이스한 볼을 플레이한 경우, 플레이어는 1벌타를 받음

3. 14.2c 볼을 리플레이스하는 지점

집어 올리거나 움직인 볼은 반드시 원래의 지점에 리플레이스하여야 함(그 지점을 알 수 없는 경우에는 반드시 추정하여야 함). 다만 규칙 14.2d(2)와 14.2e에 따라 반드시 그 볼을 다른 지점에 리플레이스하여야 하는 경우 또는 플레이어가 규칙에 따라 구제를 받을 경우는 예외

그 볼이 움직일 수 없는 장해물·코스와 분리할 수 없는 물체·코스의 경계물·자라거나 붙어 있는 물체의 위나 아래 또는 그것에 기댄 채 정지해있던 경우:

- 그 볼의 '지점'에는 지면으로부터 그 볼의 수직 양방향이 포함
- 이는 반드시 그러한 물체의 위나 아래 또는 기댄 채 정지해있던 상태 그대로 원래의 지점에 그 볼을 리플레이스하여야 한다는 것을 의미

그 볼을 집어 올리거나 움직인 결과 또는 그 볼을 리플레이스하기 전에 루스임페디먼트가 제거된 경우, 그 루스임페디먼트를 제자리에 가져다 놓을 필요는 없음

집어 올리거나 움직인 볼을 리플레이스하기 전 루스임페디먼트의 제거에 대한 제한은 규칙 15.1a의 예외 1을 참조

예외 다른 볼을 사용할 수 있는 경우:

4. 14.2d 원래의 라이가 변경된 경우 볼을 리플레이스하여야 할 곳

집어 올리거나 움직인 볼을 반드시 리플레이스하여야 하는데 그 라이가 변경된 경우, 플레이어는 반드시 다음과 같이 그 볼을 리플레이스하여야 함:

(1) 볼이 모래에 있었던 경우 - 그 볼이, 벙커의 모래든 코스 상의 모래든, 모래에 있었던 경우:

- 그 볼을 원래의 지점(그 지점을 알 수 없는 경우에는 반드시 추정하여야 함)(규칙 14.2c 참조)에 리플레이스할 때, 플레이어는 반드시 그 라이를 원래의 라이와 가능한 한 같은 상태로 다시 만들어놓아야 함
- 그 볼이 모래에 완전히 덮여 있었던 경우에는 그 라이를 다시 만들어놓을 때, 그 볼의 일부만 보이도록 해놓을 수도 있음

플레이어가 올바른 장소에서 플레이하였지만, 본 규칙을 위반하여 그 라이를 다시 만들어놓지 않고 플레이한 경우, 플레이어는 일반 페널티를 받음

(2) 볼이 모래가 없는 곳에 있었던 경우 - 그 볼이 모래가 없는 곳에 있었던 경우, 플레이어는 반드시 다음의 조건을 모두 충족시키고 원래의 라이와 가장 비슷한 라이를 가진 가장 가까운 지점에 그 볼을 리플레이스하여야 함:

- 원래의 지점(그 지점을 알 수 없는 경우에는 반드시 추정하여야 함)(규칙 14.2c 참조)으로부터 한 클럽 길이 이내의 구역에 있고,
- 홀에 더 가깝지 않으며,
- 원래의 지점과 동일한 코스의 구역에 있는 지점

플레이어가 원래의 라이가 변경된 것은 알지만 그 라이가 어떤 상태였는지는 알지 못하는 경우, 반드시 원래의 라이를 추정하고 위의 (1) 또는 (2)에 따라 그 볼을 리플레이스하여야 함

[예외] 플레이가 중단되어 볼을 집어 올렸던 동안 변경된 라이에 대해서는 규칙 5.7d를 참조

5. 14.5e 리플레이스된 볼이 원래의 지점에 멈춰 있지 않는 경우의 처리 방법 ★★

플레이어가 볼을 리플레이스하려고 하지만 그 볼이 원래의 지점에 멈춰 있지 않은 경우, 플레이어는 반드시 두 번째 시도를 하여야 함

두 번째 시도에도 그 볼이 원래의 지점에 멈춰 있지 않은 경우, 플레이어는 반드시 그 볼이 멈춰있을 수 있는 가장 가까운 지점에 그 볼을 리플레이스하여야 함. 그러나 그 가장 가까운 지점은 원래의 지점이 위치한 곳에 따라 다음과 같은 제한을 받음:

- 그 지점은 홀에 더 가깝지 않아야 함
- 원래의 지점이 일반구역에 있었던 경우 - 가장 가까운 지점 또한 반드시 그 일반구역에 있어야 함
- 원래의 지점이 벙커 또는 페널티구역에 있었던 경우 - 가장 가까운 지점 또한 반드시 그 벙커 또는 페널티구역과 동일한 벙커 또는 페널티구역에 있어야 함
- 원래의 지점이 퍼팅그린에 있었던 경우 - 가장 가까운 지점은 반드시 그 퍼팅그린 또는 일반구역에 있어야 함

규칙 14.2를 위반하여 잘못된 장소에서 플레이한 것에 대한 페널티: 규칙 14.7a에 따라 일반 페널티

규칙 22.2 (포섬에서, 파트너는 자신의 편을 위한 행동을 할 수 있으며 파트너의 행동은 플레이어의 행동으로 간주)와 23.5b (포볼에서, 파트너는 자신의 편을 위한 행동을 할 수 있으며 파트너가 플레이어의 볼이나 장비와 관련하여서 한 행동은 플레이어의 행동으로 간주) 참조

3 14.3 구제구역에 볼을 드롭하기(Dropping Ball in Relief Area) ★★

본 규칙은 플레이어가 규칙 14.3c(2)에 따라 볼을 플레이스하여 반드시 완전한 구제를 받아야 하는 경우를 포함하여, 반드시 규칙에 따라 구제를 받고 볼을 드롭하여야 하는 모든 경우에 적용

플레이어가 볼을 드롭하기 전이나 볼을 드롭할 때 구제구역을 개선한 경우에 대해서는 규칙 8.1을 참조

1. 14.3a 원래의 볼을 사용할 수도 있고, 다른 볼을 사용할 수도 있음

플레이어는 원래의 볼을 사용할 수도 있고, 다른 볼을 사용할 수도 있음

이는 플레이어가 본 규칙에 따라 볼을 드롭하거나 플레이스할 때마다 어떤 볼이든 사용할 수 있다는 것을 의미

2. 14.3b 볼은 반드시 올바른 방법으로 드롭하여야 함

플레이어는 반드시 올바른 방법으로 볼을 드롭하여야 함. 올바른 방법으로 볼을 드롭한다는 것은 (1), (2), (3)의 모든 요건에 부합되는 다음과 같은 방법으로 볼을 드롭하는 것을 의미:

(1) 반드시 플레이어가 볼을 드롭하여야 함 - 반드시 플레이어가 그 볼을 드롭하여야 함. 플레이어의 캐디가 드롭해서도 안 되고, 다른 누군가가 드롭해서도 안 됨

규칙 25.2h, 25.3c, 25.4a (규칙 14.3b(1)을 장애를 가진 플레이어에게 적용하는 경우, 그 플레이어가 다른 누군가에게 자신의 볼을 드롭하도록 일괄 위임하는 것을 허용하는 것으로 수정) 참조

(2) 볼은 반드시 무릎 높이에서 똑바로 드롭하여야 하고, 떨어지면서 플레이어나 장비에 닿지 않아야 함 - 플레이어는 다음과 같이 볼이 떨어지도록, 반드시 무릎 높이의 위치에서 그 볼을 손에서 놓아야 함

- 플레이어가 볼을 던지거나 볼에 스핀을 주거나 볼을 굴리거나 볼이 정지할 곳에 영향을 미칠 수 있는 어떠한 동작도 하지 않고, 그 볼이 똑바로 떨어지도록 하여야 하며,
- 그 볼이 지면에 닿기 전에 플레이어의 신체 또는 장비의 일부라도 맞히지 않도록 하여야 함

'무릎 높이'는 플레이어가 똑바로 선 자세에서 지면으로부터 플레이어의 무릎까지의 높이를 의미

규칙 25.6b(규칙 14.3b(2)를 장애를 가진 플레이어에게 적용하는 것에 관한 지침) 참조

(3) 반드시 구제구역(또는 선상)에 볼을 드롭하여야 함 - 볼은 반드시 구제구역에 드롭하여야 함. 볼을 드롭하는 경우, 플레이어는 구제구역 안에 서서 드롭할 수도 있고, 구제구역 밖에 서서 드롭할 수도 있음. 그러나 후방선 구제를 받는 경우(규칙 16.1c(2), 17.1d(2), 19.2b, 19.3b 참조), 그 볼은 반드시 그 규칙에 따라 허용되는 선상에 드롭하여야 하며, 그 볼이 드롭된 지점에 따라 구제구역이 결정

(4) 잘못된 방법으로 볼을 드롭한 경우의 처리방법 - 볼이 (1), (2), (3) 중 한 가지 요건이라도 위반하여 잘못된 방법으로 드롭한 경우:

- 플레이어는 반드시 올바른 방법으로 다시 볼을 드롭하여야 하며, 반드시 올바른 방법으로 볼을 드롭할 때까지 드롭 횟수에는 제한이 없음
- 볼을 잘못된 방법으로 드롭한 것은 그 볼을 규칙 14.3c(2)에 따라 플레이스하기 전에 요구되는 두 번의 드롭에 포함되지 않음

플레이어가 볼을 다시 드롭하지 않고, 그 볼을 잘못된 방법으로 드롭한 후 정지한 곳에서 스트로크하였는데,

- 그곳이 구제구역이었던 경우, 플레이어는 1벌타를 받음(그러나 이것은 규칙 14.7a에서 언급되는 잘못된 장소에서 플레이한 것은 아님)
- 그러나 그곳이 구제구역 밖이었던 경우 또는 드롭할 것이 요구될 때 플레이스한 후 플레이한 경우(그 볼을 플레이한 곳과 관계없이), 플레이어는 일반 페널티를 받음(또한 잘못된 장소에서 플레이 한 것에 대해서는 규칙 14.7a에 따른 일반 페널티 적용) 잘못된 장소에서 플레이하면서 중대한 위반이 있었다면, 플레이어는 그 잘못을 바로잡을 필요가 있음

3. 14.3c 올바른 방법으로 드롭한 볼은 반드시 구제구역에 정지하여야 함

본 규칙은 규칙 14.3b에 따라서 올바른 방법으로 볼을 드롭한 때에만 적용

(1) 올바른 방법으로 드롭한 볼이 구제구역에 정지한 경우, 플레이어는 완전한 구제를 받은 것 - 그 볼은 반드시 구제구역에 정지하여야 함

그 볼이 지면에 닿은 후 정지하기 전에 사람(플레이어 자신 포함)이나 장비 또는 그 밖의 외부의 영향을 맞혔는지 여부와 관계없이:

- 그 볼이 그 구제구역에 정지한 경우, 플레이어는 완전한 구제를 받은 것. 플레이어는 반드시 그 볼을 놓인 그대로 플레이하여야 함
- 그 볼이 그 구제구역 밖에 정지한 경우, 플레이어는 반드시 규칙 14.3c(2)의 절차를 사용하여야 함

어떤 경우든, 올바른 방법으로 드롭한 볼이 지면에 닿은 후 정지하기 전에 우연히 사람(플레이어 자신 포함)이나 장비 또는 그 밖의 외부의 영향을 맞힌 경우, 누구에게도 페널티가 없음

예외 올바른 방법으로 드롭된 볼이 누군가에 의하여 고의로 방향이 바뀌거나 멈춰진 경우: 올바른 방법으로 드롭된 볼이 누군가에 의하여 고의로 방향이 바뀌거나 멈춰진 경우의 처리방법에 대해서는 규칙 14.3d를 참조

(2) 올바른 방법으로 드롭한 볼이 구제구역 밖에 정지한 경우의 처리방법 – 올바른 방법으로 드롭한 볼이 구제구역 밖에 정지한 경우, 플레이어는 반드시 올바른 방법으로 볼을 두 번째로 드롭하여야 함

두 번째로 드롭한 볼도 구제구역 밖에 정지한 경우, 플레이어는 반드시 규칙 14.2b(2)와 14.2e의 리플레이스 절차를 사용하여 플레이스함으로써 완전한 구제를 받아야 함

- 플레이어는 반드시 두 번째로 드롭된 볼이 최초로 지면에 닿은 지점에 볼을 플레이스하여야 함
- 플레이스된 볼이 그 지점에 멈춰 있지 않은 경우, 플레이어는 반드시 그 지점에 두 번째로 볼을 플레이스하여야 함
- 두 번째로 플레이스된 볼도 그 지점에 멈춰 있지 않은 경우, 플레이어는 반드시 규칙 14.2e의 한도 내에서 볼이 멈춰있을 수 있는 가장 가까운 지점에 볼을 플레이스하여야 함. 이렇게 플레이스되는 경우, 그 볼은 그 구제구역 밖에 놓이게 될 수도 있음

4. 14.3d 올바른 방법으로 드롭한 볼을 누군가가 고의로 방향을 바꾸거나 멈추게 한 경우의 처리방법

본 규칙의 목적상, 드롭한 볼을 '고의로 방향을 바꾸거나 멈추게 한' 경우는 다음과 같음:
- 드롭된 볼이 지면에 닿은 후 움직이고 있을 때, 누군가 고의로 그 볼을 건드린 경우
- 그 움직이고 있는 볼이 그 볼의 방향을 바꾸거나 멈추게 할 수도 있는 위치에 플레이어가 고의로 놓아둔 장비나 물체 또는 세워둔 사람(예 플레이어와 플레이어의 캐디 포함)을 맞힌 경우

올바른 방법으로 드롭한 볼이 정지하기 전에 누군가가 고의로 방향을 바꾸거나 멈추게 한 경우(구제구역 안에서든 밖에서든):

- 플레이어는 반드시 규칙 14.3b의 절차를 사용하여 볼을 다시 드롭하여야 함(이는 누군가가 고의로 방향을 바꾸거나 멈추게 한 볼을 드롭하였던 것은 규칙 14.3c(2)에 따라 플레이스하기 전에 요구되는 두 번의 드롭에 포함되지 않는다는 것을 의미)
- 어떤 플레이어나 그 플레이어의 캐디가 고의로 방향을 바꾸거나 멈추게 한 경우, 그 플레이어는 **일반 페널티**를 받음

예외 볼이 구제구역에 정지할 합리적인 기회가 없는 경우(올바른 방법으로 드롭한 볼이 구제구역 안에 정지할 합리적인 기회가 없었을 때 누군가가 고의로 그 볼의 방향을 바꾸거나 멈추게 한 경우(구제구역 안에서든 밖에서든)):

- 어떤 플레이어에게도 페널티는 없으며,
- 그 볼은 구제구역 밖에 정지한 것으로 간주하고, 그 볼을 드롭하였던 것은 규칙 14.3c(2)에 따라 플레이스하기 전에 요구되는 두 번의 드롭에 포함

규칙 14.3을 위반하여 잘못된 장소에서 플레이하거나, 볼을 드롭하여야 할 때 플레이스하고 플레이한 것에 대한 페널티: 14.7a에 따라 일반 페널티

규칙 22.2 (포섬에서, 파트너는 자신의 편을 위한 행동을 할 수 있으며 파트너의 행동은 플레이어의 행동으로 간주)와 23.5 (포볼에서, 파트너는 자신의 편을 위한 행동을 할 수 있으며 파트너가 플레이어의 볼이나 장비와 관련하여서 한 행동은 플레이어의 행동으로 간주) 참조

4 14.4 원래의 볼이 플레이에서 배제된 후 플레이어의 볼이 도로 인플레이되는 경우
(When Player's Ball is Back in Play after Original Ball Was Out of Play)

플레이어의 인플레이 상태의 볼이 코스에서 집어 올려지거나 분실되거나 아웃오브바운즈에 있는 경우, 그 볼은 더 이상 인플레이 상태가 아님

플레이어가 다시 인플레이 상태의 볼을 갖는 것은 다음과 같은 경우뿐:

- 플레이어가 티잉구역에서 원래의 볼이나 다른 볼을 플레이한 경우
- 플레이어가 원래의 볼이나 다른 볼을 인플레이 상태가 되도록 하려는 의도를 가지고 그 볼을 코스 상에 리플레이스하거나 드롭하거나 플레이스한 경우

인플레이 상태가 되도록 하려는 의도를 가지고 어떤 식으로든 볼을 코스에 되돌려놓은 경우, 그 볼은 인플레이 상태의 볼. 다음과 같은 경우라도, 그 볼은 인플레이 상태의 볼:

- 규칙에 따라 허용되지 않을 때, 원래의 볼을 교체하여 되돌려놓은 경우

  (1) 잘못된 장소에서 또는 (2) 잘못된 방법으로 또는 (3) 적용되지 않는 절차를 사용하여, 볼을 리플레이스하거나 드롭하거나 플레이스하여 되돌려놓은 경우

  리플레이스한 볼의 지점을 마크하는 볼마커를 제거하지 않았더라도, 그 볼은 인플레이 상태임

5 14.5 볼을 교체 · 리플레이스 · 드롭 · 플레이스하는 과정에서 한 잘못 바로잡기
(Correcting Mistake Made in Substituting, Replacing, Dropping or Placing Ball)

1. 14.5a 볼을 플레이하기 전에 그 잘못을 바로잡을 수 있음

플레이어가 규칙에 따라 허용되지 않을 때 원래의 볼을 다른 볼로 교체한 경우 또는 플레이어의 인플레이 상태의 볼을 (1) 잘못된 방법으로 또는 (2) 잘못된 장소에 또는 (3) 적용되지 않는 절차에 따라 리플레이스하거나 드롭하거나 플레이스한 경우:

- 플레이어는 페널티 없이 그 잘못을 바로잡을 수 있음
- 그러나 그 잘못을 바로잡는 것은 그 볼을 플레이하기 전에만 허용

2. 14.5b 구제를 받는 과정에서 한 잘못을 바로잡을 때 다른 구제 규칙이나 다른 구제방법으로 바꿀 수 있는 경우

구제를 받는 과정에서 한 잘못을 바로잡는 경우, 플레이어가 반드시 원래 사용한 것과 동일한 규칙과 구제방법을 사용하여야 하는지 또는 다른 규칙이나 다른 구제방법을 사용할 수 있는지 여부는 그 잘못의 내용에 따라 결정:

(1) 적용되는 규칙에 따라 올바른 장소에 드롭하거나 플레이스하여 볼을 인플레이하였지만, 규칙에서 그 볼을 다시 드롭하거나 플레이스할 것을 요구하는 경우

- 플레이어는 반드시 처음에 적용하였던 규칙과 동일한 규칙과 그 규칙에 따른 동일한 구제방법을 사용하여 구제를 받고, 그 잘못을 바로잡아야 함

- 예를 들면, 플레이어가 언플레이어블볼 구제를 받을 때 측면 구제방법(규칙 19.2c)을 사용하여 그 볼을 올바른 구제구역에 드롭하였지만 (1) 잘못된 방법(규칙 14.3b 참조)으로 드롭하였거나 (2) 그 볼이 구제구역(규칙 14.3c 참조) 밖에 정지한 경우, 플레이어는 반드시 규칙 19.2에 따라 그리고 동일한 구제방법(규칙 19.2c의 측면 구제방법)을 사용하여 구제를 받고, 그 잘못을 바로잡아야 함

(2) 적용되는 규칙에 따라 인플레이하였지만, 잘못된 장소에 드롭하거나 플레이스한 경우

- 플레이어는 반드시 처음에 적용하였던 규칙과 동일한 규칙에 따라야 하지만, 그 규칙에 따른 구제방법이라면 어떤 구제방법이든 자신의 상황에 적용되는 구제방법을 사용하여 구제를 받고, 그 잘못을 바로잡을 수 있음
- 예를 들면, 플레이어가 언플레이어블볼 구제를 받을 때 측면 구제방법(규칙 19.2c)을 사용하였는데 그 볼을 요구되는 구제구역 밖에 잘못 드롭한 경우, 플레이어는 반드시 규칙 19.2에 따라야 하지만, 그 규칙에 따른 구제방법이라면 어떤 구제방법이든 사용하여 구제를 받고, 그 잘못을 바로잡아야 함

(3) 적용되지 않는 규칙에 따라 볼을 인플레이한 경우

- 플레이어는 자신의 상황에 적용되는 규칙이라면 어떤 규칙이든 사용하여 구제를 받고, 그 잘못을 바로잡을 수 있음
- 예를 들면, 플레이어가 페널티구역에 있는 자신의 볼에 대하여 언플레이어블볼 구제(규칙 19.1에서 허용되지 않는 구제)라는 잘못된 구제를 받은 경우, 플레이어는 반드시 규칙 9.4에 따라 그 볼을 리플레이스하거나(그 볼을 집어 올렸던 경우) 규칙 17에 따른 페널티 구제를 받고, 그 규칙에 따른 구제방법이라면 어떤 구제방법이든 자신의 상황에 적용되는 구제방법을 사용하여 구제를 받고, 그 잘못을 바로잡아야 함

3. 14.5c 원래의 볼과 관련된 잘못 이후의 행동에 대한 페널티는 없음

플레이어가 규칙 14.5a에 따라 잘못을 바로잡는 경우, 그 잘못 이후의 행동에 대한 모든 페널티와 원래의 볼에만 관련된 모든 페널티(예 우연히 그 볼을 움직이게 한 것에 대한 페널티(규칙 9.4b 참조) 또는 원래의 볼의 스트로크에 영향을 미치는 상태를 개선한 것에 대한 페널티(규칙 8.1a 참조)는 타수에 포함되지 않음

그러나 그 행동이 잘못을 바로잡기 위하여 인플레이한 볼에 대해서도 페널티가 있는 행동인 경우(예 그 행동이 인플레이 상태가 된 볼의 스트로크에 영향을 미치는 상태를 개선한 경우), 그 페널티는 인플레이 상태가 된 볼에 적용

> **예외** 드롭된 볼의 방향을 고의로 바꾸거나 멈추게 한 것에 대한 페널티: 스트로크플레이에서, 플레이어가 자신의 드롭된 볼의 방향을 고의로 바꾸거나 그 볼을 멈추게 한 것에 대하여 규칙 14.3d에 따라 일반 페널티를 받는 경우, 규칙 14.3b의 절차를 사용하여 볼을 다시 드롭하더라도, 플레이어는 여전히 그 페널티를 받음

6 14.6 직전의 스트로크를 한 곳에서 다음 스트로크를 하는 경우 ★★
(Making Next Stroke from Where Previous Stroke Made)

본 규칙은 플레이어가 직전의 스트로크를 한 곳에서 다음 스트로크를 할 것을 규칙에서 요구하거나 허용하는 모든 경우에 적용(예 스트로크와 거리 구제를 받는 경우 또는 스트로크가 취소되거나 다른 이유로 타수에 포함되지 않아서 다시 플레이하는 경우)

- 플레이어가 반드시 볼을 인플레이하여야 하는 방법은 직전의 스트로크를 한 코스의 구역에 따라 결정
- 이와 같은 모든 상황에서, 플레이어는 원래의 볼을 사용할 수도 있고, 다른 볼을 사용할 수도 있음

1. 14.6a 티잉구역에서 직전의 스트로크를 한 경우

규칙 6.2b에 따라, 티잉구역 안에서 원래의 볼이나 다른 볼을 플레이하여야 하며, 티를 사용할 수도 있음

2. 14.6b 일반구역·페널티구역·벙커에서 직전의 스트로크를 한 경우

반드시 다음의 조건을 모두 충족시키는 구제구역에 원래의 볼이나 다른 볼을 드롭하여야 함(규칙 14.3 참조):
- 기준점: 직전의 스트로크를 한 지점(그 지점을 알 수 없는 경우에는 반드시 추정하여야 함)
- 구제구역의 크기: 기준점으로부터 한 클럽 길이 이내의 구역
- 구제구역의 위치 제한:
  - 구제구역은 반드시 기준점과 동일한 코스의 구역에 있어야 하며
  - 기준점보다 홀에 더 가깝지 않아야 함

3. 14.6c 퍼팅그린에서 직전의 스트로크를 한 경우

규칙 14.2b(2)와 14.2e의 리플레이스 절차를 사용하여, 반드시 직전의 스트로크를 한 지점에 원래의 볼이나 다른 볼을 플레이스하여야 함(그 지점을 알 수 없는 경우에는 반드시 추정하여야 함)(규칙 14.2 참조)

규칙 14.6을 위반하여 잘못된 장소에서 플레이한 것에 대한 페널티: 규칙 14.7a에 따라 일반 페널티

7 14.7 잘못된 장소에서 플레이한 경우(Playing from Wrong Place) ★

1. 14.7a 반드시 볼을 플레이하여야 하는 장소

홀을 시작한 후:
- 플레이어는 반드시 자신의 볼이 정지한 곳에서 각각 스트로크하여야 함. 다만 규칙에서 플레이어가 다른 장소에서 플레이할 것을 요구하거나 허용하는 경우는 예외(규칙 9.1 참조)
- 플레이어는 잘못된 장소에서 자신의 인플레이 상태의 볼을 플레이해서는 안 됨

규칙 14.7a를 위반하여 잘못된 장소에서 플레이한 것에 대한 페널티: 일반 페널티

2. 14.7b 스트로크플레이에서 잘못된 장소에서 플레이한 후 홀을 끝내는 방법

(1) 플레이어는 잘못된 장소에서 플레이한 볼로 홀을 끝낼 것인지 또는 올바른 장소에서 플레이하여 그 잘못을 바로잡을 것인지 반드시 결정하여야 함 - 플레이어가 그다음에 할 것은 중대한 위반이 있었는지 여부(즉, 잘못된 장소에서 플레이하여 상당한 이익을 얻었을 수 있었는지)에 따라 결정

- 중대한 위반이 없었던 경우 - 플레이어는 그 잘못을 바로잡을 것이 아니라 반드시 그 잘못된 장소에서 플레이한 볼로 그 홀을 끝내야 함

- 중대한 위반이 있었던 경우
  - 플레이어는 반드시 규칙에 따라 올바른 장소에서 플레이한 볼로 그 홀을 끝내서 그 잘못을 바로잡아야 함
  - 플레이어가 다른 홀을 시작하기 위한 스트로크를 하기 전에 그 잘못을 바로잡지 않은 경우 또는 그 홀이 그 라운드의 마지막 홀이면 스코어카드를 제출하기 전에 그 잘못을 바로잡지 않은 경우, 플레이어는 **실격**이 됨
- 그 위반이 중대한 것인지 여부가 불확실한 경우의 처리방법 - 플레이어는 잘못된 장소에서 플레이한 볼과 규칙에 따라 올바른 장소에서 플레이한 두 번째 볼을 모두 플레이하여 그 홀을 끝내야 함

(2) **두 개의 볼을 플레이한 경우, 플레이어는 반드시 위원회에 보고하여야 함** - 플레이어가 잘못된 장소에서 플레이한 것이 중대한 위반이었지 여부를 확실하게 알지 못해서 그 잘못을 바로잡으려고 두 번째 볼을 플레이하기로 결정한 경우,
- 스코어카드를 제출하기 전에, 플레이어는 반드시 위원회에 그 사실을 보고하여야 함
- 플레이어가 두 번째 볼을 플레이하기로 결정하고 나서 그 두 개의 볼로 그 홀을 끝내지는 않기로 한 경우뿐만 아니라, 그 두 개의 볼로 낸 스코어가 같다고 확신하는 때도 플레이어는 반드시 위원회에 그 사실을 보고하여야 함

그 사실을 위원회에 보고하지 않은 경우, 플레이어는 **실격**이 됨

(3) **플레이어가 두 개의 볼을 플레이한 경우, 플레이어의 홀 스코어는 위원회가 결정**
  - 그 홀의 플레이어의 스코어는 위원회가 잘못된 장소에서 플레이할 때 중대한 위반이 있었다고 판단하는지 여부에 따라 결정
- 중대한 위반이 없었던 경우
  - 잘못된 장소에서 플레이한 볼로 낸 스코어가 유효하고, 플레이어는 규칙 14.7a에 따라 **일반 페널티**를 받음(즉, 그 볼로 낸 스코어에 **2벌타**가 추가된다는 것을 의미)
  - 다른 볼로 플레이한 모든 타수(그 다른 볼을 플레이한 모든 스트로크와 그 볼을 플레이할 때 부과된 모든 벌타)는 타수에 포함되지 않음
- 중대한 위반이 있었던 경우
  - 잘못된 장소에서 플레이한 잘못을 바로잡기 위하여 플레이한 두 번째 볼로 낸 스코어가 유효하고, 플레이어는 규칙 14.7a에 따라 **일반 페널티**를 받음(즉, 그 볼로 낸 스코어에 **2벌타**가 추가된다는 것을 의미)
  - 잘못된 장소에서 원래의 볼을 플레이한 스트로크와 그 후 그 볼로 플레이한 모든 타수(원래의 볼을 플레이한 모든 스트로크와 그 볼을 플레이할 때 부과된 모든 벌타)는 타수에 포함되지 않음
  - 그 잘못을 바로잡기 위하여 플레이한 볼도 잘못된 장소에서 플레이한 경우,
- 중대한 위반이 아니었다고 위원회가 판단한 경우, 플레이어는 규칙 14.7a에 따라 **일반 페널티(2벌타)**를 받으므로, 그 볼로 낸 스코어에 **총 4벌타**가 추가(원래의 볼을 잘못된 장소에서 플레이한 것에 대한 2벌타와 다른 볼을 잘못된 장소에서 플레이한 것에 대한 2벌타)
- 중대한 위반이었다고 위원회가 판단하는 경우, 플레이어는 실격이 됨

Chapter 06 페널티 없는 구제(규칙 15~16)

01 규칙 15 - 루스임페디먼트·움직일 수 있는 장해물(플레이에 도움이 되거나 방해가 되는 볼 또는 볼마커 포함)로부터의 구제

> **목적**
>
> 규칙 15는 언제 그리고 어떻게 플레이어가 루스임페디먼트와 움직일 수 있는 장해물로부터 페널티 없는 구제를 받을 수 있는가에 관한 규칙
> - 이런 움직일 수 있는 자연물과 인공물은 코스를 플레이하는 도전의 일부로 간주되지 않으며, 그런 것들이 플레이에 방해가 되는 경우에는 원칙적으로 그것들을 제거하는 것이 허용
> - 그러나 퍼팅그린 밖에서 볼 가까이 있는 루스임페디먼트를 치우는 과정에서 자신의 볼을 움직이게 하면 페널티를 받게 되므로, 플레이어는 각별한 주의를 기울여야 함

1 15.1 루스임페디먼트(Loose Impediments) ★★

1. 15.1a 루스임페디먼트 제거

페널티 없이, 플레이어는 코스 안팎 어디에서나 그리고 어떤 식으로든 그 루스임페디먼트를 제거할 수 있음(예 손·발·클럽 또는 그 밖의 장비를 사용하여 또는 다른 사람의 도움을 받아서 또는 루스임페디먼트 일부를 부러뜨려서)

그러나 다음과 같은 두 가지 경우는 예외:

예외 1 반드시 볼을 리플레이스하여야 할 곳에 있는 루스임페디먼트를 제거한 경우: 퍼팅그린 이외의 곳에서 집어 올리거나 움직인 볼을 리플레이스하기 전에:

- 그 볼을 집어 올리거나 움직이기 전에 제거하였다면 그 볼을 움직이게 하였을 가능성이 큰 루스임페디먼트를 플레이어가 고의로 제거해서는 안 됨
- 그 루스임페디먼트를 제거한 경우, 플레이어는 1벌타를 받음. 그러나 그 제거된 루스임페디먼트를 제자리에 가져다 놓을 필요는 없음

본 예외는 라운드 동안과 규칙 5.7a에 따라 플레이가 중단된 동안에 모두 적용. 그러나 그 볼을 집어 올리거나 움직이기 전에는 거기에 있지 않았던 루스임페디먼트나, 볼의 지점을 마크하거나 볼을 집어 올리거나 리플레이스하거나 볼을 움직이게 하다가 제거된 루스임페디먼트에는 본 예외가 적용되지 않음

예외 2 움직이고 있는 볼에 영향을 미치기 위하여 고의로 루스임페디먼트를 제거하는 것에 대한 제한(규칙 11.3 참조)

2. 15.1b 루스임페디먼트를 제거할 때 움직인 볼

플레이어가 루스임페디먼트를 제거하여 그 볼을 움직이게 한 경우:

- 그 볼은 반드시 원래의 지점에 리플레이스하여야 함(그 지점을 알 수 없는 경우에는 반드시 추정하여야 함)(규칙 14.2 참조)

- 그 움직인 볼이 퍼팅그린(규칙 13.1d 참조)이나 티잉구역(규칙 6.2b(6) 참조) 이외의 곳에 정지해있었던 경우, 플레이어는 규칙 9.4b에 따라 1벌타를 받음. 다만 규칙 7.4가 적용되는 경우(볼을 찾는 과정에서 볼을 움직인 경우) 또는 규칙 9.4b의 예외가 적용되는 경우는 예외

규칙 15.1을 위반하여 잘못된 장소에서 플레이한 것에 대한 페널티: 규칙 14.7a에 따라 일반 페널티

2 15.2 움직일 수 있는 장해물(Movable Obstructions) ★★

본 규칙은 움직일 수 있는 장해물의 정의에 부합되는 인공물로부터 허용되는 페널티 없는 구제에 관한 규칙 움직일 수 없는 장해물(규칙 16.1에 따라, 다른 유형의 페널티 없는 구제가 허용됨)·코스의 경계물·코스와 분리할 수 없는 물체(페널티 없는 구제가 허용되지 않음)로부터의 구제는 본 규칙에 따라 허용되는 것이 아님

1. 15.2a 움직일 수 있는 장해물로부터의 구제

(1) **움직일 수 있는 장해물의 제거** - 페널티 없이, 플레이어는 코스 안팎 어디에서든 어떤 식으로든, 움직일 수 있는 장해물을 제거할 수 있음

그러나 다음과 같은 두 가지 경우는 예외

예외 1 티잉구역에서 볼을 플레이할 경우, 티잉구역의 티마커들을 움직여서는 안 됨(규칙 6.2b(4)와 8.1a(1) 참조)

예외 2 움직이고 있는 볼에 영향을 미치기 위하여 움직일 수 있는 장해물을 고의로 제거하는 것에 대한 제한(규칙 11.3 참조)

플레이어가 움직일 수 있는 장해물을 제거하다가 플레이어의 볼을 움직인 경우:

- 페널티는 없으며,
- 그 볼은 반드시 원래의 지점에 리플레이스하여야 함(그 지점을 알 수 없는 경우에는 반드시 추정하여야 함)(규칙 14.2 참조)

(2) **볼이 퍼팅그린 이외의 코스 상에 있는 움직일 수 있는 장해물의 안이나 위에 있는 경우의 구제** - 플레이어는 그 볼을 집어 올리고 움직일 수 있는 장해물을 제거한 후 다음의 조건을 모두 충족시키는 구제구역에 원래의 볼이나 다른 볼을 드롭하여 페널티 없는 구제를 받을 수 있음(규칙 14.3 참조)

- **기준점**: 볼이 움직일 수 있는 장해물의 안이나 위에 정지한 지점의 바로 아래로 추정되는 지점
- **구제구역의 크기**: 기준점으로부터 한 클럽 길이 이내의 구역
- **구제구역의 위치 제한**:
  - 구제구역은 반드시 기준점과 동일한 코스의 구역에 있어야 하며,
  - 기준점보다 홀에 더 가깝지 않아야 함

(3) **볼이 퍼팅그린에 있는 움직일 수 있는 장해물의 안이나 위에 있는 경우의 구제** - 플레이어는 다음과 같이 페널티 없는 구제를 받을 수 있음:

- 그 볼을 집어 올린 후 그 움직일 수 있는 장해물을 제거하고,
- 규칙 14.2b(2)와 14.2e의 리플레이스 절차를 사용하여, 그 볼이 움직일 수 있는 장해물의 안이나 위에 정지한 지점의 바로 아래로 추정되는 지점에 원래의 볼이나 다른 볼을 플레이스함

2. 15.2b 움직일 수 있는 장해물의 안이나 위에 있는 볼이 발견되지 않은 경우의 구제

플레이어의 볼이 발견되지는 않았지만 코스 상에 있는 움직일 수 있는 장해물의 안이나 위에 정지한 것을 알고 있거나 사실상 확실한 경우, 플레이어는 스트로크와 거리 구제를 받는 대신 다음과 같은 구제방법을 사용할 수 있음:

- 플레이어는 그 볼이 코스 상에 있는 움직일 수 있는 장해물의 경계를 마지막으로 통과한 것으로 추정되는 지점의 바로 아래 지점을 기준점으로 사용하여, 규칙 15.2a(2) 또는 15.2a(3)에 따른 페널티 없는 구제를 받을 수 있음

- 플레이어가 이와 같은 방법으로 구제를 받기 위하여 다른 볼을 인플레이한 경우:
  - 원래의 볼은 더이상 인플레이 상태가 아니므로, 그 볼을 플레이해서는 안 됨
  - 볼 찾기에 허용되는 시간(3분)이 종료되기 전에 원래의 볼이 코스에서 발견되더라도, 그 볼은 더는 인플레이 상태가 아니므로, 그 볼을 플레이해서는 안 됨(규칙 6.3b 참조)

그러나 그 볼이 움직일 수 있는 장해물 안이나 위에 정지한 것을 알고 있거나 사실상 확실한 상황이 아닌데 그 볼이 분실된 경우, 플레이어는 반드시 규칙 18.2에 따라 스트로크와 거리 구제를 받아야 함

규칙 15.2를 위반하여 잘못된 장소에서 플레이한 것에 대한 페널티: 규칙 14.7a에 따라 일반 페널티

15.3 플레이에 도움이 되거나 방해가 되는 볼·볼마커
(Ball or Ball-Marker Helping or Interfering with Play)

1. 15.3a 퍼팅그린에 있는 볼이 플레이에 도움이 되는 경우

규칙 15.3a는 퍼팅그린에 정지한 볼에만 적용되며, 퍼팅그린 이외의 코스에 정지한 볼에는 적용되지 않음

플레이어가 퍼팅그린에 있는 볼이 누군가의 플레이에 도움이 될 수도 있다고 합리적으로 확신하는 경우(예 홀 가까이에서 백스톱 역할을 할 가능성이 있는 경우):

- 그 볼이 자신의 볼인 경우, 플레이어는 규칙 13.1b에 따라 그 볼의 지점을 마크하고 그 볼을 집어 올릴 수 있음. 그 볼이 다른 플레이어의 볼인 경우, 그 다른 플레이어에게 그 지점을 마크하고 그 볼을 집어 올리라고 요구할 수 있음(규칙 14.1 참조)
- 그 집어 올린 볼은 반드시 원래의 지점에 리플레이스하여야 함(규칙 14.2 참조)

스트로크플레이에 한하여:

- 볼을 집어 올릴 것을 요구받은 플레이어는 그 볼을 집어 올리는 대신 그 다른 플레이어보다 먼저 플레이를 할 수도 있음
- 둘 이상의 플레이어들이 자신 중 누군가에게 도움을 주기 위하여 볼을 그 자리에 그대로 두고 플레이하기로 합의한 후 그 누군가가 그 도움이 되는 볼을 그 자리에 그대로 둔 채 스트로크를 한 경우, 그렇게 합의한 플레이어들은 각각 일반 페널티(2벌타)를 받음

위원회 절차: '백스토핑' 방지에 유용한 모범사례에 대한 지침

2. 15.3b 코스 상에 있는 볼이 플레이에 방해가 되는 경우

(1) 다른 플레이어의 볼로 인한 방해의 의미 - 본 규칙에 따른 방해는 다음과 같은 경우에 존재:

- 다른 플레이어의 정지한 볼이 플레이어의 의도된 스탠스 구역이나 의도된 스윙 구역에 방해가 될 수도 있는 경우

- 다른 플레이어의 정지한 볼이 플레이어의 플레이 선상 또는 그 선 가까이에 있으므로, 플레이어의 의도대로 스트로크하면, 플레이어의 움직이는 볼이 그 볼을 맞힐 수 있는 합리적인 기회가 있는 경우
- 다른 플레이어의 정지한 볼이 플레이어가 스트로크할 때 집중하는 데 방해가 될 정도로 가까이 있는 경우

(2) 방해되는 볼로부터 구제가 허용되는 경우 - 플레이어가 코스 상에 있는 다른 플레이어의 볼이 자신의 플레이에 방해가 될 수도 있다고 합리적으로 확신하는 경우:

- 플레이어는 다른 플레이어에게 그 지점을 마크하고 볼을 집어 올려달라고 요구할 수 있음(규칙 14.1 참조). 이 경우, 그 볼을 닦아서는 안 되며(규칙 13.1b에 따라 퍼팅그린에서 볼을 집어 올린 경우는 예외), 그 볼은 반드시 원래의 지점에 리플레이스하여야 함(규칙 14.2 참조)
- 다른 플레이어가 그 볼을 집어 올리기 전에 그 지점을 마크하지 않았거나 집어 올린 볼을 닦는 것이 허용되지 않는데 닦은 경우, 그 다른 플레이어는 1벌타를 받음
- 스트로크플레이에 한하여, 본 규칙에 따라 볼을 집어 올릴 것을 요구받은 플레이어는 그 볼을 집어 올리는 대신 먼저 플레이할 수 있음

플레이어가 자신의 볼이 다른 플레이어의 플레이에 방해가 될 수도 있다는 플레이어 혼자만의 확신으로 자신의 볼을 집어 올리는 것은 본 규칙에 따라 허용되지 않음

다른 플레이어가 플레이어의 볼을 집어 올릴 것을 요구하지도 않았는데 플레이어가 자신의 볼을 집어 올린 경우, 플레이어는 1벌타를 받음(규칙 13.1b에 따라 퍼팅그린에서 볼을 집어 올린 경우는 예외)

3. 15.3c 볼마커가 플레이에 도움이 되거나 방해가 되는 경우

볼마커가 플레이에 도움이 되거나 방해가 될 수도 있는 경우, 플레이어는 다음과 같이 할 수 있음:

- 그것이 자신의 볼마커인 경우, 그 볼마커를 옮겨놓을 수 있음
- 그것이 다른 플레이어의 볼마커인 경우, 그 다른 플레이어에게 그것을 옮겨달라고 요구할 수 있음. 이는 규칙 15.3a와 규칙 15.3b에 따라 플레이어가 다른 플레이어에게 볼을 집어 올릴 것을 요구할 수 있는 것과 같음

그 볼마커는 반드시 그 원래의 지점으로부터 측정한 새로운 지점으로 옮겨주어야 함(예 클럽 헤드 길이의 한두 배 정도 떨어진 지점)

그 볼마커를 원래의 지점에 되돌려놓는 경우, 플레이어는 그 볼마커를 새로운 지점으로 옮겨놓을 때 사용한 순서를 거꾸로 밟아서 옮겨놓았던 거리만큼 되돌려놓아야 함

즉, 플레이어가 플레이에 방해가 되는 볼을 그 볼로부터 일정한 거리를 측정하여 옮겨놓았던 경우와 동일한 과정을 적용하여야 함

규칙 15.3의 위반에 대한 페널티: 일반 페널티

이 페널티는 다음과 같은 경우에도 적용:

- 다른 플레이어가 (1) 본 규칙에 따라 플레이에 도움이 되는 볼이나 볼마커를 집어 올리거나 옮겨놓으려고 하였거나 (2) 누군가에게 그렇게 해달라고 요구한 것을 플레이어가 인지하였지만, 그 다른 플레이어나 누군가가 그렇게 하는 것을 기다리지 않고 그대로 스트로크를 한 경우
- 플레이어가 자신의 볼이나 볼마커를 집어 올리거나 옮겨달라는 요구를 받고도 그 요구를 거절하여, 다른 플레이어가 자신의 플레이에 도움이 되거나 방해가 될 수도 있는 상황에서 그대로 스트로크를 하게 된 경우

규칙 15.3을 위반하여 잘못된 장소에서 플레이한 것에 대한 페널티: 규칙 14.7a에 따라 일반 페널티

02 규칙 16 - 비정상적인 코스상태(움직일 수 없는 장해물 포함), 위험한 동물이 있는 상태 · 박힌 볼로부터의 구제

> **● 목적 ●**
>
> 규칙 16은 비정상적인 코스상태나 위험한 동물이 있는 상태로 인한 방해가 있을 때, 언제 그리고 어떻게 플레이어가 다른 장소에서 플레이하여 페널티 없는 구제를 받을 수 있는가에 관한 규칙
> - 이런 상태들은 플레이어가 코스를 플레이하는 도전 일부로 간주되지 않으며, 페널티구역 이외의 곳에서는 일반적으로 페널티 없는 구제가 허용
> - 원칙적으로 플레이어는 가장 가까운 완전한 구제지점을 기준으로 하는 구제구역에 볼을 드롭하여 구제 받으며, 또한 본 규칙에서는 일반구역에서 플레이어의 볼이 그 볼 자체의 피치마크에 박힌 경우에 허용되는 페널티 없는 구제를 다루고 있음

1 16.1 비정상적인 코스상태(움직일 수 없는 장해물 포함) ★★
[Abnormal Course Conditions(Including Immovable Obstructions)]

본 규칙은 동물이 만든 구멍·수리지·움직일 수 없는 장해물·일시적으로 고인 물로 인한 방해로부터 허용되는 페널티 없는 구제에 관한 규칙

- 이런 것들은 통틀어 비정상적인 코스상태라고 일컬어지며, 각 용어에 대한 정의는 「용어의 정의」에 나와 있음
- 움직일 수 있는 장해물(규칙 15.2a에 따라, 다른 유형의 페널티 없는 구제가 허용됨)·코스의 경계물·코스와 분리할 수 없는 물체(페널티 없는 구제가 허용되지 않음)로부터의 구제는 본 규칙에 따라 허용되는 것이 아님

1. 16.1a 구제가 허용되는 경우

(1) 비정상적인 코스상태로 인한 방해의 의미 - 본 규칙에 따른 방해는 다음과 같은 경우에 존재:

- 플레이어의 볼이 비정상적인 코스상태에 닿아있거나 그 비정상적인 코스상태의 안이나 위에 있는 경우
- 비정상적인 코스상태가 플레이어의 의도된 스탠스 구역이나 의도된 스윙 구역에 물리적으로 방해가 되는 경우
- 플레이어의 볼이 퍼팅그린에 있는 경우에 한하여, 퍼팅그린 안팎의 비정상적인 코스상태가 플레이 선 상에 개재하는 경우

비정상적인 코스상태가 플레이어가 집중하는 데 방해가 될 정도로 가까이 있기는 하지만, 위의 요건에 부합되지는 않는 경우, 본 규칙에 따른 방해는 없음

「위원회 절차」: 위원회는 비정상적인 코스상태가 의도하는 스탠스 구역에만 방해가 되는 경우에는 구제를 허용하지 않는 로컬룰을 채택할 수 있음

(2) 볼이 페널티구역에 있는 경우 이외에는 코스 어디에서나 구제가 허용 - 비정상적인 코스상태로 인한 방해로부터의 구제는 다음의 두 가지 조건을 모두 충족시키는 경우에 한하여 규칙 16.1에 따라 허용:

- 그 비정상적인 코스상태가 코스 상에(아웃오브바운즈가 아닌) 있고,
- 볼이 코스 상에 있는 경우 - 다만 볼이 페널티구역에 있는 경우는 예외(페널티구역에서 받을 수 있는 구제는 규칙 17에 따른 구제뿐)

(3) 볼을 플레이하기가 명백하게 불합리한 경우에는 구제를 받을 수 없음 - 다음과 같은 경우, 규칙 16.1에 따른 구제를 받을 수 없음

- 비정상적인 코스상태 때문이 아니라 페널티 없는 구제가 허용되지 않는 다른 이유로, 플레이어가 그 볼을 놓인 그대로 플레이하기가 명백하게 불합리한 경우(예 볼이 덤불 속에 놓여 있으므로 플레이어가 스트로크할 수 없는 경우)
- 플레이어가 그런 상황에서 선택하기에는 명백하게 불합리한 클럽·스탠스나 스윙의 유형·플레이 방향을 선택할 때만 방해가 존재하는 경우

「위원회 절차」: 위원회는 코스 안팎에 있는 움직일 수 없는 임시 장해물로 인한 방해로부터 페널티 없는 구제를 허용하는 로컬룰을 채택할 수 있음

2. 16.1b 일반구역에 있는 볼에 대한 구제

플레이어의 볼이 일반구역에 있고 코스 상에 있는 비정상적인 코스상태로 인한 방해가 있는 경우, 플레이어는 다음의 조건을 모두 충족시키는 구제구역에 원래의 볼이나 다른 볼을 드롭하여 페널티 없는 구제를 받을 수 있음(규칙 14.3 참조):

- 기준점: 일반구역에 있는 가장 가까운 완전한 구제지점
- 구제구역의 크기: 기준점으로부터 한 클럽 길이 이내의 구역
- 구제구역의 위치 제한:
  - 구제구역은 반드시 일반구역에 있어야 하고
  - 기준점보다 홀에 더 가깝지 않아야 하며
  - 비정상적인 코스상태로 인한 모든 방해로부터 완전한 구제를 받는 구역이어야 함

3. 16.1c 벙커에 있는 볼에 대한 구제 ★

플레이어의 볼이 벙커에 있고 코스 상에 있는 비정상적인 코스상태로 인한 방해가 있는 경우, 플레이어는 (1)에 따라 페널티 없는 구제를 받을 수도 있고, (2)에 따라 페널티 구제를 받을 수도 있음:

(1) 페널티 없는 구제: 벙커에서 플레이하기 - 플레이어는 규칙 16.1b에 따라 페널티 없는 구제를 받을 수 있음. 다만 다음과 같은 제한을 받음:

- 가장 가까운 완전한 구제지점과 구제구역은 반드시 그 벙커 안에 있어야 함
- 그 벙커 안에 가장 가까운 완전한 구제지점이 없는 경우, 그 벙커 안에 있는 최대한의 구제지점을 기준점으로 사용하여 페널티 없는 구제를 받을 수 있음

(2) 페널티 구제: 벙커 밖에서 플레이하기(후방선 구제) ★★ - 플레이어는 1벌타를 받고, 원래의 볼이 있는 지점이 볼을 드롭하는 지점과 홀 사이에 있는 상태를 유지하면서, 그 벙커 밖에 원래의 볼이나 다른 볼을 드롭할 수 있음(규칙 14.3 참조)(후방으로 얼마나 멀리 드롭할 것인가에 대한 거리 제한은 없음). 후방선 구제를 받는 경우, 구제구역은 그 후방선상에 볼이 드롭될 때 최초로 지면에 닿은 지점으로부터 어느 방향으로든 한 클럽 길이 이내의 구역으로 결정. 그러나 다음과 같은 제한을 받음:

- 구제구역의 위치 제한:
  - 구제구역은 원래의 볼이 있는 지점보다 홀에 더 가까워서는 안 되며
  - 그 벙커 이외의 어떤 코스의 구역에나 있을 수 있음
  - 그러나 그 볼이 드롭될 때 최초로 지면에 닿은 구역과 동일한 코스의 구역에 있어야 함

4. 16.1d 퍼팅그린에 있는 볼에 대한 구제

플레이어의 볼이 퍼팅그린에 있고 코스 상에 있는 비정상적인 코스상태로 인한 방해가 있는 경우, 플레이어는 규칙 14.2b(2)와 14.2e의 리플레이스 절차를 사용하여, 가장 가까운 완전한 구제지점에 원래의 볼이나 다른 볼을 플레이스하여 페널티 없는 구제를 받을 수 있음

- 가장 가까운 완전한 구제지점은 반드시 그 퍼팅그린이나 일반구역에 있어야 함
- 그 퍼팅그린이나 일반구역에 가장 가까운 완전한 구제지점이 없는 경우, 플레이어는 최대한의 구제지점을 기준점으로 사용하여 페널티 없는 구제를 받을 수 있음. 이 경우, 그 최대한의 구제지점은 반드시 그 퍼팅그린이나 일반구역에 있어야 함

5. 16.1e 비정상적인 코스상태 안이나 위에 있는 볼이 발견되지 않은 경우의 구제

플레이어의 볼이 발견되지 않았지만, 그 볼이 코스 상의 비정상적인 코스상태 안이나 위에 정지한 것을 알고 있거나 사실상 확실한 경우, 플레이어는 스트로크와 거리 구제를 받는 대신 다음과 같은 구제방법을 사용할 수 있음:

- 플레이어는 자신의 볼이 그 비정상적인 코스상태의 경계를 마지막으로 통과한 것으로 추정되는 지점을 가장 가까운 완전한 구제지점을 찾기 위한 지점으로 사용하여, 규칙 16.1b, c, d에 따라 구제를 받을 수 있음
- 플레이어가 이 방법으로 구제를 받기 위하여 다른 볼을 인플레이한 경우,
  - 원래의 볼은 더는 인플레이 상태가 아니므로, 그 볼을 플레이해서는 안 됨
  - 볼 찾기에 허용되는 시간(3분)이 종료되기 전에 원래의 볼이 코스에서 발견되더라도, 그 볼은 더는 인플레이 상태가 아니므로, 그 볼을 플레이해서는 안 됨(규칙 6.3b 참조)

그러나 그 볼이 비정상적인 코스상태 안이나 위에 정지한 것을 알고 있거나 사실상 확실한 상황이 아닌데 그 볼이 분실된 경우, 플레이어는 반드시 규칙 18.2에 따라 스트로크와 거리 구제를 받아야 함

6. 16.1f 비정상적인 코스상태에 있는 플레이금지구역으로 인한 방해를 받는 경우, 반드시 구제를 받아야 함 ★★

다음과 같은 상황에서는 볼이 놓인 그대로 플레이해서는 안 됨:

(1) 볼이 페널티구역 이외의 코스 상에 있는 플레이금지구역에 있는 경우의 구제 - 플레이어의 볼이 일반구역·벙커·퍼팅그린에 있는 비정상적인 코스상태 안이나 위의 플레이금지구역에 있는 경우:

- 일반구역에 있는 플레이금지구역 - 플레이어는 반드시 규칙 16.1b에 따라 페널티 없는 구제를 받아야 함
- 벙커에 있는 플레이금지구역 - 플레이어는 반드시 규칙 16.1c(1)에 따라 페널티 없는 구제를 받거나 규칙 16.1c(2)에 따라 페널티 구제를 받아야 함
- 퍼팅그린에 있는 플레이금지구역 - 플레이어는 반드시 규칙 16.1d에 따라 페널티 없는 구제를 받아야 함

(2) 플레이금지구역이 페널티구역 이외의 코스 상에 있는 볼을 위한 스탠스나 스윙에 방해가 되는 경우의 구제 - 플레이어의 볼이 플레이금지구역 밖에 있으면서 일반구역이나 벙커 또는 퍼팅그린에 있는데, 플레이금지구역(비정상적인 코스상태에 있거나 페널티구역에 있는)이 플레이어의 의도된 스탠스나 의도된 스윙 구역에 방해가 되는 경우:

- 플레이어는 반드시 그 볼이 일반구역·벙커·퍼팅그린 중 어디에 있었는가에 따라 규칙 16.1b, c, d에 따라 허용되는 구제를 받아야 함
- 또는 규칙 19에 따라 언플레이어블볼 구제를 받아야 함

페널티구역에 있는 볼이 플레이금지구역으로 인한 방해를 받는 경우의 처리방법에 대해서는 규칙 17.1e를 참조

규칙 16.1을 위반하여 잘못된 장소에서 플레이한 것에 대한 페널티: 규칙 14.7a에 따라 일반 페널티

2 16.2 위험한 동물이 있는 상태(Dangerous Animal Condition)

1. 16.2a 구제가 허용되는 경우

'위험한 동물이 있는 상태'는 플레이어의 볼 가까이에 있는 위험한 동물(예 독사·말벌·악어·불개미·곰)이 플레이어가 그 볼을 놓인 그대로 플레이하였다면 플레이어에게 심각한 신체적 위해를 일으켰을 수도 있는 경우에 존재

플레이어의 볼이 코스 어디에 있든, 플레이어는 위험한 동물이 있는 상태로 인한 방해로부터 규칙 16.2b에 따라 구제를 받을 수 있음

코스에서 신체적인 상해를 일으킬 수 있는 그 밖의 상황(예 선인장)에는 본 규칙이 적용되지 않음

2. 16.2b 위험한 동물이 있는 상태로부터의 구제 ★

위험한 동물이 있는 상태로 인한 방해가 있는 경우,

(1) **볼이 페널티구역 이외의 곳에 있는 경우** - 플레이어는 일반구역·벙커·퍼팅그린 중 어디에 있었는가에 따라 규칙 16.1b, c, d에 따라 허용되는 구제를 받을 수 있음

(2) **볼이 페널티구역에 있는 경우** - 플레이어는 다음과 같이 페널티 없는 구제를 받을 수도 있고, 페널티 구제를 받을 수도 있음:

- 페널티 없는 구제: 페널티구역 안에서 플레이하기 - 플레이어는 규칙 16.1b에 따라 페널티 없는 구제를 받을 수 있음. 다만 가장 가까운 완전한 구제지점과 구제구역은 반드시 그 페널티구역 안에 있어야 함
- 페널티 구제: 페널티구역 밖에서 플레이하기
  - 플레이어는 규칙 17.1d에 따라 페널티 구제를 받을 수 있음
  - 페널티구역 밖에서 페널티 구제를 받고 플레이하려는 곳에 위험한 동물이 있는 상태로 인한 방해가 있는 경우, 플레이어는 추가 페널티 없이 위의 (1)에 따른 구제를 추가로 받을 수 있음

(3) **볼을 플레이하는 것이 명백하게 불합리한 경우에는 페널티 없는 구제를 받을 수 없음** - 다음과 같은 경우, 플레이어는 규칙 16.2b에 따른 페널티 없는 구제를 받을 수 없음:

- 위험한 동물이 있는 상태 때문이 아니라 페널티 없는 구제가 허용되지 않는 다른 이유로, 플레이어가 그 볼을 놓인 그대로 플레이하기가 명백하게 불합리한 경우(예 볼이 덤불 속에 놓여있기 때문에 플레이어가 스트로크할 수 없는 경우)
- 플레이어가 그런 상황에서 선택하기에는 명백하게 불합리한 클럽·스탠스나 스윙의 유형·플레이 방향을 선택할 때만 방해가 존재하는 경우

본 규칙의 목적상, 가장 가까운 완전한 구제지점은 위험한 동물이 있는 상태가 존재하지 않는 가장 가까운 (그러나 홀에 더 가깝지 않은) 지점을 의미

규칙 16.2를 위반하여 잘못된 장소에서 플레이한 것에 대한 페널티: 규칙 14.7a에 따라 일반 페널티

3 16.3 박힌 볼(Embedded Ball) ★★

1. 16.3a 구제가 허용되는 경우

(1) 볼이 반드시 일반구역에 박힌 경우이어야 함 - 규칙 16.3b에 따른 구제가 허용되는 것은 플레이어의 볼이 일반구역에 박힌 경우뿐임

- 볼이 일반구역 이외의 곳에 박힌 경우, 본 규칙에 따른 구제를 받을 수 없음
- 그러나 볼이 퍼팅그린에 박힌 경우, 플레이어는 그 볼의 지점을 마크하고 그 볼을 집어 올려 닦고 그 볼의 충격으로 인한 손상을 수리한 후 그 볼을 원래의 지점에 리플레이스할 수 있음(규칙 13.1c(2) 참조)

  예외 일반구역에 박힌 볼에 대한 구제가 허용되지 않는 경우(다음과 같은 경우, 규칙 16.3b에 따른 구제가 허용되지 않음):

- 페어웨이 잔디의 길이와 같거나 그보다 짧게 깎여 있지 않은 일반구역에 있는 모래에 볼이 박힌 경우
- 박힌 볼 때문이 아니라 페널티 없는 구제가 허용되지 않는 다른 이유로, 플레이어가 그 볼을 놓인 그대로 플레이하기가 명백하게 불합리한 경우(예 볼이 덤불 속에 놓여있기 때문에 플레이어가 스트로크할 수 없는 경우)

(2) 박힌 볼인지 여부를 판단하기 - 다음과 같은 때에만, 플레이어의 볼은 박힌 볼

- 플레이어의 볼이 직전의 스트로크로 인하여 생긴 그 볼 자체의 피치 마크 안에 들어간 채,
- 그 볼의 일부가 지표면 아래에 있는 경우

  플레이어가 자신의 볼이 그 볼 자체의 피치 마크 안에 있는지 다른 볼의 피치 마크 안에 있는지 확실하게 말할 수는 없지만, 이용할 수 있는 정보를 근거로 그 볼이 그 자체의 피치 마크 안에 있다고 결론을 내리는 것이 합리적인 경우, 플레이어는 그 볼을 박힌 볼로 간주할 수 있음

  플레이어 직전의 스트로크가 아닌 다른 이유로 볼이 지표면 아래에 있는 다음과 같은 경우, 그 볼은 박힌 볼이 아님:

- 누군가가 볼을 밟아서 그 볼이 땅속으로 밀려든 경우
- 볼이 전혀 공중으로 뜨지 않고 곧장 지면에 처박힌 경우
- 볼이 규칙에 따른 구제를 받고 드롭된 경우

2. 16.3b 박힌 볼에 대한 구제

플레이어의 볼이 일반구역에 박힌 상태라서 규칙 16.3a에 따른 구제가 허용되는 경우, 플레이어는 다음의 조건을 모두 충족시키는 구제구역에 원래의 볼이나 다른 볼을 드롭하여 페널티 없는 구제를 받을 수 있음(규칙 14.3 참조):

- <u>기준점</u>: 볼이 박힌 곳 바로 뒤의 일반구역에 있는 지점
- <u>구제구역의 크기</u>: 기준점으로부터 한 클럽 길이 이내의 구역
- <u>구제구역의 위치 제한</u>:
  - 구제구역은 반드시 일반구역에 있어야 하며
  - 기준점보다 홀에 더 가깝지 않아야 함

「위원회 절차」: 위원회는 잔디 길이가 페어웨이의 잔디 길이와 같거나 그보다 짧은 구역에 박힌 볼만 구제를 허용하는 로컬룰을 채택할 수 있음

규칙 16.3을 위반하여 잘못된 장소에서 플레이한 것에 대한 페널티: 규칙 14.7a에 따라 일반 페널티

4 16.4 구제가 허용되는 상태에 놓인 볼인지 확인하기 위하여 볼을 집어 올리는 경우(Lifting Ball to See If It Lies in Condition Where Relief Allowed)

플레이어가 자신의 볼이 규칙 15.2나 16.1 또는 16.3에 따른 페널티 없는 구제가 허용되는 상태에 놓였다고 합리적으로 확신하지만, 그 볼을 집어 올려보지 않고는 판단할 수 없는 경우:

- 플레이어는 구제가 허용되는지 확인하기 위하여 그 볼을 집어 올릴 수 있음
- 그러나 그 볼을 집어 올리기 전에 반드시 그 지점을 먼저 마크하여야 하고, 그 집어 올린 볼을 닦아서는 안 됨(퍼팅그린에서는 예외)(규칙 14.1 참조)

  플레이어가 이런 합리적인 확신 없이 그 볼을 집어 올린 경우(규칙 13.1b에 따라 볼을 집어 올릴 수 있는 퍼팅그린에서는 예외), 플레이어는 1벌타를 받음

  구제가 허용되어 구제를 받을 때는 플레이어가 그 볼을 집어 올리기 전에 마크하지 않았거나 집어 올린 볼을 닦았더라도, 페널티가 없음

  구제가 허용되지 않는 경우 또는 구제는 허용되지만, 플레이어가 구제를 받지 않기로 선택한 경우,

- 그 볼을 집어 올리기 전에 그 지점을 마크하지 않았거나 집어 올린 볼을 닦는 것이 허용되지 않는데 닦은 경우, 플레이어는 1벌타를 받음
- 그 볼은 반드시 원래의 지점에 리플레이스하여야 함(규칙 14.2 참조)

규칙 16.4를 위반하여 잘못된 장소에서 플레이한 것에 대한 페널티: 규칙 14.7a에 따라 일반 페널티

Chapter 07 페널티 구제(규칙 17~19)

01 규칙 17 - 페널티구역

> **목적**
> 규칙 17은 페널티구역에 관한 특정한 규칙. 페널티구역은 모든 종류의 수역과 위원회가 페널티구역으로 규정한 그 밖의 구역으로, 그 구역에서는 종종 볼을 분실하거나 플레이할 수 없게 되는 상황이 일어남. 이 같은 경우, 플레이어는 1벌타를 받고 페널티구역 밖에서 볼을 플레이하기 위한 특정한 구제방법을 사용할 수 있음

1 17.1 볼이 페널티구역에 있는 경우의 선택사항 (Options for Ball in Penalty Area)

페널티구역은 빨간 페널티구역 또는 노란 페널티구역으로 규정. 각 구역의 색깔은 플레이어가 선택할 구제방법에 영향을 미친다(규칙 17.1d 참조).

플레이어는 페널티구역 밖에 있는 볼을 플레이하기 위하여 그 페널티구역 안에 설 수 있고, 페널티구역으로부터 구제를 받은 후에도 그 페널티구역 안에 설 수 있음

1. 17.1a 볼이 페널티구역에 있는 경우

다음과 같은 경우, 그 볼은 페널티구역에 있는 볼:

- 볼 일부라도 페널티구역의 경계 안에 있는 지면이나 물체(예 자연물이나 인공물) 위에 놓여 있거나 닿아있는 경우
- 볼 일부라도 페널티구역의 경계보다 위에 또는 그 페널티구역의 다른 어떤 부분보다 위에 있는 경우

  볼의 일부는 페널티구역에 있고 일부는 다른 코스의 구역에 있는 경우에 대해서는 규칙 2.2c를 참조

2. 17.1b 플레이어는 페널티구역에 있는 볼을 놓인 그대로 플레이할 수도 있고, 페널티 구제를 받고 플레이할 수도 있음

플레이어의 볼이 페널티구역에 있는 경우:

- 플레이어는 일반구역에 있는 볼에 적용되는 규칙과 동일한 규칙에 따라 페널티 없이 그 볼을 놓인 그대로 플레이할 수도 있고(이는 페널티구역에서 볼을 플레이하는 방법을 제한하는 특정한 규칙은 없다는 것을 의미),
- 규칙 17.1d나 17.2에 따른 페널티 구제를 받고 페널티구역 밖에서 플레이할 수도 있음

  예외 페널티구역에 있는 플레이금지구역으로 인한 방해가 있는 경우, 반드시 구제를 받아야 함(규칙 17.1e 참조)

3. 17.1c 페널티구역에 있는 볼이 발견되지 않은 경우의 구제 ★

플레이어의 볼이 발견되지는 않았지만, 그 볼이 페널티구역에 정지한 것을 알고 있거나 사실상 확실한 경우:

- 플레이어는 규칙 17.1d 또는 17.2에 따라 페널티 구제를 받을 수 있음

- 플레이어가 이 방법으로 구제를 받기 위하여 다른 볼을 인플레이한 경우:
  - 원래의 볼은 더는 인플레이 상태가 아니므로, 그 볼을 플레이해서는 안 됨
  - 볼 찾기에 허용되는 시간(3분)이 종료되기 전에 원래의 볼이 코스에서 발견되더라도, 그 볼은 더는 인플레이 상태가 아니므로, 그 볼을 플레이해서는 안 됨(규칙 6.3b 참조)

그러나 그 볼이 페널티구역에 정지한 것을 알고 있거나 사실상 확실한 상황이 아닌데 그 볼이 분실된 경우, 플레이어는 반드시 규칙 18.2에 따라 스트로크와 거리 구제를 받아야 함

4. 17.1d 페널티구역에 있는 볼에 대한 구제 ★★

플레이어의 볼이 페널티구역에 있는 경우(그 볼이 발견되지는 않았지만, 페널티구역에 있는 것을 알고 있거나 사실상 확실한 경우 포함), 플레이어는 1벌타를 받고 구제를 받을 수 있음:

(1) 스트로크와 거리 구제 - 플레이어는 직전의 스트로크를 한 곳에서 원래의 볼이나 다른 볼을 플레이할 수 있음(규칙 14.6 참조)

(2) 후방선 구제 - 플레이어는 원래의 볼이 페널티구역의 경계를 마지막으로 통과한 것으로 추정되는 지점이 볼을 드롭하는 지점과 홀 사이에 있는 상태를 유지하면서, 그 페널티구역 밖에 원래의 볼 또는 다른 볼을 드롭할 수 있음(규칙 14.3 참조)(후방으로 얼마나 멀리 드롭하는가에 대한 거리 제한은 없음). 후방선 구제를 받는 경우, 구제구역은 그 후방선상에 볼이 드롭될 때 최초로 지면에 닿은 지점으로부터 어느 방향으로든 한 클럽 길이 이내의 구역으로 결정. 그러나 다음과 같은 제한을 받음:

- 구제구역의 위치 제한:
  - 구제구역은 반드시 원래의 볼이 그 페널티구역의 경계를 마지막으로 통과한 것으로 추정되는 지점보다 홀에 더 가깝지 않아야 하며
  - 그 페널티구역 이외의 어떤 코스의 구역에나 있을 수 있음
  - 그러나 그 볼이 드롭될 때 최초로 지면에 닿은 구역과 동일한 코스의 구역에 있어야 함

(3) 측면 구제(빨간 페널티구역에 국한) - 플레이어의 볼이 빨간 페널티구역의 경계를 마지막으로 통과한 경우, 플레이어는 다음의 조건을 모두 충족시키는 측면 구제구역에 원래의 볼이나 다른 볼을 드롭할 수 있음(규칙 14.3 참조):

- 기준점: 원래의 볼이 그 빨간 페널티구역의 경계를 마지막으로 통과한 것으로 추정되는 지점
- 구제구역의 크기: 기준점으로부터 두 클럽 길이 이내의 구역
- 구제구역의 위치 제한:
  - 구제구역은 반드시 기준점보다 홀에 더 가깝지 않아야 하며
  - 그 페널티구역 이외의 어떤 코스의 구역에나 있을 수 있음
  - 그러나 기준점으로부터 두 클럽 길이 이내에 두 가지 이상의 코스의 구역이 있는 경우, 그 볼은 반드시 그 볼이 드롭될 때 최초로 지면에 닿은 구역과 동일한 코스의 구역에 있는 구제구역에 정지하여야 함

규칙 25.4m (규칙 17.1d(3)를 바퀴가 달린 이동장치를 사용하는 플레이어에게 적용하는 경우, 측면 구제구역의 크기를 네 클럽 길이 이내로 확장하는 것으로 수정) 참조

「위원회 절차」: 위원회는 빨간 페널티구역의 맞은편에 홀로부터 등거리에 있는 구제구역에서도 측면 구제를 허용하는 로컬룰을 채택할 수 있음

5. 17.1e 페널티구역에 있는 플레이금지구역으로 인한 방해를 받는 경우, 반드시 구제를 받아야 함

다음과 같은 경우, 플레이어는 그 볼을 놓인 그대로 플레이해서는 안 됨

(1) 볼이 페널티구역에 있는 플레이금지구역에 있는 경우 - 플레이어는 반드시 규칙 17.1d 또는 17.2에 따라 페널티 구제를 받아야 함

플레이어가 본 규칙에 따라 구제를 받은 후에도 여전히 플레이금지구역으로 인한 방해가 있는 경우, 그 볼은 놓인 그대로 플레이해서는 안 됨. 플레이어는 반드시 규칙 16.1f(2)에 따른 구제를 추가로 받아야 함

(2) 코스상의 플레이금지구역이 페널티구역에 있는 볼을 위한 스탠스나 스윙에 방해가 되는 경우 - 플레이어의 볼이 페널티구역 안에 있고 플레이금지구역 밖에 있지만, 플레이금지구역(비정상적인 코스상태에 있든 페널티구역에 있든)이 플레이어의 의도된 스탠스 구역이나 의도된 스윙 구역에 방해가 되는 경우,

플레이어는 반드시 규칙 17.1d 또는 17.2에 따라 그 페널티구역 밖에서 페널티 구제를 받아야 함

또는 반드시 다음의 조건을 모두 충족시키는 구제구역(그런 구제구역이 존재한다면)에 원래의 볼이나 다른 볼을 드롭하여 페널티 없는 구제를 받아야 함(규칙 14.3 참조)

- 기준점: 그 플레이금지구역으로부터 가장 가까운 완전한 구제지점
- 구제구역의 크기: 기준점으로부터 한 클럽 길이 이내의 구역
- 구제구역의 위치 제한:
  - 구제구역은 반드시 그 볼이 놓인 페널티구역과 동일한 페널티구역에 있어야 하며
  - 기준점보다 홀에 더 가깝지 않아야 함

(3) 명백하게 불합리한 경우에는 페널티 없는 구제를 받을 수 없음 - 다음과 같은 경우, 플레이어는 플레이금지구역으로 인한 방해로부터 (2)에 따른 페널티 없는 구제를 받을 수 없음

- 플레이금지구역 때문이 아니라 페널티 없는 구제가 허용되지 않는 다른 이유로, 플레이어가 그 볼을 놓인 그대로 플레이하기가 명백하게 불합리한 경우(예 볼이 넘불 속에 놓여있기 때문에 플레이어가 스트로크할 수 없는 경우)
- 플레이어가 그런 상황에서 선택하기에는 명백하게 불합리한 클럽·스탠스나 스윙의 유형·플레이 방향을 선택할 때만 방해가 존재하는 경우

페널티구역 이외의 곳에 있는 볼이 플레이금지구역으로 인한 방해를 받는 경우의 처리방법에 대해서는 규칙 16.1f를 참조

규칙 17.1을 위반하여 잘못된 장소에서 플레이한 것에 대한 페널티: 규칙 14.7a에 따라 일반 페널티

2 17.2 페널티구역에서 볼을 플레이한 후의 선택사항 ★
(Options After Playing Ball from Penalty Area)

1. 17.2a 페널티구역에서 플레이한 볼이 동일한 페널티구역 또는 다른 페널티구역에 정지한 경우

페널티구역에서 플레이한 볼이 동일한 페널티구역 또는 다른 페널티구역에 정지한 경우, 플레이어는 그 볼을 놓인 그대로 플레이할 수도 있고(규칙 17.1b 참조), 1벌타를 받고, 다음의 구제방법 중 한 가지 방법에 따라 구제를 받을 수도 있음

(1) 일반적인 구제방법 - 플레이어는 규칙 17.1d(1)에 따른 스트로크와 거리 구제 또는 규칙 17.1d(2)에 따른 후방선 구제 또는 규칙 17.1d(3)에 따른 측면 구제(빨간 페널티구역에 국한)를 받을 수 있음

규칙 17.1d(2) 또는 (3)에 따라 구제를 받는 경우, 구제구역을 결정할 때 사용하는 추정 지점은 원래의 볼이 현재 놓여 있는 페널티구역의 경계를 마지막으로 통과한 지점임

플레이어가 그 페널티구역에 볼을 드롭하여 스트로크와 거리 구제를 받은 후(규칙 14.6 참조) 그 드롭된 볼이 정지한 곳에서 그 볼을 플레이하지 않기로 한 경우,

- 플레이어는 규칙 17.1d(2)나 (3)(빨간 페널티구역에 국한) 또는 규칙 17.2a(2)에 따라 그 페널티구역 밖에서 추가로 구제를 받을 수 있음
- 이처럼 추가로 구제를 받을 때는 **1벌타**가 추가되므로, 플레이어는 **총 2벌타**를 받음: 즉, 스트로크와 거리 구제로 인한 1벌타와 페널티구역 밖 구제로 인한 1벌타를 합하여 **총 2벌타**를 받음

(2) 추가적인 구제방법: 페널티구역 밖에서 마지막으로 스트로크를 한 곳에서 플레이하기 - (1)의 일반적인 구제방법 중 한 가지 방법을 사용하는 대신, 플레이어는 페널티구역 밖에서 마지막으로 스트로크를 한 곳에서 원래의 볼이나 다른 볼을 플레이하는 방법을 선택할 수도 있음(규칙 14.6 참조)

2. 17.2b 페널티구역에서 플레이한 볼이 페널티구역 밖에서 분실되거나 아웃오브바운즈에 있거나 플레이할 수 없는 상태가 된 경우

페널티구역에서 볼을 플레이한 후 원래의 볼이 다음과 같이 된 경우, 때로는 스트로크와 거리 구제를 받을 것이 요구되고, 때로는 스트로크와 거리 구제를 선택할 수 있음:

- 원래의 볼이 아웃오브바운즈에 있거나 그 페널티구역 밖에서 분실된 경우(규칙 18.2 참조)
- 원래의 볼이 그 페널티구역 밖에서 플레이할 수 없는 상태가 된 경우(규칙 19.2a 참조)
- 플레이어가 그 페널티구역에 볼을 드롭하여 스트로크와 거리 구제(규칙 14.6 참조)를 받은 후 그 드롭된 볼이 정지한 곳에서 그 볼을 플레이하지 않기로 한 경우:
- 플레이어는 규칙 17.1d(2)나 (3)(빨간 페널티구역에 국한) 또는 규칙 17.2a(2)에 따라 그 페널티구역 밖에서 추가로 구제를 받을 수도 있음
- 이처럼 추가로 구제를 받을 때는 **1벌타**가 추가되므로, 플레이어는 **총 2벌타**를 받음: 즉, 스트로크와 거리 구제로 인한 1벌타와 페널티구역 밖 구제로 인한 1벌타를 합하여 **총 2벌타**를 받음

이 경우, 플레이어가 먼저 그 페널티구역에 볼을 드롭하지 않고 곧바로 그 페널티구역 밖에서 이와 같은 구제를 받을 수도 있음. 그러나 이 경우에도 플레이어가 받게 되는 벌타는 **총 2벌타**

규칙 17.2를 위반하여 잘못된 장소에서 볼을 플레이한 것에 대한 페널티: 규칙 14.7a에 따라 일반 페널티

3 17.3 볼이 페널티구역에 있는 경우, 다른 규칙에 따라 구제를 받을 수 없음 (No Relief Under Other Rules for Ball in Penalty Area)

플레이어의 볼이 페널티구역에 있는 경우, 다음과 같은 것들로부터 구제를 받을 수 없음:

- 비정상적인 코스상태로 인한 방해(규칙 16.1)
- 박힌 볼(규칙 16.3)
- 언플레이어블볼(규칙 19)

페널티구역에서 플레이어가 선택할 수 있는 유일한 구제방법은 규칙 17에 따른 페널티 구제뿐임

그러나 위험한 동물이 있는 상태가 페널티구역에 있는 볼을 플레이할 때 방해가 되는 경우, 플레이어는 페널티구역에서 페널티 없는 구제를 받을 수도 있고, 페널티구역 밖에서 페널티 구제를 받을 수도 있음(규칙 16.2b(2) 참조)

02 규칙 18 - 스트로크와 거리 구제, 분실된 볼, 아웃오브바운즈, 프로비저널볼

> **● 목적 ●**
> 규칙 18은 스트로크와 거리의 페널티 구제를 받는 것에 관한 규칙. 볼이 페널티구역 밖에서 분실되거나 아웃오브바운즈에 정지하는 경우, 티잉구역으로부터 홀까지 요구되는 플레이의 연속성이 깨짐; 플레이어는 반드시 직전의 스트로크를 한 곳에서 다시 플레이하여 그 연속성을 이어나가야 함
> 본 규칙은 또한 인플레이 상태의 볼이 아웃오브바운즈로 갔을 수도 있고 페널티구역 밖에서 분실되었을 수도 있는 경우에 시간을 절약하기 위하여, 어떻게 그리고 언제 프로비저널볼을 플레이할 수 있는가에 관한 규칙이기도 함

1 18.1 스트로크와 거리의 페널티 구제는 언제든지 허용됨 ★
(Relief Under Penalty of Stroke and Distance Allowed at Any Time)

언제든지, 플레이어는 1벌타를 추가하고 직전의 스트로크를 한 곳에서 원래의 볼이나 다른 볼을 플레이하여 스트로크와 거리 구제를 받을 수 있음(규칙 14.6 참조)

다음과 같이, 플레이어는 항상 스트로크와 거리 구제를 선택할 수 있음:

- 플레이어의 볼이 코스 어디에 있든 관계없이,
- 규칙에서 플레이어가 특정한 방법으로 구제를 받거나 특정한 장소에서 플레이할 것을 요구하는 때도 플레이어는 스트로크와 거리 구제를 선택할 수 있음

플레이어가 스트로크와 거리의 페널티를 받고 다른 볼을 인플레이한 경우(규칙 14.4 참조):

- 원래의 볼은 더는 인플레이 상태의 볼이 아니므로, 그 볼을 플레이해서는 안 됨
- 볼 찾기에 허용되는 시간(3분)이 종료되기 전에 원래의 볼이 코스에서 발견되더라도 그 볼은 더는 인플레이 상태가 아니므로, 그 볼을 플레이해서는 안 됨(규칙 6.3b 참조)

그러나 다음과 같이 직전의 스트로크를 한 곳에서 볼을 플레이하여야 할 때는 본 규칙이 적용되지 않음:

- 플레이어가 프로비저널볼을 플레이한다고 선언하는 경우(규칙 18.3b 참조)
- 플레이어가 규칙 14.7b 또는 20.1c(3)에 따라 두 번째 볼을 플레이하는 경우

2 18.2 볼이 분실되거나 아웃오브바운즈에 있는 경우: 반드시 스트로크와 거리 구제를 받아야 함 ★★
(Ball Lost or Out of Bounds: Stroke-and-Distance Relief Must Be Taken)

1. 18.2a 볼이 분실되거나 아웃오브바운즈에 있는 경우

(1) 볼이 분실된 경우 - 플레이어나 플레이어의 캐디가 볼을 찾기 시작한 후 3분 안에 발견되지 않은 경우, 그 볼은 분실된 볼임

볼을 찾기 시작한 후 3분 안에 볼이 발견되었지만, 그 볼이 플레이어의 볼인지 확실하지 않은 경우:

- 플레이어는 반드시 즉시 그 볼을 확인하려고 시도하여야 하며(규칙 7.2 참조), 볼 찾기에 허용되는 시간(3분)이 종료된 후라도, 그 볼을 확인하는 데 필요한 합리적인 시간이 허용
- 볼을 확인하는 데 필요한 합리적인 시간에는 플레이어가 볼이 발견된 곳에 있지 않았을 때 그 볼이 있는 곳까지 가는 데 걸리는 합리적인 시간도 포함

이와 같은 합리적인 시간 안에 플레이어가 자신의 볼을 확인하지 않은 경우, 그 볼은 분실된 볼임

(2) 볼이 아웃오브바운즈에 있는 경우 - 정지한 볼 전체가 코스의 경계 밖에 있는 때에만, 그 볼은 아웃오브바운즈에 있는 볼임

다음과 같은 볼은 인바운즈에 있는 볼:

- 볼 일부라도 코스의 경계 안의 지면 또는 그 경계 안에 있는 물체(예 자연물이나 인공물) 위에 놓여 있거나 닿아있는 경우
- 볼 일부라도 코스의 경계보다 위에 또는 그 코스의 다른 모든 부분보다 위에 있는 경우

플레이어는 코스에 있는 볼을 플레이하기 위하여 아웃오브바운즈에 설 수 있음

2. 18.2b 볼이 분실되거나 아웃오브바운즈에 있는 경우의 처리방법

볼이 분실되거나 아웃오브바운즈에 있는 경우, 플레이어는 반드시 1벌타를 추가하고 직전의 스트로크를 한 곳에서 원래의 볼이나 다른 볼을 플레이하여 스트로크와 거리 구제를 받아야 함(규칙 14.6 참조)

> **예외** 자신의 볼이 어떻게 되었는지 알고 있거나 사실상 확실한 경우, 플레이어는 다른 규칙에 따라 다른 볼로 교체할 수 있음(자신의 볼이 발견되지는 않았지만, 그 볼이 다음과 같이 된 것을 알고 있거나 사실상 확실한 경우, 플레이어는 스트로크와 거리 구제를 받는 대신 적용되는 규칙에서 허용하는 바와 같이 다른 볼로 교체할 수 있음):
>
> - 그 볼이 코스 상에 정지한 후 외부의 영향에 의하여 움직였거나(규칙 9.6 참조) 다른 플레이어가 그 볼을 잘못된 볼로 플레이한 것(규칙 6.3c(2) 참조)을 알고 있거나 사실상 확실한 경우
> - 그 볼이 움직일 수 있는 장해물(규칙 15.2b 참조) 또는 비정상적인 코스상태(규칙 16.1e 참조)의 안이나 위에 놓인 채 코스 상에 정지한 것을 알고 있거나 사실상 확실한 경우
> - 그 볼이 페널티구역(규칙 17.1c 참조)에 있는 것을 알고 있거나 사실상 확실한 경우
> - 누군가가 고의로 그 볼의 방향이 바꾸거나 그 볼을 멈추게 한 것을 알고 있거나 사실상 확실한 경우(규칙 11.2c 참조)

규칙 18.2를 위반하여 잘못된 장소에서 볼을 플레이한 것에 대한 페널티: 규칙 14.7a에 따라 일반 페널티

3 18.3 프로비저널볼(Provisional Ball) ★★

1. 18.3a 프로비저널볼이 허용되는 경우

볼이 페널티구역 밖에서 분실되었을 수도 있고 아웃오브바운즈에 있을 수도 있는 경우, 시간을 절약하기 위하여, 플레이어는 잠정적으로 스트로크와 거리의 페널티를 받고 다른 볼을 플레이할 수 있음(규칙 14.6 참조) 여기에는 다음과 같은 경우가 포함:

- 원래의 볼이 발견되거나 확인되지는 않았지만, 아직 분실된 상태는 아닌 경우
- 볼이 페널티구역에서 분실되었을 수도 있고, 코스 어딘가에서 분실되었을 수도 있는 경우
- 볼이 페널티구역에서 분실되었을 수도 있고, 아웃오브바운즈에 있을 수도 있는 경우

프로비저널볼이 허용되지 않을 때 플레이어가 프로비저널볼을 플레이할 의도를 가지고 직전의 스트로크를 한 곳에서 스트로크를 한 경우, 그렇게 플레이한 볼은 스트로크와 거리의 페널티를 받은 플레이어의 인플레이 상태의 볼(규칙 18.1 참조)

프로비저널볼이 페널티구역 밖에서 분실될 수도 있고, 아웃오브바운즈에 있을 수도 있는 경우:
- 플레이어는 또 다른 프로비저널볼을 플레이할 수 있음
- 또 다른 프로비저널볼을 플레이하면, 그 또 다른 프로비저널볼과 첫 번째 프로비저널볼의 관계는 첫 번째 프로비저널볼과 원래의 볼의 관계와 같음

2. 18.3b 프로비저널볼 플레이 선언하기

프로비저널볼에 스트로크하기 전에, 플레이어는 반드시 누군가에게 자신이 프로비저널볼을 플레이하려고 한다는 것을 선언하여야 함:
- 플레이어가 단지 다른 볼을 플레이하겠다거나 다시 플레이하겠다고 말하는 것만으로는 충분하지 않음
- 플레이어는 반드시 '프로비저널볼'이라는 용어를 사용하여야 함. 또는 규칙 18.3에 따라 잠정적으로 볼을 플레이한다는 의사를 다른 방법으로 명백하게 나타내야 함

플레이어가 프로비저널볼을 플레이할 의도가 있었더라도 그런 의도를 누군가에게 선언하지 않고 직전의 스트로크를 한 곳에서 볼을 플레이한 경우, 그 볼은 스트로크와 거리의 페널티를 받은 플레이어의 인플레이 상태의 볼(규칙 18.1 참조)

그러나 플레이어 주변에 플레이어의 선언을 들을 사람이 아무도 없는 경우, 플레이어가 프로비저널볼을 플레이한 후 누군가에게 알리는 것이 가능해졌을 때 자신이 방금 프로비저널볼을 플레이한 사실을 알릴 수도 있음

3. 18.3c 프로비저널볼이 인플레이 상태의 볼이 되거나 플레이에서 배제되는 경우

(1) 프로비저널볼을 두 번 이상 플레이하는 경우 - 원래의 볼이 있을 것으로 추정되는 지점과 홀로부터 동일한 거리이거나 그보다 더 먼 지점에서 프로비저널볼을 플레이하는 한, 플레이어는 그 볼을 '프로비저널볼'로서 계속 플레이할 수 있음

위와 같은 지점에서 그 프로비저널볼을 플레이한 경우, 몇 번을 플레이하더라도 그 볼은 프로비저널볼임

그러나 그 프로비저널볼이 (2)와 같이 인플레이 상태의 볼이 되거나 (3)과 같이 플레이에서 배제되어 잘못된 볼이 되는 경우, 그 볼은 더 이상 프로비저널볼이 아님

(2) 프로비저널볼이 인플레이 상태의 볼이 되는 경우 - 다음과 같은 경우, 프로비저널볼은 스트로크와 거리의 페널티를 받은 인플레이 상태의 볼이 됨

- 원래의 볼이 페널티구역 이외의 코스 상에서 분실되거나 아웃오브바운즈에 있는 경우 - 원래의 볼은 더 이상 인플레이 상태의 볼이 아니라(볼 찾기에 허용되는 시간(3분)이 종료된 후 코스에서 발견되더라도), 플레이해서는 안 되는 잘못된 볼(규칙 6.3c 참조)
- 원래의 볼이 있을 것으로 추정되는 지점보다 홀에 더 가까운 지점에서 프로비저널볼을 플레이한 경우 - 원래의 볼은 더 이상 인플레이 상태의 볼이 아니라(볼 찾기에 허용되는 시간(3분)이 종료되기 전에 코스에서 발견되거나 그 볼이 있을 것으로 추정되었던 지점보다 홀에 더 가까운 지점에서 발견되더라도), 플레이해서는 안 되는 잘못된 볼(규칙 6.3c 참조)

플레이어가 프로비저널볼을 원래의 볼과 동일한 위치로 플레이하여 어느 볼이 어떤 볼인지 구별할 수 없을 때:
- 그 볼들 중 하나만 코스에서 발견된 경우, 그 볼은 플레이어가 플레이한 프로비저널볼로 간주되며, 그 볼이 인플레이 상태의 볼이 됨
- 두 개의 볼이 모두 코스에서 발견된 경우, 플레이어는 반드시 그 볼들 중에서 프로비저널볼로 간주할 볼을 하나 선택하여야 함. 플레이어가 프로비저널볼로 선택한 볼은 인플레이 상태의 볼이 되고, 다른 볼은 원래의 볼로 간주. 원래의 볼로 간주한 볼은 더 이상 인플레이 상태가 아니므로, 그 볼을 플레이해서는 안 됨

> **예외** 볼이 어떻게 되었는지 알고 있거나 사실상 확실한 경우, 플레이어는 다른 규칙에 따라 다른 볼로 교체할 수 있음(플레이어의 볼이 발견되지는 않았지만, 그 볼이 다음과 같이 된 것을 알고 있거나 사실상 확실한 경우, 플레이어에게는 추가로 선택할 수 있는 방법이 있음):

- 그 볼이 코스에 정지한 후 외부의 영향에 의하여 움직인 것(규칙 9.6 참조)을 알고 있거나 사실상 확실한 경우
- 그 볼이 움직일 수 있는 장해물(규칙 15.2b 참조)이나 비정상적인 코스상태(규칙 16.1e 참조)의 안이나 위에 놓인 채 코스 상에 정지한 것을 알고 있거나 사실상 확실한 경우
- 누군가가 고의로 그 볼의 방향이 바뀌거나 그 볼을 멈추게 한 것(규칙 11.2c 참조)을 알고 있거나 사실상 확실한 경우

위의 규칙 중 한 가지 규칙이 적용되는 경우:

- 플레이어는 그 규칙에서 허용하는 바와 같이 다른 볼로 교체할 수 있고,
- 그 프로비저널볼을 스트로크와 거리의 페널티를 받은 인플레이 상태의 볼로 간주할 수 있음

(3) 프로비저널볼이 반드시 플레이에서 배제되어야 하는 경우 - 프로비저널볼이 아직 인플레이 상태의 볼이 되지 않았는데 다음과 같은 일이 일어난 경우, 그 프로비저널볼은 반드시 플레이에서 배제되어야 함

- <u>볼 찾기에 허용되는 시간(3분)이 종료되기 전에 원래의 볼이 페널티구역 밖의 코스 상에서 발견된 경우</u> - 플레이어는 반드시 원래의 볼을 놓인 그대로 플레이하여야 함
- <u>원래의 볼이 페널티구역에서 발견된 경우 또는 페널티구역에 있는 것을 알고 있거나 사실상 확실한 경우</u> - 플레이어는 반드시 원래의 볼을 놓인 그대로 플레이하거나 규칙 17.1d에 따라 페널티 구제를 받아야 함

어떤 경우든:

- 플레이어는 잘못된 볼이 된 프로비저널볼에 더 이상의 스트로크를 해서는 안 되며(규칙 6.3c 참조),
- 그 프로비저널볼이 플레이에서 배제되기 전에 그 볼과 관련된 모든 타수(그 볼을 플레이한 모든 스트로크와 그 볼을 플레이할 때 부과된 모든 벌타)는 타수에 포함되지 않음
- 플레이어가 그 프로비저널볼로 계속 플레이하기를 선호하여, 다른 사람들에게 자신의 볼을 찾지 말라고 요청할 수도 있음. 그러나 다른 사람들이 플레이어의 요청에 따라야 할 의무는 없음

프로비저널볼이 아직 인플레이 상태의 볼이 되지 않은 상황에서 원래의 볼일 수도 있는 볼이 발견된 경우, 플레이어는 반드시 그 볼을 확인하기 위한 모든 합리적인 노력을 하여야 함. 플레이어가 그런 합리적인 노력을 하지 않은 상황에서 위원회가 그것이 골프 게임의 정신에 반하는 매우 부당한 행동이었다고 판단하는 경우, 위원회는 규칙 1.2a에 따라 그 플레이어를 실격시킬 수 있음

03 규칙 19 - 언플레이어블볼

> **목적**
> 규칙 19는 언플레이어블볼에 대한 몇 가지 구제방법에 관한 규칙. 본 규칙에서는 플레이어가 코스 어디에서든(페널티구역은 제외) 어려운 상황에서 벗어나기 위하여 사용할 수 있는 구제방법-원칙적으로 1벌타가 부과되는 구제방법-을 선택하는 것을 허용

1 19.1 플레이어는 페널티구역 이외의 코스 어디에서나 언플레이어블볼 구제를 선택할 수 있음
(Player May Decide to Take Unplayable Ball Relief Anywhere Except Penalty Area)

플레이어는 규칙 19.2나 19.3에 따라 페널티 구제를 받고 자신의 볼을 언플레이어블볼로 간주한다고 결정할 수 있는 유일한 사람임

언플레이어블볼 구제는 페널티구역 이외의 코스 어디에서나 허용

페널티구역에서 볼을 플레이할 수 없는 경우, 플레이어가 선택할 수 있는 유일한 구제방법은 규칙 17에 따른 페널티 구제뿐임

2 19.2 일반구역·퍼팅그린에서의 언플레이어블볼 구제 ★★
(Relief Options for Unplayable Ball in General Area or on Putting Green)

플레이어는 규칙 19.2a, b, c 중 한 가지 구제방법에 따라 **1벌타**를 받고 언플레이어블볼 구제를 받을 수 있음

- 원래의 볼이 발견되지 않았거나 확인되지 않았더라도, 플레이어는 규칙 19.2a에 따라 스트로크와 거리 구제를 받을 수 있음
- 그러나 플레이어가 규칙 19.2b에 따라 후방선 구제를 받거나 규칙 19.2c에 따라 측면 구제를 받으려면, 반드시 원래의 볼이 있는 지점을 알아야 함

1. 19.1a 스트로크와 거리 구제

스트로크와 거리 구제를 받는 경우, 플레이어는 직전의 스트로크를 한 곳에서 원래의 볼을 플레이할 수도 있고, 다른 볼을 플레이할 수도 있음(규칙 14.6 참조)

2. 19.2b 후방선 구제

플레이어는 원래의 볼이 있는 지점이 볼을 드롭하는 지점과 홀 사이에 있는 상태를 유지하면서, 원래의 볼이 있는 지점보다 후방에 원래의 볼이나 다른 볼을 드롭할 수 있음(규칙 14.3 참조)(후방으로 얼마나 멀리 드롭하는가에 대한 거리 제한은 없음). 후방선 구제를 받는 경우, 구제구역은 그 후방선상에 볼이 드롭될 때 최초로 지면에 닿은 지점으로부터 어느 방향으로든 한 클럽 길이 이내의 구역으로 결정. 그러나 다음과 같은 제한을 받음:

- **구제구역의 위치 제한:**
  - 구제구역은 반드시 원래의 볼이 있는 지점보다 홀에 더 가깝지 않아야 하며
  - 어떤 코스의 구역에나 있을 수 있음
  - 그러나 그 볼이 드롭될 때 최초로 지면에 닿은 구역과 동일한 코스의 구역에 있어야 함

3. 19.2c 측면 구제

플레이어는 다음의 조건을 모두 충족시키는 측면 구제구역에 원래의 볼이나 다른 볼을 드롭할 수 있음(규칙 14.3 참조):

- **기준점**: 원래의 볼이 있는 지점 - 그러나 그 볼이 지면보다 위에 놓인 경우(예 나무), 기준점은 그 볼로부터 수직으로 아래에 있는 지면상의 지점
- **구제구역의 크기**: 기준점으로부터 두 클럽 길이 이내의 구역
- **구제구역의 위치 제한:**
  - 구제구역은 반드시 기준점보다 홀에 더 가깝지 않아야 하며
  - 어떤 코스의 구역에나 있을 수 있음
  - 그러나 기준점으로부터 두 클럽 길이 이내에 두 가지 이상의 코스의 구역이 있는 경우, 그 볼은 반드시 그 볼이 드롭될 때 최초로 지면에 닿은 구역과 동일한 코스의 구역에 있는 구제구역에 정지하여야 함

규칙 25.4m (규칙 19.2c를 바퀴가 달린 이동장치를 사용하는 플레이어에게 적용하는 경우, 측면 구제구역을 네 클럽 길이 이내의 구역으로 확장하는 것으로 수정) 참조

규칙 19.2를 위반하여 잘못된 장소에서 볼을 플레이한 것에 대한 페널티: 규칙 14.7a에 따라 일반 페널티

3 19.3 벙커에서의 언플레이어블볼 구제 ★
(Relief Options for Unplayable Ball in Bunker)

1. 19.3a 일반적인 구제방법(1벌타)

플레이어의 볼이 벙커에 있는 경우,

- 플레이어는 규칙 19.2의 구제방법 중 한 가지 방법에 따라 1벌타를 받고 언플레이어블볼 구제를 받을 수 있음
- 다만 플레이어가 후방선 구제(규칙 19.2b 참조) 또는 측면 구제(규칙 19.2c 참조)를 받는 경우, 그 볼은 반드시 그 벙커 안에 드롭하고 정지하여야 함

2. 19.3b 추가적인 구제방법(2벌타)

플레이어의 볼이 벙커에 있는 경우의 추가적인 구제방법으로, 플레이어는 규칙 19.2b에 따라 **총 2벌타를** 받고 벙커 밖에서 후방선 구제를 받을 수 있음

규칙 25.4n (규칙 19.3b의 추가적인 구제방법인 후방선 구제를 바퀴가 달린 이동장치를 사용하는 플레이어에게 적용하는 경우, 페널티를 1벌타로 수정) 참조

규칙 19.3을 위반하여 잘못된 장소에서 볼을 플레이한 것에 대한 페널티: 규칙 14.7a에 따라 일반 페널티

Chapter 08 규칙 적용에 문제가 생긴 경우, 플레이어와 위원회가 따라야 할 절차(규칙 20)

01 규칙 20 - 라운드 동안 규칙에 관한 문제 해결하기; 레프리와 위원회의 재정

> **목적**
> 규칙 20은 플레이어가 추후에 재정을 받을 수 있는 권리를 지키기 위한 절차(매치플레이에서의 절차와 스트로크플레이에서의 절차는 다르다)를 포함하여, 라운드 동안 규칙에 관한 문제가 생긴 경우에 어떻게 하여야 하는가에 관한 규칙
> 본 규칙은 또한 사실상의 문제를 판단하고 규칙을 적용할 것을 위임받은 레프리의 역할에 관한 규칙이기도 함. 레프리나 위원회의 재정은 모든 플레이어에게 구속력이 있음

1 20.1 라운드 동안 규칙에 관한 문제 해결하기 (Resolving Rules Issues During Round)

1. 20.1a 플레이어는 플레이가 부당하게 지연되지 않도록 하여야 함

라운드 동안 규칙에 관한 도움을 요청하는 경우, 플레이어가 플레이를 부당하게 지연시켜서는 안 됨:

- 레프리나 위원회로부터 합리적인 시간 안에 규칙에 관한 문제에 도움을 받을 수 없는 경우, 플레이어는 반드시 어떻게 할 것인지 스스로 결정하고 플레이를 계속하여야 함
- 플레이어는 매치플레이에서는 재정을 요청(규칙 20.1b(2) 참조)하고 스트로크플레이에서는 두 개의 볼을 플레이(규칙 20.1c(3) 참조)함으로써 자신의 권리를 지킬 수 있음

2. 20.1b 매치플레이에서의 규칙에 관한 문제

(1) **규칙에 관한 문제를 합의로 결정하기** - 라운드 동안, 매치의 플레이어들은 규칙에 관한 문제를 어떻게 결정할 것인지에 대하여 합의할 수 있음:

- 플레이어들이 어떤 규칙이나 페널티가 적용된다는 것을 알면서도 그것을 무시하기로 합의하지 않은 한, 추후에 그 합의가 잘못된 것이었다고 밝혀지더라도, 그 합의의 결과는 그대로 확정(규칙 1.3b(1) 참조)
- 그러나 레프리가 그 매치에 배정되는 경우, 그 레프리는 자신이 목격한 규칙에 관한 모든 문제에 대하여 제때 재정을 내려야 하고(규칙 20.1b(2) 참조), 플레이어들은 반드시 그 재정에 따라야 함

레프리가 부재한 상황에서 플레이어와 상대방이 합의에 이르지 못하거나 규칙을 적용하는 방법에 의문이 있는 경우, 플레이어든 상대방이든 규칙 20.1b(2)에 따라 재정을 요청할 수 있음

(2) **매치의 결과가 확정되기 전에 재정 요청하기** - 플레이어가 레프리나 위원회가 자신의 플레이 또는 상대방의 플레이에 규칙을 적용하는 방법을 결정해주기를 원하는 경우, 플레이어는 재정을 요청할 수 있음

레프리나 위원회로부터 합리적인 시간 안에 규칙에 관한 문제에 도움을 받을 수 없는 경우, 플레이어는 레프리나 위원회로부터 그러한 도움을 받을 수 있을 때 추후 재정을 요청하겠다는 의사를 상대방에게 알리는 것으로 재정 요청을 대신할 수 있음

매치의 결과가 확정되기 전에, 플레이어가 재정을 요청한 경우:

- 요청이 제때 이루어진 경우에 한하여 재정이 내려지고, 플레이어가 규칙에 관한 문제가 생긴 사실을 인지하게 된 시점에 따라 다음과 같이 결정:
  - 플레이어가 그 매치의 마지막 홀을 시작하기 전에 규칙에 관한 문제가 생긴 사실을 인지하게 된 경우 - 플레이어는 어느 플레이어라도 다른 홀을 시작하기 위한 스트로크를 하기 전에 재정을 요청하여야 함
  - 플레이어가 그 매치의 마지막 홀을 플레이하는 동안 또는 그 홀이 끝난 후에 규칙에 관한 문제가 생긴 사실을 인지하게 된 경우 - 재정 요청은 반드시 그 매치의 결과가 확정되기 전에 이루어져야 함(규칙 3.2a(5) 참조)
- 플레이어가 제때 재정을 요청하지 않은 경우, 레프리나 위원회는 재정을 내리지 않을 것이며, 규칙이 잘못된 방식으로 적용되었더라도 문제가 된 홀(들)의 결과는 그대로 유효함

플레이어가 이전의 홀에 대한 재정을 요청하였을 때는 다음의 세 가지 조건을 모두 충족시키는 경우에 한하여, 재정이 내려짐:

- 상대방이 규칙 3.2d(1)(잘못된 타수를 알려준 경우)나 규칙 3.2d(2)(페널티에 대하여 플레이어에게 알려주지 않은 경우)를 위반하였고,
- 그 재정 요청은 플레이어가 어느 플레이어든 현재 플레이 중인 홀을 시작하기 위한 스트로크를 하기 전에는 또는 홀과 홀 사이에 있는 경우에는 방금 끝난 홀을 시작하기 위한 스트로크를 하기 전에는 인지하지 못하였던 사실에 근거한 것이며,
- 이와 같은 사실들을 인지하게 된 후, 플레이어가 제때(위에 언급한 시점) 재정을 요청한 경우

(3) **매치의 결과가 확정된 후에 재정을 요청한 경우** - 매치의 결과가 확정된 후에 플레이어가 재정을 요청한 경우,
- 위원회는 다음의 두 가지 조건을 모두 충족시키는 때에만 플레이어에게 재정을 내린다:
  - 플레이어가 매치의 결과가 확정되기 전에는 인지하지 못하였던 사실에 근거하여 재정을 요청하였고,
  - 상대방이 규칙 3.2d(1)(잘못된 타수를 알려준 경우) 또는 규칙 3.2d(2)(페널티 받은 사실을 플레이어에게 알려주지 않은 경우)를 위반하였으며, 매치의 결과가 확정되기 전에 이미 자신의 위반 사실을 알고 있었던 경우
- 이와 같은 재정을 내리는 데는 시간제한이 없음

(4) **두 개의 볼을 플레이할 권리는 없음** - 매치에서는 올바른 절차를 확실하게 알지 못하는 플레이어가 두 개의 볼을 플레이하는 것이 허용되지 않음. 두 개의 볼을 플레이하는 절차는 스트로크플레이에서만 적용(규칙 20.1c 참조)

3. 20.1c 스트로크플레이에서 규칙에 관한 문제

(1) **규칙에 관한 문제를 합의에 따라 결정할 권리는 없음** - 레프리나 위원회로부터 합리적인 시간 안에 규칙에 관한 문제에 도움을 받을 수 없는 경우:

- 플레이어들이 규칙을 적용하는 데 서로 도움을 주고받을 것을 권장. 그러나 플레이어들이 규칙에 관한 문제를 합의에 따라 결정할 권리는 없으며, 플레이어들이 어떤 합의에 이르더라도, 그 합의는 레프리나 위원회 또는 플레이어 누구에게도 구속력이 없음
- 플레이어는 스코어카드를 제출하기 전에 위원회에 규칙에 관한 모든 문제를 제기하여야 함

(2) 플레이어들은 그 경기에 참가한 다른 플레이어들의 권리와 이익을 지켜주어야 함

- 다른 모든 플레이어의 이익을 지켜주기 위하여:
  - 다른 플레이어가 규칙을 위반하였거나 위반하였을 수도 있는데 그 다른 플레이어가 그것을 인지하지 못하거나 무시하고 있다고 플레이어가 알고 있거나 확신하는 경우, 플레이어는 그 사실을 그 다른 플레이어나 그 다른 플레이어의 마커 또는 레프리나 위원회에 알려야 함
  - 플레이어는 그 문제를 인지한 후 즉시, 그리고 가능한 한 그 다른 플레이어가 스코어카드를 제출하기 전에 그 사실을 알려야 함

  플레이어가 그 사실을 알리지 않은 것에 대하여 위원회가 그것이 골프 게임의 정신에 반하는 매우 부당한 행동이었다고 판단하는 경우, 위원회는 규칙 1.2a에 따라 그 플레이어를 실격시킬 수 있음

(3) 처리방법을 확실하게 알지 못하여 두 개의 볼을 플레이하는 경우 - 홀을 플레이하는 동안 올바른 절차에 대하여 확실하게 알지 못하는 플레이어는 페널티 없이 두 개의 볼로 플레이하여 그 홀을 끝낼 수 있음:

- 불확실한 상황이 생긴 후 스트로크를 하기 전에, 플레이어는 두 개의 볼을 플레이할 것인지 아닌지를 결정하여야 함
- 또한 스트로크하기 전에, 플레이어는 그 절차가 규칙에서 허용되는 절차라면 어느 볼을 자신의 유효한 볼로 할 것인지를 선택하여야 하며, 그것을 자신의 마커나 다른 플레이어에게 알려주어야 함
- 플레이어가 어느 볼을 자신의 유효한 볼로 할 것인지를 제때 선택하지 않은 경우, 먼저 플레이한 볼이 자동으로 선택된 볼로 간주
- 플레이어는 반드시 스코어카드를 제출하기 전에 위원회에 이 상황에 관한 사실을 보고하여야 함. 플레이어가 그 두 개의 볼로 같은 스코어를 내더라도, 반드시 그 사실을 보고하여야 함. 그 사실을 위원회에 보고하지 않은 경우, 플레이어는 실격이 됨
- 플레이어가 두 번째 볼을 플레이하기로 결정하기 전에 스트로크한 경우:
  - 본 규칙은 전혀 적용되지 않으며, 유효한 스코어는 플레이어가 두 번째 볼을 플레이하기로 하기 전에 플레이한 볼로 낸 스코어임
  - 그러나 두 번째 볼을 플레이한 것에 대한 페널티는 없음

  본 규칙에 따라 플레이한 두 번째 볼은 규칙 18.3에 따라 플레이하는 프로비저널볼과 같은 것은 아님

(4) 위원회의 홀 스코어 결정 - 플레이어가 (3)에 따라 두 개의 볼을 플레이한 경우, 위원회는 플레이어의 홀 스코어를 다음과 같이 결정:

- 선택된 볼(플레이어가 선택한 것이든 자동으로 선택된 것이든)에 사용된 절차가
- 규칙에서 허용되는 절차인 경우, 그 선택된 볼로 낸 스코어가 유효함
- 선택된 볼에 사용된 절차는 규칙에서 허용되는 절차가 아니고, 다른 볼에 사용된 절차가 규칙에서 허용되는 절차인 경우, 그 다른 볼로 낸 스코어가 유효함
- 두 개의 볼에 사용된 절차 모두가 규칙에서 허용되는 절차가 아닌 경우, 선택된 볼(플레이어가 선택한 것이든 자동으로 선택된 것이든)을 잘못된 장소에서 플레이할 때 중대한 위반이 없었던 경우에만, 선택된 볼로 낸 스코어가 유효함. 그 볼을 잘못된 장소에서 플레이할 때 중대한 위반이 있었던 경우에는 다른 볼로 낸 스코어가 유효함
- 두 개의 볼을 모두 잘못된 장소에서 플레이하고 그렇게 플레이할 때 중대한 위반이 있었던 경우, 플레이어는 실격이 됨
- 유효하지 않은 볼로 낸 모든 타수(그 볼을 플레이한 모든 스트로크와 그 볼을 플레이할 때 부과된 모든 벌타)는 플레이어의 홀 스코어에 포함되지 않음

'사용된 절차가 규칙에서 허용되는 경우'는 (1) 원래의 볼을 놓인 그대로 플레이하였고, 그곳에서의 플레이가 허용된 것을 의미하거나 (2) 플레이한 볼이 규칙에 따라 올바른 절차에 따라, 올바른 방식으로, 올바른 장소에서 인플레이 상태가 된 것을 의미

2 20.2 규칙에 관한 문제를 규칙에 따라 재정하기 (Rulings on Issues Under the Rules)

1. 20.2a 레프리의 재정

레프리는 사실상의 문제를 판단하고 규칙을 적용할 권한을 위원회로부터 공식적으로 위임받은 사람. 레프리는 재정을 내리기 전에 위원회의 도움을 받을 수 있음

플레이어는 레프리가 사실이나 규칙 적용 방법에 대하여 내린 재정에 반드시 따라야 함

플레이어는 레프리가 내린 재정에 대하여 위원회에 이의를 제기할 권리는 없지만, 재정이 내려진 후, 레프리는 다음과 같이 할 수 있음:

- 다른 레프리로부터 다른 의견을 들을 수도 있고,
- 위원회에 재정에 대한 검토를 요청할 수도 있음

그러나 그렇게 하는 것이 요구되는 것은 아님

레프리의 결정은 최종적인 것이므로, 레프리가 실수로 플레이어의 규칙 위반을 승인한 경우, 플레이어는 페널티를 받지 않음. 그러나 레프리나 위원회가 내린 잘못된 재정을 바로잡게 될 때에 대해서는 규칙 20.2d를 참조

2. 20.2b 위원회의 재정

규칙을 재정할 레프리가 없거나 레프리가 위원회에 재정에 대한 검토를 요청한 경우:

- 그 문제에 대한 재정은 위원회가 내릴 것이며,
- 위원회가 내린 재정은 최종적인 것

위원회가 재정을 내릴 수 없는 경우, 위원회는 그 문제를 대한골프협회의 규칙분과위원회에 회부할 수 있고, 대한골프협회의 규칙분과위원회가 내린 재정은 최종적인 것

3. 20.2c 비디오 증거를 사용하는 경우, '육안' 기준의 적용

위원회가 재정을 내리는 데 있어서 사실상의 문제를 판단하는 경우, 비디오 증거의 용도는 '육안' 기준으로 한정

- 비디오 상에 나타난 사실들을 육안으로 보는 것이 합리적으로 가능하지 않았을 경우, 그 비디오 증거가 규칙 위반을 가리키더라도, 그 증거는 고려하지 않음
- 그러나 '육안' 기준에 따라 비디오 증거는 고려되지 않더라도, 플레이어가 다른 방식으로 자신의 규칙 위반 사실을 인지한 경우(예 벙커에서 플레이어의 클럽이 모래에 닿는 것이 육안으로 보이지는 않았지만, 플레이어는 그것을 느낄 수 있었던 경우)에는 규칙 위반이 있었던 것으로 판단

4. 20.2d 잘못된 재정과 행정적인 착오

(1) 잘못된 재정 - 잘못된 재정은 레프리나 위원회가 규칙을 적용하려고 하였으나 잘못 적용한 경우에 일어남. 다음은 잘못된 재정의 예:

- 잘못된 페널티를 적용한 경우 또는 적용하여야 할 페널티를 적용하지 않은 경우
- 적용되지 않는 규칙이나 존재하지도 않는 규칙을 적용한 경우
- 규칙을 잘못 해석하여 잘못 적용한 경우

레프리나 위원회의 재정이 추후에 잘못된 재정으로 밝혀진다면, 규칙에 따라 그 잘못을 바로잡는 것이 가능할 때 그 잘못된 재정을 바로잡을 것. 그 재정을 바로잡기에 너무 늦었으면 그 잘못된 재정이 그대로 유효함

라운드 동안 또는 규칙 5.7a에 따라 플레이가 중단된 동안, 플레이어가 레프리나 위원회의 지침을 합리적으로 오해하여 규칙에 위반되는 행동을 한 경우(예 규칙에서 허용되지 않는데, 인플레이 상태의 볼을 집어 올린 경우), 페널티는 없고, 그 지침은 잘못된 재정으로 간주

「위원회 절차」: 잘못된 재정에 대한 위원회의 조치

(2) 행정적인 착오 - 행정적인 착오는 경기 운영과 관련된 절차상의 착오이며, 그러한 착오를 바로잡는 데는 시간제한이 없음. 매치의 결과가 결정되거나 스트로크플레이 경기가 종료된 이후라도 이와 같은 착오는 바로잡아야 함. 행정적인 착오는 잘못된 재정과는 다름. 다음은 행정적인 착오의 예:

- 스트로크플레이에서 동점자 또는 같은 타수를 낸 플레이어를 잘못 처리한 경우
- 핸디캡을 잘못 계산하여, 실제로 이긴 플레이어가 아닌 다른 플레이어가 그 경기의 승자가 된 경우
- 우승자의 스코어를 게시하지 않아서, 우승자가 아닌 다른 플레이어에게 상을 수여한 경우

이와 같은 행정적인 착오가 생긴 경우, 그 착오를 바로잡고, 그것에 따라 그 경기의 결과 또한 수정하여야 함

5. 20.2e 매치·경기의 결과가 확정된 후 플레이어를 실격시키는 경우

(1) 매치플레이 - 규칙 1.2(매우 부당한 행동)나 규칙 1.3b(1)(적용하여야 할 페널티를 고의로 적용하지 않은 경우 또는 적용되는 것으로 알고 있는 규칙이나 페널티를 무시하기로 다른 플레이어와 합의한 경우)에 따라 플레이어를 실격시키는 데는 시간제한이 없음

본 규칙은 매치의 결과가 확정된 후에도 적용될 수 있음(규칙 3.2a(5) 참조)

매치의 결과가 확정된 후 플레이어의 요청에 따라 위원회가 재정을 내릴 때에 대해서는 규칙 20.1b(3)를 참조

(2) 스트로크플레이 - 원칙적으로 다음과 같은 경우, 스트로크플레이 경기가 종료된 후 페널티가 추가되거나 수정되어서는 안 됨:

- 위원회가 정해놓은 방식에 따라 경기의 결과가 확정된 경우
- 스트로크플레이 예선을 거쳐 매치플레이를 하는 경기에서, 플레이어가 자신의 첫 매치를 시작하기 위하여 티오프를 한 경우
- 그러나 다음과 같은 경우에는 경기가 종료된 후라도 반드시 실격되어야 함:
- 플레이어가 한 홀이라도 실제 타수보다 적은 타수로 홀 스코어를 제출한 경우 - 그러나 그 낮은 스코어가 경기 종료 전에는 알지 못했던 1타 이상의 벌타를 포함시키지 않았기 때문인 경우, 플레이어는 실격이 되지 않음(규칙 3.3b(3) 참조)

- 플레이어가 실격 페널티가 부과되는 규칙을 위반한 것을 경기 종료 전에 알았던 경우
- 플레이어가 규칙이나 페널티가 적용된다는 것을 알면서도 그것을 무시하기로 다른 플레이어와 합의한 경우(규칙 1.3b(1) 참조)

위원회는 경기가 종료된 후라도 규칙 1.2(매우 부당한 행동)에 따라 플레이어를 실격시킬 수 있음

6. 20.2f 부적격한 플레이어

경기에 참가한 플레이어가 '경기 조건'에 부적격한 플레이어로 밝혀지는 경우, 그 경기의 결과를 바로잡는 데는 시간제한이 없음. 이는 매치의 결과가 확정되거나 스트로크플레이 경기가 종료된 이후에도 적용

이처럼 부적격한 플레이어로 밝혀지는 경우, 플레이어는 실격 처리되는 것이 아니라 그 경기에 참가하지 않았던 것으로 간주하고, 그것에 따라 경기의 결과가 수정

3 20.3 규칙에서 다루어지지 않은 상황
(Situations Not Covered by the Rules)

규칙에서 다루어지지 않은 모든 상황에 대해서는 위원회가 결정하여야 함:
- 위원회는 그 상황과 관련된 모든 요소를 고려하여야 하며,
- 그 상황을 합리적이고 공정한 방식으로 그리고 그것과 유사한 상황이 규칙에 따라 처리되는 방식과 일관되게 처리하여야 함

Chapter 09 그 밖의 플레이 방식(규칙 21~24)

01 규칙 21 - 그 밖의 개인 스트로크플레이와 개인 매치플레이

> **목적**
>
> 규칙 21은 스코어 산정 방법이 기본적인 스트로크플레이와는 다른 세 가지 스트로크플레이 방식들을 포함하여, 각기 다른 네 가지 경기 방식에 관한 규칙: 스테이블포드(각 홀에 부여된 점수로 스코어 산정)·맥시멈 스코어(각 홀의 스코어를 최대 타수로 한정)·파/보기(매치플레이의 스코어 산정 방법을 홀별로 적용)·스리볼 매치플레이

1 21.1 스테이블포드(Stableford)

1. 21.1a 스테이블포드의 개요

스테이블포드는 다음과 같은 스트로크플레이의 한 방식:

- 플레이어나 편의 홀 스코어는 그 홀에서의 플레이어나 편의 타수(스트로크 수와 벌타의 합)를 위원회가 정해놓은 그 홀의 목표 스코어와 비교하여 주어지는 점수로 결정되고,

- 가장 높은 점수로 모든 라운드를 끝낸 플레이어나 편이 그 경기의 우승자가 됨. 스테이블포드에는 규칙 1부터 규칙 20까지의 스트로크플레이의 규칙이 규칙 21.1로 수정되어 적용. 규칙 21.1은 다음과 같은 경기를 위한 규칙:

- 스크래치 경기 - 그러나 핸디캡 경기에도 채택될 수 있음

  개인 경기 - 그러나 파트너들이 참가하는 경기에는 규칙 22(포섬)와 23(포볼)으로 수정되어 채택될 수 있고, 팀 경기에는 규칙 24로 수정되어 채택될 수 있음

2. 21.1b 스테이블포드의 스코어 산정 방법

(1) 점수 부여 방법 - 각 홀의 점수는 플레이어의 홀 스코어를 위원회가 정해놓은 그 홀의 목표 스코어와 비교하여 주어짐. 위원회가 다른 목표 스코어를 정해놓지 않은 한, 홀의 목표 스코어는 파임

어떤 이유로든 규칙에 따라 홀 아웃하지 않은 플레이어의 홀 스코어는 0점

신속한 플레이 속도를 유지하기 위하여, 플레이어의 홀 스코어가 0점이 될 경우, 홀 플레이를 중단할 것을 권장

홀은 플레이어가 홀 아웃한 시점 또는 플레이어가 홀 아웃하지 않고 그 홀을 끝내는 것을 선택한 시점 또는 플레이어의 스코어가 0점이 된 시점에 끝남

(2) 홀 스코어 기록 - 규칙 3.3b의 요건에 부합되도록, 플레이어는 반드시 다음과 같이 홀 스코어를 기록하여야 함:

- 홀 아웃하여 홀을 끝냈을 때:
  - 플레이어의 스코어가 1점 이상의 점수를 받게 되는 스코어인 경우 - 스코어카드에 그 스코어를 기록
  - 플레이어의 스코어가 0점을 받게 되는 스코어인 경우 - 스코어카드에 스코어를 기록하지 않거나 0점을 받게 되는 스코어를 기록

- 홀 아웃하지 않고 홀을 끝냈을 때 - 플레이어가 규칙에 따라 홀 아웃하지 않고 홀을 끝낸 경우, 스코어카드에 스코어를 기록하지 않거나 0점을 받게 되는 스코어를 기록

    위원회는 플레이어가 각 홀에서 받은 점수를 합산할 책임이 있으며, 핸디캡 경기에서는 그 점수를 합산하기 전에 각 홀의 스코어에 핸디캡 스트로크를 적용할 책임이 있음

「위원회 절차」: 홀마다 주어진 점수를 플레이어 스스로 스코어카드에 기록할 것을 경기 조건으로 권장할 수 있으나 요구할 수는 없음

3. 21.1c 스테이블포드에서 적용되는 페널티

스트로크플레이에서 적용되는 모든 페널티는 스테이블포드에서도 적용. 다만 다음의 다섯 가지 규칙 중 하나라도 위반하는 경우, 플레이어는 실격이 되지는 않지만, 위반이 일어난 홀에 대하여 0점을 받음:

- 규칙 3.3c에 따라 홀 아웃하지 않은 경우
- 홀을 시작할 때 티잉구역 밖에서 플레이한 잘못을 바로잡지 않았을 때(규칙 6.1b(2) 참조)
- 잘못된 볼을 플레이한 잘못을 바로잡지 않았을 때(규칙 6.3c 참조)
- 잘못된 장소에서 플레이할 때 중대한 위반이 있었는데도, 그 잘못을 바로잡지 않았을 때(규칙 14.7b 참조)
- 잘못된 순서로 스트로크를 한 실수를 바로잡지 않았을 때(규칙 22.3 참조)

    실격 페널티가 부과되는 규칙을 위반한 모든 경우, 플레이어는 실격이 됨

    모든 벌타를 적용하더라도, 스테이블포드에서 플레이어의 홀 스코어가 0점 미만이 될 수는 없음

4. 21.1d 스테이블포드에서 규칙 11.2가 적용되지 않는 경우

다음과 같은 경우, 규칙 11.2가 적용되지 않음:

플레이어의 움직이고 있는 볼이 홀에 들어가야 그 홀에서 1점을 얻게 되는 상황에서 그 볼이 홀에 들어갈 수 있는 합리적인 기회가 없었을 때 누군가가 고의로 그 볼의 방향을 바꾸거나 그 볼을 멈추게 한 경우, 그 사람에게는 페널티가 없지만, 플레이어는 그 홀에 대하여 0점을 받음

5. 21.1e 스테이블포드에서 라운드가 끝나는 시점

플레이어의 라운드는 다음과 같은 시점에 끝난다:

- 플레이어가 자신의 마지막 홀에서 홀 아웃한 시점((예) 규칙 6.1 또는 14.7b)에 따라 잘못을 바로잡는 것까지 포함)
- 마지막 홀에서 홀 아웃하지 않고 그 홀을 끝내는 것을 선택한 시점 또는 마지막 홀에서 이미 1점 이상의 점수를 얻을 수 없게 된 시점

2 21.2 맥시멈스코어(Maximum Score)

1. 21.2a 맥시멈스코어의 개요

맥시멈스코어는 플레이어나 편의 홀 스코어가 위원회가 한정해놓은 최대 타수(스트로크 수와 벌타의 합)((예) 더블 파·특정한 타수나 점수·네트더블보기) 로 제한되는 스트로크 플레이의 한 방식

맥시멈스코어에는 규칙 1부터 규칙 20까지의 스트로크플레이의 규칙이 규칙 21.2로 수정되어 적용. 규칙 21.2는 다음과 같은 경기를 위한 규칙:

- 스크래치 경기 - 그러나 핸디캡 경기에도 채택될 수 있음

- 개인 경기 - 그러나 파트너들이 참가하는 경기에는 규칙 22(포섬)와 23(포볼)으로 수정되어 채택될 수 있고, 팀 경기에는 규칙 24로 수정되어 채택될 수 있음

2. 21.2b 맥시멈스코어의 스코어 산정 방법

(1) 플레이어의 홀 스코어: 플레이어의 홀 스코어는 플레이어의 타수(스트로크 수와 벌타의 합)를 기준으로 함. 다만 실제 타수가 그 홀의 최대 스코어를 초과하더라도, 플레이어는 그 최대 스코어까지만 받음

어떤 이유로든 규칙에 따라 홀 아웃하지 않은 플레이어는 그 홀에서 그 홀의 최대 스코어를 받음

신속한 플레이 속도를 유지하기 위하여, 플레이어의 홀 스코어가 그 홀의 최대 스코어가 될 경우, 홀 플레이를 중단할 것을 권장

홀은 플레이어가 홀 아웃한 시점 또는 홀 아웃하지 않고 그 홀을 끝내는 것을 선택한 시점 또는 플레이어의 스코어가 그 홀의 최대 스코어가 된 시점에 끝남

(2) 홀 스코어 기록 - 규칙 3.3b의 요건에 부합되도록, 플레이어는 반드시 다음과 같이 홀 스코어를 기록하여야 함:

- 홀 아웃하여 홀을 끝냈을 때
  - 플레이어의 스코어가 그 홀의 최대 스코어보다 낮은 경우 - 스코어카드에 그 실제 스코어를 기록
  - 플레이어의 스코어가 그 홀의 최대 스코어와 같거나 그 스코어보다 높을 때 - 스코어카드에 스코어를 기록하지 않거나, 그 홀의 최대 스코어와 같거나 그 스코어보다 높은 실제 스코어를 기록
- 홀 아웃하지 않고 홀을 끝냈을 때 - 플레이어가 규칙에 따라 홀 아웃하지 않은 경우, 스코어카드에 스코어를 기록하지 않거나, 그 홀의 최대 스코어와 같거나 그 스코어보다 높은 실제 스코어를 기록

스코어카드에 스코어가 기록되지 않은 홀이나 그 홀의 최내 스코어보다 높은 스코어가 기록된 홀에 대하여, 위원회는 그 홀의 최대 스코어에 따라 플레이어의 스코어를 조정할 책임이 있고, 핸디캡 경기에서는 핸디캡 스트로크를 적용할 책임이 있음

3. 21.2c 맥시멈스코어에서 적용되는 페널티

스트로크플레이에서 적용되는 모든 페널티는 맥시멈스코어에서도 적용. 다만 다음의 다섯 가지 규칙 중 하나라도 위반하는 경우, 플레이어는 **실격**이 되지는 않지만, 위반이 일어난 홀에 대하여 **맥시멈스코어**를 받음:

- 규칙 3.3c에 따라 홀 아웃하지 않은 경우
- 홀을 시작할 때 티잉구역 밖에서 플레이한 잘못을 바로잡지 않았을 경우(규칙 6.1b(2) 참조)
- 잘못된 볼을 플레이한 잘못을 바로잡지 않았을 경우(규칙 6.3c 참조)
- 잘못된 장소에서 플레이할 때 중대한 위반이 있었는데도, 그 잘못을 바로잡지 않은 경우(규칙 14.7b 참조)
- 잘못된 순서로 스트로크를 한 실수를 바로잡지 않았을 경우(규칙 22.3 참조)

실격 페널티가 부과되는 규칙을 위반한 모든 경우, 플레이어는 **실격**이 됨

모든 벌타를 적용하더라도, 맥시멈스코어에서 플레이어의 홀 스코어가 위원회가 정해놓은 그 홀의 최대 스코어를 초과할 수는 없음

4. 21.2d 맥시멈스코어에서 규칙 11.2가 적용되지 않는 경우

다음과 같은 경우, 규칙 11.2가 적용되지 않음:

플레이어의 움직이고 있는 볼이 홀에 들어가야 그 홀에서 최대 스코어보다 한 타라도 적은 스코어를 얻게 되는 상황에서 그 볼이 홀에 들어갈 수 있는 합리적인 기회가 없었을 때 누군가 고의로 그 볼의 방향을 바꾸거나 그 볼을 멈추게 한 경우, 그 사람에게는 페널티가 없지만, 플레이어는 그 홀에서 그 홀의 최대 스코어를 받게 됨

5. 21.2e 맥시멈스코어에서 라운드가 끝나는 시점

플레이어의 라운드는 다음과 같은 시점에 끝난다:

- 플레이어가 자신의 마지막 홀에서 홀 아웃한 시점((예) 규칙 6.1 또는 14.7b)에 따라 잘못을 바로잡는 것까지 포함)
- 마지막 홀에서 홀 아웃하지 않고 그 홀을 끝내는 것을 선택한 시점 또는 마지막 홀에서 이미 그 홀의 최대 스코어를 받게 된 시점

3 21.3 파/보기(Par/Bogey)

1. 21.3a 파/보기의 개요

파/보기는 다음과 같이 매치플레이에서와 동일한 스코어 산정 방법을 사용하는 스트로크플레이의 한 방식:

- 플레이어나 편이 위원회가 정해놓은 그 홀의 고정된 목표 스코어보다 더 적은 타수(스트로크 수와 벌타의 합)로 홀을 끝내면 그 홀을 이기고, 더 많은 타수로 홀을 끝내면 그 홀을 짐
- 진 홀 대비 이긴 홀의 총수가 가장 많은 플레이어나 편이 그 경기의 우승자가 됨(즉, 이긴 홀을 더하고 진 홀은 뺌)

파/보기에는 규칙 1부터 규칙 20까지의 스트로크플레이의 규칙이 규칙 21.3으로 수정되어 적용. 규칙 21.3은 다음과 같은 경기를 위한 규칙:

- 스크래치 경기 - 그러나 핸디캡 경기에도 채택될 수 있음
- 개인 경기 - 그러나 파트너들이 참가하는 경기에는 규칙 22(포섬)와 23(포볼)으로 수정되어 채택될 수 있고, 팀 경기에는 규칙 24로 수정되어 채택될 수 있음

2. 21.3b 파/보기의 스코어 산정 방법

(1) <u>홀의 승패</u> - 스코어 산정 방법이 매치플레이에서와 같음. 즉, 다음과 같이 플레이어의 타수(스트로크 수와 벌타의 합)를 위원회가 정해놓은 고정된 목표 스코어(주로 파 또는 보기)와 비교하여 홀의 승패를 결정

- 플레이어의 스코어가 그 홀의 고정된 스코어보다 낮은 경우, 플레이어가 그 홀을 이김
- 플레이어의 스코어가 그 홀의 고정된 스코어와 같은 경우, 그 홀을 비김
- 플레이어의 스코어가 그 홀의 고정 스코어보다 높거나 스코어가 기록되지 않은 경우, 플레이어는 그 홀을 짐

어떤 이유로든 규칙에 따라 홀 아웃하지 않은 플레이어는 그 홀을 짐

신속한 플레이 속도를 유지하기 위하여, 플레이어의 홀 스코어가 그 홀의 고정된 스코어를 초과하는 경우, 홀 플레이를 중단할 것을 권장

홀은 플레이어가 홀 아웃한 시점 또는 플레이어가 홀 아웃하지 않고 그 홀을 끝내는 것을 선택한 시점 또는 플레이어의 스코어가 그 홀의 고정된 스코어를 초과한 시점에 끝남

(2) 홀 스코어 기록 - 규칙 3.3b의 요건에 부합되도록, 플레이어는 반드시 다음과 같이 홀 스코어를 기록하여야 함

- 홀 아웃하여 홀을 끝냈을 때:
  - 플레이어의 스코어가 홀을 이기거나 비기는 스코어인 경우 - 스코어카드에 그 실제 스코어를 기록
  - 플레이어의 스코어가 그 홀을 지는 스코어인 경우 - 스코어카드에 스코어를 기록하지 않거나, 그 홀을 지는 스코어를 기록
- 홀 아웃하지 않고 홀을 끝냈을 때 - 플레이어가 규칙에 따라 홀 아웃하지 않고 그 홀을 끝낸 경우, 스코어카드에 스코어를 기록하지 않거나 그 홀을 지는 스코어를 기록

위원회는 플레이어가 각 홀을 이겼는지 졌는지 또는 비겼는지 결정할 책임이 있으며, 핸디캡 경기에서는 그 홀의 결과를 결정하기 전에 각 홀에 기록된 스코어에 핸디캡 스트로크를 적용할 책임이 있음

> **예외** 홀의 결과에 영향을 미치지 않은 경우, 페널티가 없음: 플레이어가 실제 스코어보다 낮은 홀 스코어를 기록한 스코어카드를 제출하였으나, 그것이 홀을 이기거나 지거나 비긴 것에 영향을 미치지 않은 경우, 규칙 3.3b에 따른 페널티가 없음

「위원회 절차」: 홀의 결과를 플레이어 스스로 스코어카드에 기록할 것을 경기 조건으로 권장할 수 있으나 요구할 수는 없음

3. 21.3c 파/보기에서 적용되는 페널티

스트로크플레이에서 적용되는 모든 페널티는 파/보기에서도 적용. 다만 다음의 다섯 가지 규칙 중 하나라도 위반하는 경우, 플레이어는 실격이 되지는 않지만, 위반이 일어난 홀을 짐:

- 규칙 3.3c에 따라 홀 아웃하지 않은 경우
- 홀을 시작할 때 티잉구역 밖에서 플레이한 잘못을 바로잡지 않았을 때(규칙 6.1b(2) 참조)
- 잘못된 볼을 플레이한 잘못을 바로잡지 않았을 때(규칙 6.3c 참조)
- 잘못된 장소에서 플레이할 때 중대한 위반이 있었는데도, 그 잘못을 바로잡지 않았을 때(규칙 14.7b 참조)
- 잘못된 순서로 스트로크를 한 실수를 바로잡지 않았을 때(규칙 22.3 참조)

실격 페널티가 부과되는 그 밖의 규칙을 위반한 모든 경우, 플레이어는 실격이 됨. 모든 벌타를 적용하더라도, 플레이어가 그 홀을 지는 것 외에는 더 나빠질 것이 없음

4. 21.3d 파/보기에서 규칙 11.2가 적용되지 않는 경우

다음과 같은 경우, 규칙 11.2가 적용되지 않음:

플레이어의 움직이고 있는 볼이 홀에 들어가야 그 홀을 비기게 되는 상황에서 그 볼이 홀에 들어갈 수 있는 합리적인 기회가 없었을 때 누군가가 고의로 그 볼의 방향을 바꾸거나 그 볼을 멈추게 한 경우, 그 사람에게는 페널티가 없지만, 플레이어는 그 홀을 짐

5. 21.3e 파/보기에서 라운드가 끝나는 시점

플레이어의 라운드는 다음과 같은 시점에 끝난다:

- 플레이어가 자신의 마지막 홀에서 홀 아웃한 시점((예) 규칙 6.1 또는 14.7b)에 따라 잘못을 바로잡는 것까지 포함)
- 마지막 홀에서 홀 아웃하지 않고 그 홀을 끝내는 것을 선택한 시점 또는 마지막 홀에서 이미 그 홀을 지게 된 시점

4 21.4 스리볼 매치플레이(Three-Ball Match Play)

1. 21.4a 스리볼 매치플레이의 개요

스리볼 매치플레이는 다음과 같은 매치플레이의 한 방식

- 스리볼 매치플레이에서는 세 명의 플레이어 각각이 다른 두 명의 플레이어에 대항하여 두 개의 개별적인 매치를 동시에 플레이
- 각 플레이어는 자신의 두 매치에 사용되는 하나의 볼만 플레이

스리볼 매치플레이에는 규칙 1부터 규칙 20까지의 매치플레이의 규칙이 별개의 세 매치 모두에 적용. 다만 규칙 1부터 규칙 20까지의 매치플레이의 규칙을 어느 한 매치에 적용하는 것이 다른 매치에 적용하는 것과 상충될 수도 있는 경우에는 스리볼 매치플레이의 규칙을 적용

2. 21.4b 순서를 지키지 않고 플레이한 경우

플레이어가 어느 매치에서든 순서를 지키지 않고 플레이한 경우, 먼저 플레이하였어야 할 상대방은 규칙 6.4a(2)에 따라 그 스트로크를 취소시킬 수 있음

플레이어가 두 매치 모두에서 순서를 지키지 않고 플레이한 경우, 각 매치의 상대방은 그 플레이어와 경쟁하는 매치에서 그 스트로크를 취소시킬 것인지 아닌지를 선택할 수 있음

두 매치 중 한 매치에서만 플레이어의 스트로크가 취소된 경우:

- 그 플레이어는 다른 매치에서는 반드시 원래의 볼로 플레이를 계속하여야 함
- 이는 그 플레이어가 반드시 각 매치에서 각기 다른 볼을 플레이하여 홀을 끝내야 한다는 것을 의미

3. 21.4c 한 상대방이 볼이나 볼마커를 집어 올리거나 움직인 경우

상대방이 플레이어의 볼이나 볼마커를 집어 올리거나 움직이게 하여 규칙 9.5b나 9.7에 따라 1벌타를 받은 경우, 그 페널티는 그 플레이어와의 매치에만 적용

그 상대방은 다른 플레이어와의 매치에서는 페널티를 받지 않음

5 21.5 그 밖의 플레이 방식(Other Forms of Playing Golf)

규칙 3, 21, 22, 23에서는 몇 가지 특정한 플레이 방식들만 다루고 있지만, 골프는 그 밖에도 여러 가지 방식으로 플레이됨(예 스크램블·그린섬)

골프 규칙은 이러한 방식과 그 밖의 다양한 플레이 방식에서 플레이를 관장하기 위하여 채택될 수 있음

「위원회 절차」: 그 밖의 플레이 방식에 골프 규칙을 채택하는 경우의 권장 사항

02 규칙 22 - 포섬(얼터네이트 샷)

● 목적 ●

규칙 22는 두 명의 파트너가 한 편을 이루어 하나의 볼을 번갈아 가며 스트로크하면서 다른 한 편과 경쟁하는 포섬에 관한 규칙. 포섬은 매치플레이로 플레이되기도 하고, 스트로크플레이로 플레이되기도 함. 포섬에 관한 규칙은 본질적으로 개인으로서 플레이하는 경기에 관한 규칙과 동일. 다만 파트너들이 홀을 시작하기 위한 티오프를 번갈아 가며 하고 그 이후에도 번갈아 가며 치는 샷으로 각 홀을 끝낼 것이 요구된다는 점에서 다름

1 22.1 포섬의 개요(Overview of Foursomes)

포섬(얼터네이트 샷)은 파트너들이 참가하는 플레이 방식으로, 매치플레이로 플레이되기도 하고, 스트로크플레이로 플레이되기도 함. 포섬에서는 두 명의 파트너가 한 편을 이루어 각 홀에서 하나의 볼을 번갈아 가며 플레이하면서 다른 한 편과 경쟁

포섬(하나의 볼을 플레이하는 편을 한 개인 플레이어처럼 간주)에는 규칙 1부터 규칙 20까지의 규칙이 규칙 22로 수정되어 적용

포섬의 변형으로는 스리섬으로 알려진 매치플레이 방식이 있음. 스리섬에서는 한 개인 플레이어가 본 규칙에 따라 번갈아가면서 샷을 하는 두 명의 파트너로 이루어진 편과 경쟁

2 22.2 어느 파트너든 편을 위하여 행동할 수 있음
(Either Partner May Act for Side)

포섬에서는 두 명의 파트너가 한 편을 이루어 하나의 볼만 플레이하기 때문에:

- 어느 파트너든 스트로크를 하기 전에 자신들의 편에게 허용되는 행동이라면 어떠한 행동이든 할 수 있으며 (예 볼을 마크하기·집어 올리기·리플레이스하기·드롭하기·플레이스하기), 다음 플레이 순서가 어느 파트너인지는 문제가 되지 않음
- 한 파트너와 그 파트너의 캐디는 다른 파트너의 캐디가 다른 파트너에게 도움을 줄 때 허용되는 방식이라면 어떠한 방식으로든 다른 파트너에게 도움을 줄 수 있음(예 어드바이스를 제공하거나 요청하기 또는 규칙 10에 따라 허용되는 그 밖의 행동). 그러나 다른 파트너의 캐디가 다른 파트너에게 제공하는 것이 규칙에 따라 허용되지 않는 도움이라면 어떠한 도움도 제공해서는 안 됨
- 어느 파트너든 어느 캐디든, 그 파트너나 캐디가 한 모든 행동이나 규칙 위반은 그편에 적용

스트로크플레이 방식의 포섬에서는 파트너 중 한 사람만 그편의 스코어 카드상의 홀 스코어들을 확인·서명하면 됨(규칙 3.3b 참조)

3 22.3 한 편의 파트너들은 반드시 번갈아 가며 스트로크를 하여야 함
(Side Must Alternate in Making Strokes)

각 홀에서, 파트너들은 다음과 같이 반드시 차례로 번갈아 가며 그편의 각각 스트로크를 하여야 함:

- 파트너들은 반드시 각 홀의 티잉구역에서 먼저 플레이하는 순서를 번갈아 가며 하여야 함

- 티잉구역에서 그편의 첫 번째 스트로크를 한 후, 파트너들은 그 홀의 남은 부분에서도 반드시 번갈아 가며 스트로크를 하여야 함
- 스트로크가 취소되는 경우 또는 스트로크를 다시 하는 경우 또는 다른 이유로 규칙에 따라 그 스트로크가 타수에 포함되지 않는 경우(다만 본 규칙을 위반하여 잘못된 순서로 플레이한 경우는 예외)에는 반드시 그 스트로크를 했던 파트너가 그편의 다음 스트로크를 하여야 함
- 그편에서 프로비저널볼을 플레이하기로 한 경우, 그 프로비저널볼은 반드시 그편의 다음 스트로크를 할 순서가 된 파트너가 하여야 함

그편에서 받은 어떠한 벌타도 그편의 파트너들이 번갈아 가며 플레이하는 순서에는 영향을 미치지 않음

규칙 22.3을 위반하여 잘못된 순서로 스트로크를 한 것에 대한 페널티: 일반 페널티 - 스트로크플레이 방식의 포섬에서, 그편은 반드시 다음과 같이 그 잘못을 바로잡아야 함:

- 그편에서 최초로 잘못된 순서로 스트로크를 한 곳에서, 그 스트로크를 할 순서(올바른 순서)였던 파트너가 스트로크하여야 함(규칙 14.6 참조)
- 잘못된 순서로 한 스트로크와 그 잘못을 바로잡기 전의 모든 타수(잘못된 순서로 플레이한 볼과 관련된 모든 스트로크와 모든 벌타)는 타수에 포함되지 않음
- 그편이 다른 홀을 시작하기 위한 스트로크를 하기 전에 또는 그 홀이 그 라운드의 마지막 홀이면 그편의 스코어카드를 제출하기 전에 그 잘못을 바로잡지 않은 경우, 그편은 **실격**이 됨

4 22.4 라운드 시작하기(Starting the Round)

1. 22.4a 첫 번째로 플레이할 파트너

라운드를 시작하는 첫 번째 티잉구역에서 그편의 어느 파트너가 반드시 첫 번째로 플레이하여야 한다는 경기 조건이 있지 않은 한, 티잉구역에서 첫 번째로 플레이할 파트너는 그편에서 선택할 수 있음

그편의 라운드는 그 파트너가 그편의 첫 번째 홀을 시작하기 위한 스트로크를 한 시점에 시작

2. 22.4b 출발 시각과 출발 지점

규칙 5.3a는 그편에서 첫 번째로 플레이할 파트너가 누구인지에 따라 각 파트너에게 다르게 적용:

- 그편에서 첫 번째로 플레이할 파트너는 반드시 출발 시각에 출발 지점에서 플레이할 준비가 된 상태로 있어야 하며, 반드시 출발 시각(그보다 이르지 않은)에 출발하여야 함
- 두 번째로 플레이할 파트너는 반드시 출발 시각에 출발 지점에 있거나, 티잉구역에서 플레이한 볼이 정지할 것으로 예상하는 지점 근처에 있어야 함

어느 파트너든지 이와 같은 시점에 이와 같은 위치에 있지 않은 경우, 그편은 규칙 5.3a에 위반이 됨

5 22.5 파트너들은 클럽을 공동으로 사용할 수 있음
(Partners May Share Clubs)

규칙 4.1b(2)는 파트너들이 가진 클럽의 총 수가 14개를 넘지 않는 한, 파트너들이 클럽을 공동으로 사용하도록 허용하는 것으로 수정

6 22.6 스트로크를 할 때, 플레이어가 파트너의 플레이 선상 후방에 서 있는 것에 대한 제한
(Restriction on Player Standing Behind Partner When Stroke Made)

규칙 10.2b(4)의 제한 사항 외에도, 플레이어는 자신의 파트너가 스트로크를 하는 동안 자신의 편의 다음 스트로크에 대한 정보를 얻기 위하여 그 볼 후방의 플레이 선의 연장선상 또는 그 가까이에 서 있어서는 안 됨

규칙 22.6을 위반한 것에 대한 페널티: 일반 페널티

03 규칙 23 - 포볼

> **목적**
> 규칙 23은 두 명의 파트너가 한 편을 이루어 각자 자신의 볼을 플레이하면서 다른 편과 경쟁하는 포볼에 관한 규칙. 포볼은 매치플레이로 플레이되기도 하고, 스트로크플레이로 플레이되기도 함. 포볼에서 편의 홀 스코어는 그 홀에서 더 낮은 스코어를 낸 파트너의 스코어

1 23.1 포볼의 개요(Overview of Four-Ball)

포볼은 다음과 같이 파트너들이 참가하는 경기 방식으로, 매치플레이로 플레이되기도 하고, 스트로크플레이로 플레이되기도 함:

- 포볼에서는 두 명의 파트너가 각자 자신의 볼을 플레이하면서 한 편을 이루어 다른 편과 경쟁
- 그편의 홀 스코어는 그 홀에서 더 낮은 스코어를 낸 파트너의 스코어

포볼에는 규칙 1부터 규칙 20까지의 규칙이 규칙 23으로 수정되어 적용

포볼의 변형으로는 베스트볼로 알려진 매치플레이 방식이 있음. 베스트볼에서는 한 개인 플레이어가 둘 또는 세 명의 파트너로 이루어진 편과 경쟁하며, 각 파트너는 규칙 23의 특정한 규칙으로 수정된 바와 같이, 규칙에 따라 각자 자신의 볼을 플레이함(세 명의 파트너가 한 편을 이루는 베스트볼에서 다른 파트너와 관련하여 언급하는 경우, 다른 파트너는 다른 두 명의 파트너를 의미)

2 23.2 포볼의 스코어 산정 방법(Scoring in Four-Ball)

1. 23.2a 매치플레이와 스트로크플레이에서 편의 홀 스코어

- 두 파트너가 모두 홀 아웃한 경우 또는 규칙에 따라 다른 방식으로 홀을 끝냈을 때 - 더 낮은 스코어가 그편의 홀 스코어임
- 한 파트너만 홀 아웃하였거나 규칙에 따라 다른 방식으로 홀을 끝냈을 때 - 그 파트너의 스코어가 그편의 홀 스코어. 다른 파트너는 홀아웃하지 않아도 됨
- 두 파트너가 모두 홀 아웃하지도 않고 규칙에 따라 다른 방식으로 홀을 끝내지도 않았을 때 - 그편의 홀 스코어는 없음:
  - 이는 매치플레이에서, 상대편이 이미 그 홀을 컨시드 하였거나 다른 방식으로 그 홀을 진 것이 아닌 한, **그편이 그 홀을 진다**는 것을 의미
  - 스트로크플레이에서, 규칙 3.3c에 따라 제때 그 잘못을 바로잡지 않은 경우, 그편은 **실격**이 됨

2. 23.2b 스트로크플레이에서 편의 스코어카드

(1) 편의 책임 - 각 편의 홀 스코어는 반드시 그로스 스코어로, 하나의 스코어카드에 기록하여야 함

각 홀에 대하여:

- 적어도 한 파트너의 그로스 스코어는 반드시 스코어카드에 기록하여야 함
- 두 파트너의 스코어를 모두 기록하여도 페널티는 없음
- 스코어카드에 기록된 각 스코어는 반드시 어느 스코어가 어느 파트너의 것인지 명백하게 구별되는 것이어야 함. 어느 스코어가 어느 파트너의 것인지 구별되지 않는 경우, 그 편은 **실격**이 됨
- 어느 파트너의 것인지 구별되지 않는 하나의 스코어로 그 편의 스코어를 나타내는 것으로는 충분하지 않음

포볼에서는 파트너 중 한 사람만 그 편의 스코어 카드상의 홀 스코어들을 확인·서명하면 됨(규칙 3.3b(2) 참조)

(2) 위원회의 책임 - 위원회는 핸디캡 경기에서 모든 핸디캡을 적용하고, 어느 스코어를 그편의 홀 스코어로 집계할 것인지 결정할 책임이 있음:

- 단 하나의 스코어만 홀 스코어로 기록된 경우, 그 스코어를 그 편의 스코어로 집계
- 두 파트너의 홀 스코어가 모두 기록된 경우:
  - 그 두 개의 스코어가 다를 때, 더 낮은 스코어(그로스 또는 네트)가 그 편의 스코어로 집계
  - 그 두 개의 스코어가 같을 때, 위원회는 어느 스코어든 그 편의 스코어로 집계할 수 있음. 어떤 이유로든 위원회가 집계한 스코어가 잘못된 스코어로 밝혀질 경우, 위원회는 다른 스코어를 그 편의 스코어로 집계

편의 스코어로 집계된 스코어가 어느 파트너의 스코어인지 명백하게 구별되지 않는 경우 또는 그 파트너가 그 홀의 플레이와 관련하여 실격된 경우, 그 편은 **실격**이 됨

3. 23.2c 포볼에서 규칙 11.2가 적용되지 않는 경우

다음과 같은 경우, 규칙 11.2가 적용되지 않음:

플레이어의 파트너는 이미 그 홀을 끝냈고, 플레이어의 움직이고 있는 볼이 홀에 들어가야 그편의 홀 스코어를 한 타 더 낮출 수 있게 되는 상황에서 그 볼이 홀에 들어갈 수 있는 합리적인 기회가 없었을 때 누군가가 고의로 그 볼의 방향을 바꾸거나 그 볼을 멈추게 한 경우, 그 사람에게는 페널티가 없지만, 그 플레이어의 볼은 그편의 스코어로 집계되지 않음

3 23.3 라운드가 시작되고 끝나는 시점, 홀이 끝나는 시점
(When Round Starts and Ends; When Hole Is Completed)

1. 23.3a 라운드가 시작되는 시점

편의 라운드는 파트너 중 한 파트너가 그편의 첫 번째 홀을 시작하기 위한 스트로크를 하는 시점에 시작

2. 23.3b 라운드가 끝나는 시점

편의 라운드는 다음과 같은 시점에 끝난다:

- 매치플레이에서:
  - 어느 편이든 그 매치를 이긴 시점(규칙 3.2a(3) 참조)

- 그 매치를 비긴 상태로 끝낼 수 있다는 경기 조건이 명시된 경우, 마지막 홀이 끝난 후 그 매치가 비긴 시점(규칙 3.2a(4) 참조)
- 스트로크플레이에서, 라운드의 마지막 홀에서 두 파트너 모두 홀 아웃하여 그 홀을 끝낸 시점(규칙 6.1이 또는 14.7b)에 따라 잘못을 바로잡는 것까지 포함) 또는 한 파트너는 홀 아웃하고 다른 파트너는 홀 아웃하지 않고 그 홀을 끝내는 것을 선택한 시점

3. 23.3c 홀이 끝나는 시점

(1) <u>매치플레이</u> - 각 편의 홀은 다음과 같은 시점에 끝난다:
- 두 파트너 모두 홀 아웃한 시점 또는 두 파트너 모두 자신의 다음 스트로크에 대하여 컨시드를 받은 시점
- 한 파트너는 홀 아웃하였거나 자신의 다음 스트로크에 대하여 컨시드를 받았고, 다른 파트너는 홀 아웃하지 않고 그 홀을 끝내는 것을 선택하였거나 그편의 스코어로 집계될 수 없는 스코어를 갖게 된 시점
- 그 홀의 결과가 결정된 시점(예 다른 편의 홀 스코어가 그편이 낼 수 있는 스코어보다 낮은 경우)

(2) <u>스트로크플레이</u> - 각 편의 홀은 두 파트너 모두 홀 아웃한 시점 또는 한 파트너는 홀 아웃하였고 다른 파트너는 홀 아웃하지 않고 그 홀을 끝내는 것을 선택한 시점 또는 한 파트너는 홀 아웃하였고 다른 파트너는 그 홀에서 실격이 된 시점에 끝남

4 23.4 파트너 중 한 사람만 그편을 대표할 수도 있고, 두 파트너 모두 그편을 대표할 수도 있음(One or Both Partners May Represent the Side)

라운드 내내 또는 그 라운드의 일부에서, 한 파트너가 그편을 대표할 수도 있음. 그편을 대표하기 위하여 두 파트너 모두 있어야 하는 것은 아니며, 두 파트너 모두 있는 경우라도, 홀마다 두 파트너 모두 플레이하여야 하는 것은 아님

부재중이던 파트너가 플레이하기 위하여 도착한 경우, 그 파트너는 홀과 홀 사이의 플레이에서만 그편을 위한 플레이를 시작할 수 있음

- 매치플레이 - 그 매치의 어느 플레이어든 홀을 시작하기 전 - 부재중이던 파트너가 그 매치의 어느 편의 어느 플레이어든 홀 플레이를 시작한 후 도착한 경우, 그 파트너는 다음 홀이 시작될 때까지 자신의 편을 위하여 플레이하는 것이 허용되지 않음
- 스트로크플레이 - 다른 파트너가 홀을 시작하기 전 - 부재중이던 파트너가 자신의 파트너가 홀 플레이를 시작한 후 도착한 경우, 그 파트너는 다음 홀이 시작될 때까지 자신의 편을 위하여 플레이하는 것이 허용되지 않음

그 파트너가 홀에서 플레이하는 것은 허용되지 않지만, 그 홀에서 자신의 파트너에게 어드바이스나 도움을 제공하거나, 자신의 파트너를 위한 그 밖의 행동을 할 수는 있음(규칙 23.5a와 23.5b 참조)

규칙 23.4를 위반하여 홀을 플레이하는 것이 허용되지 않는 경우에 스트로크한 것에 대한 페널티: 일반 페널티

5 23.5 파트너의 플레이에 영향을 미치는 플레이어의 행동
(Player's Actions Affecting Partner's Play)

1. 23.5a 파트너가 자신의 볼과 관련하여서 할 수 있는 모든 행동은 플레이어에게도 허용

한 편의 각 파트너는 반드시 각자 자신의 볼을 플레이하여야 하지만:

- 플레이어는 파트너가 스트로크하기 전에 그 파트너의 볼과 관련하여 그 파트너에게 허용되는 행동이라면 어떤 행동이든 할 수 있음(예 볼을 마크하기·집어 올리기·리플레이스하기·드롭하기·플레이스하기)
- 플레이어와 플레이어의 캐디는 그 파트너의 캐디가 그 파트너에게 도움을 제공하는 것이 허용된 방식이라면 어떤 방식으로든(예 어드바이스를 제공하거나 어드바이스 요청을 받아들이거나 규칙 10에 따라 허용되는 행동을 하는 방식으로) 그 파트너에게 도움을 제공할 수 있음. 그러나 규칙에 따라 그 파트너의 캐디에게 허용되지 않는 도움이라면 어떠한 도움도 제공해서는 안 됨

스트로크플레이에서, 파트너들이 서로에게 또는 다른 어떤 플레이어에게 도움을 제공하기 위하여 퍼팅그린에 볼을 그대로 놓아두고 플레이하기로 합의해서는 안 됨(규칙 15.3a 참조)

2. 23.5b 파트너는 플레이어의 행동에 대한 책임이 있음

파트너의 볼이나 장비와 관련하여 플레이어가 한 모든 행동은 파트너가 한 행동으로 간주. 플레이어의 행동이 파트너가 하였더라도 규칙에 위반되었을 행동인 경우:

- 그 파트너가 규칙에 위반되고, 그 위반에 따른 페널티를 받음(규칙 23.9a 참조)
- 다음은 이처럼 플레이어가 규칙에 위반되는 경우의 예:
  - 파트너가 할 스트로크에 영향을 미치는 상태를 플레이어가 개선한 경우
  - 플레이어가 우연히 파트너의 볼을 움직이게 한 경우
  - 플레이어가 파트너의 볼을 집어 올리기 전에 그 지점을 마크하지 않은 경우

본 규칙은 플레이어의 캐디가 파트너의 볼과 관련하여, 파트너나 파트너의 캐디가 하였더라도 규칙에 위반되었을 행동을 한 경우에도 적용

플레이어나 플레이어 캐디의 행동이 플레이어의 볼과 파트너의 볼의 플레이에 모두 영향을 미쳤을 때, 플레이어와 파트너 모두에게 페널티가 적용되는 경우에 대해서는 규칙 23.9a(2)를 참조하여 확인

6 23.6 편의 플레이 순서(Side's Order of Play)

파트너들은 자신들의 편에서 최선이라고 생각하는 순서대로 플레이할 수 있음

이는 규칙 6.4a(매치플레이)나 규칙 6.4b(스트로크플레이)에 따라 플레이어가 플레이할 순서에 플레이어가 플레이할 수도 있고, 파트너가 플레이할 수도 있다는 것을 의미

예외 매치플레이에서 스트로크를 컨시드 받은 후 홀 플레이를 계속한 경우:

- 자신의 파트너에게 도움이 될 경우, 플레이어는 자신의 다음 스트로크에 대한 컨시드를 받은 후 홀 플레이를 계속해서는 안 됨
- 플레이어가 자신의 다음 스트로크에 대한 컨시드를 받고도 홀 플레이를 계속한 경우, 플레이어의 홀 스코어는 페널티 없이 그대로 유효하지만, 파트너의 홀 스코어는 그편의 스코어로 집계되지 않음

7 23.7 파트너들은 클럽을 공동으로 사용할 수 있음(Partners May Share Clubs)

규칙 4.1b(2)는 파트너들이 가진 클럽의 총 수가 14개를 넘지 않는 한, 파트너들이 클럽을 공동으로 사용하도록 허용하는 것으로 수정

8 23.8 스트로크를 할 때, 플레이어가 파트너의 플레이 선상 후방에 서 있는 것에 대한 제한
(Restriction on Player Standing Behind Partner When Stroke Made)

규칙 10.2b(4)의 제한 사항 외에도, 플레이어는 파트너가 스트로크를 하는 동안 자신의 편의 다음 스트로크(즉, 플레이어의 다음 스트로크)에 대한 정보를 얻기 위하여 그 볼 후방의 플레이 선의 연장선상 또는 그 가까이에 서 있어서는 안 됨

규칙 23.8을 위반한 것에 대한 페널티: 일반 페널티

9 23.9 페널티가 한 파트너에게만 적용되는 경우 또는 파트너 모두에게 적용되는 경우
(When Penalty Applies to One Partner Only or Applies to Both Partners)

플레이어가 규칙 위반으로 페널티를 받는 경우, 페널티는 플레이어에게만 적용될 수도 있고, 두 파트너 모두(즉, 편)에게 적용될 수도 있음. 페널티가 어떻게 적용되는가는 그 페널티의 내용과 플레이 방식에 따라 결정

1. 23.9a 실격 이외의 페널티

(1) 원칙적으로 페널티는 플레이어에게만 적용되고, 파트너에게는 적용되지 않음: 플레이어가 실격 이외의 페널티를 받은 경우, 그 페널티는 원칙적으로 플레이어에게만 적용되고 파트너에게는 적용되지 않음. 다만 (2)의 상황에서는 예외

- 모든 벌타는 플레이어의 스코어에만 추가되고, 파트너의 스코어에는 추가되지 않음
- 매치플레이에서, 일반 페널티(홀 패)를 받은 플레이어에게는 그편의 홀 스코어로 집계할 스코어가 없음. 그러나 그 페널티가 파트너에게 영향을 미치는 것은 아니므로, 그 파트너는 그 홀에서 편을 위한 플레이를 계속할 수 있음

(2) 플레이어의 페널티가 파트너에게도 적용되는 상황

- 플레이어가 규칙 4.1b(클럽 개수의 한도(14개): 클럽의 공동 사용·추가·교체)를 위반한 경우 - 매치플레이에서는 그편이 페널티(매치 스코어 조정)를 받고, 스트로크플레이에서는 파트너도 플레이어가 받는 것과 동일한 페널티를 받음
- 플레이어의 위반이 파트너의 플레이에 도움이 된 경우 - 매치플레이에서든 스트로크플레이에서든, 파트너도 플레이어가 받는 것과 동일한 페널티를 받음
- 매치플레이에서 플레이어의 위반이 상대방의 플레이에 피해가 된 경우 - 파트너도 플레이어가 받는 것과 동일한 페널티를 받음

    > **예외** 플레이어가 잘못된 볼에 스트로크한 것은 파트너의 플레이에 도움을 제공하거나 상대방의 플레이에 피해를 준 것으로 간주되지 않음:

- 이 경우, 규칙 6.3c의 위반에 대한 일반 페널티는 플레이어만(파트너가 아니라) 받음

- 잘못된 볼로 플레이한 볼이 파트너의 볼이든 상대방의 볼이든 다른 누군가의 볼이든 관계없이, 규칙 6.3c의 위반에 대한 **일반 페널티**는 플레이어만(파트너가 아니라) 받음

2. 23.9b 실격 페널티

(1) 한 파트너의 위반이 그편의 실격을 의미하는 경우: 어느 파트너든 다음과 같은 규칙에 따라 실격 페널티를 받은 경우, 그편은 **실격**이 됨

- 규칙 1.2　　플레이어의 행동 기준
- 규칙 1.3　　규칙에 따라 플레이하기
- 규칙 4.1a　　스트로크하는데 허용되는 클럽
- 규칙 4.1c　　클럽을 플레이에서 배제시키는 절차
- 규칙 4.2a　　라운드 플레이에 허용되는 볼
- 규칙 4.3　　장비의 사용
- 규칙 5.6a　　부당한 지연
- 규칙 5.7b　　위원회가 플레이 중단을 선언하는 경우
- 규칙 6.2b　　티잉구역 규칙

매치플레이에만 적용:

- 규칙 3.2c　　핸디캡 매치에서 핸디캡 적용하기

스트로크플레이에만 적용:

- 규칙 3.3b(2)　플레이어의 책임: 스코어카드의 확인·서명 및 제출
- 규칙 3.3b(3)　잘못된 홀 스코어
- 규칙 5.2b　　라운드 전에 또는 라운드와 라운드 사이에 코스에서 연습하기
- 규칙 23.2b　　스트로크플레이에서 편의 스코어카드

(2) 두 파트너 모두의 위반이 그편의 실격을 의미하는 경우: 두 파트너 모두 다음과 같은 규칙에 따라 실격 페널티를 받은 경우, 그편은 **실격**이 됨

- 규칙 5.3　　라운드 시작하기와 끝내기
- 규칙 5.4　　그룹에서 플레이하기
- 규칙 5.7a　　플레이어가 플레이를 중단할 수 있는 경우 또는 반드시 중단하여야 하는 경우
- 규칙 5.7c　　플레이가 재개되는 경우

스트로크플레이에만 적용:

같은 홀에서 두 파트너가 다음 규칙 중 어떠한 규칙이든 한 가지 규칙을 각각 위반하여 실격 페널티를 받은 경우, 그편은 **실격**이 됨

- 규칙 3.3c　　홀 아웃하지 않은 경우
- 규칙 6.1b　　홀을 시작할 때 티잉구역 밖에서 플레이한 경우
- 규칙 6.3　　잘못된 볼
- 규칙 14.7b　　잘못된 장소에서 플레이한 경우
- 규칙 20.1c(3)　두 개의 볼을 플레이한 것을 보고하지 않은 경우

3) 플레이어의 위반이 집계할 홀 스코어가 없다는 것을 의미하는 경우 - 어떤 홀에서 플레이어가 실격 페널티가 있는 규칙을 위반하더라도, 그 플레이어가 경기에서 실격이 되는 것은 아님. 그러나 그 플레이어가 그 위반이 일어난 홀에서 낸 스코어는 그편의 스코어로 집계되지 않음

매치플레이에서, 두 파트너 모두 같은 홀에서 이와 같은 규칙을 위반한 경우, 그편은 그 **홀을 짐**

04 규칙 24 - 팀 경기

> **목적**
> 규칙 24는 팀 경기에 관한 규칙. 팀 경기는 매치플레이로 플레이될 수도 있고, 스트로크플레이로 플레이될 수도 있음. 팀 경기에서는 여러 명의 플레이어 또는 여러 개의 편이 하나의 팀을 이루어 경쟁하며, 그 플레이어들이나 편들의 라운드 또는 매치의 결과를 종합하여 팀 전체의 스코어를 산출

1 24.1 팀 경기의 개요(Overview of Team Competitions)

- '팀'은 다른 팀에 대항하여 경쟁하는 개인 플레이어들의 그룹 또는 편으로 플레이하는 플레이어들의 그룹을 말함
- 팀 경기에서 하는 플레이어의 플레이는 그 경기와 동시에 열리는 다른 경기(예 개인 스트로크플레이)의 일부가 될 수도 있음

팀 경기에는 규칙 1부터 규칙 23까지의 규칙이 규칙 24로 수정되어 적용

2 24.2 팀 경기의 경기 조건(Terms of Team Competition)

위원회는 다음과 같은 팀 경기의 플레이 방식, 팀 전체의 스코어를 계산하는 방법 및 그 밖의 경기 조건을 결정함. 예를 들면:

- 매치플레이에서, 매치를 이겼을 때 주는 점수나 비겼을 때 주는 점수
- 스트로크플레이에서, 각 팀의 총 스코어로 집계할 스코어의 개수
- 그 경기를 비긴 상태로 끝낼 것인지 여부 - 비긴 상태로 끝내지 않을 경우, 승패를 결정하는 방법

3 24.3 팀의 주장(Team Captain)

각 팀은 그 팀을 이끌어나가고 그 팀을 위한 결정을 내릴 사람을 그 팀의 주장으로 지명할 수 있음(예 팀의 주장은 그 팀의 플레이어들을 어느 라운드 또는 어느 매치에, 어떤 순서로, 누구와 함께 파트너로 플레이하게 할 것인지 등을 결정)

팀의 주장은 그 경기에 참가하는 플레이어일 수도 있음

4 24.4 팀 경기에서 허용되는 어드바이스(Advice Allowed in Team Competition)

1. 24.4a 팀에 어드바이스를 제공하는 것이 허용되는 사람(어드바이스 제공자)

위원회는 각 팀이 라운드 동안 그 팀의 플레이어들에게 규칙 10.2에 허용된 바와 같이 어드바이스와 그 밖의 도움을 제공하거나 그 플레이어들로부터 어드바이스 요청을 받아들일 수 있는 한 사람('어드바이스 제공자')을 지정하는 것을 허용하는 로컬룰을 채택할 수 있음

- 어드바이스 제공자는 팀의 주장이나 팀 코치일 수도 있고, 다른 사람일 수도 있음(그 경기에서 플레이하는 팀 구성원 포함)
- 어드바이스를 제공하기 전에 반드시, 어드바이스 제공자가 누구인지 위원회에 확인되어야 함
- 위원회는 각 팀이 라운드나 경기 도중에 그 팀의 어드바이스 제공자를 바꾸는 것을 허용할 수도 있음

「위원회 절차」: 위원회는 각 팀이 두 명의 어드바이스 제공자를 지명하는 것을 허용하는 로컬룰을 채택할 수도 있음

2. 24.4b. 플레이하는 동안 어드바이스 제공자에 대한 제한

팀의 어드바이스 제공자가 그 팀의 플레이어인 경우, 그 플레이어가 그 경기의 라운드를 플레이하는 동안에는 어드바이스 제공자의 역할을 하는 것이 허용되지 않음

라운드를 플레이하는 동안, 그 어드바이스 제공자는 규칙 10.2의 어드바이스와 그 밖의 도움에 관한 제한의 목적상, 그 팀의 다른 구성원들과 똑같이 간주

3. 24.4c 파트너 이외의 팀 구성원들 간에는 어드바이스가 금지

한 편을 이룬 파트너로서 함께 플레이하는 경우를 제외하고,

- 플레이어는 그 코스에서 플레이 중인 자신의 팀 구성원에게 어드바이스를 요청하거나 제공해서는 안 됨
- 이 요건은 그 팀 구성원이 그 코스에서 플레이 중인 같은 그룹의 플레이어든 다른 그룹의 플레이어든 관계없이 적용

「위원회 절차」: 위원회는 플레이어의 라운드 스코어를 팀 스코어의 일부로만 집계하는 스트로크플레이 방식의 팀 경기에서 같은 그룹에서 플레이하고 있는 팀 구성원들은 파트너가 아니더라도 서로 어드바이스를 제공하는 것을 허용하는 로컬룰을 채택할 수 있음

규칙 24.4의 위반에 대한 페널티: 일반 페널티

Chapter 10 장애를 가진 플레이어를 위한 수정(규칙 25)

01 규칙 25 - 장애를 가진 플레이어를 위한 수정

> **목적**
> 규칙 25는 특정한 장애를 가진 플레이어들이 장애를 갖지 않은 플레이어들이나 동일한 장애를 가진 플레이어들 또는 다른 유형의 장애를 가진 플레이어들과 공정하게 플레이할 수 있도록 수정된 특정한 골프 규칙

1 25.1 개요(Overview)

규칙 25는 모든 플레이 방식과 모든 경기에 적용. 규칙 25로 특정하게 수정된 규칙을 사용할 수 있는지 여부는 플레이어가 가진 장애의 범주와 적격성에 따라 결정

규칙 25는 다음과 같은 범주의 장애를 가진 플레이어들을 위하여 특정한 규칙들을 수정:
- 눈이 보이지 않는 플레이어(일정 수준의 시각장애를 가진 플레이어 포함)
- 지체장애를 가진 플레이어(사지결핍증을 가진 플레이어와 그 일부를 상실한 플레이어)
- 이동 보조장치를 사용하는 플레이어
- 지적장애를 가진 플레이어

현실적으로는 그 밖의 다른 유형의 장애를 가진 플레이어들도 있지만(예 신경질환이 있는 플레이어, 정형외과적 질환이 있는 플레이어, 왜소증을 가진 플레이어, 청각장애를 가진 플레이어), 아직까지 이런 범주의 장애를 가진 플레이어들을 위하여 골프 규칙을 수정하고자 하는 요청이 없기 때문에, 규칙 25에서는 다루지 않음

『장비규칙』의 섹션 7에 언급된 경우를 제외하고, 『장비규칙』은 수정 없이 적용. 클럽이나 볼 이외의 장비를 의료적인 이유로 사용하는 것에 관한 정보는 규칙 4.3b를 참조

「위원회 절차」: 플레이어의 적격성에 관한 지침, 규칙 25 및 장애를 가진 플레이어들이 참가하는 경기에 대한 추가 지침

2 25.2 눈이 보이지 않는 플레이어를 위한 수정 (Modification for Players Who Are Blind)

> **목적**
> 규칙 25.2에서는 눈이 보이지 않는 플레이어(일정 수준의 시각장애를 가진 플레이어 포함)가 동시에 조력자와 캐디의 도움을 받고 목표지점을 조준하는 데 도움을 받는 것을 허용하고, 클럽으로 벙커의 모래를 건드리는 것에 대한 금지 사항에 제한적인 예외를 제공하며, 볼을 집어 올리고 드롭하고 플레이스하고 리플레이스하는데 도움을 받는 것을 허용

1. 25.2a 조력자의 도움

눈이 보이지 않는 플레이어는 다음과 같은 경우 또는 다음과 같은 방법으로 조력자의 도움을 받을 수 있음:
- 스탠스를 취할 때

- 스트로크 전에 목표지점을 조준할 때
- 어드바이스를 요청하고 얻을 때

조력자는 규칙에 따라 캐디와 동일한 자격을 갖는다(규칙 10.3 참조). 다만 규칙 25.2e에 언급된 경우는 예외

규칙 10.2a(어드바이스)의 목적상, 플레이어는 조력자와 캐디에게 동시에 어드바이스를 요청하고 얻을 수 있음

2. 25.2b 플레이어에게는 한 번에 한 명의 조력자만 허용

눈이 보이지 않는 플레이어는 한 번에 한 명의 조력자만 쓸 수 있음

눈이 보이지 않는 플레이어가 한 번에 두 명 이상의 조력자를 쓰는 경우, 그 플레이어는 규칙 10.3a(1)(플레이어는 한 번에 한 명의 캐디만 쓸 수 있음)에 언급된 바와 같이, 그러한 위반이 일어난 각 홀에 대하여 일반 페널티를 받음

3. 25.2c 규칙 10.2b(3)
(목표지점을 조준하거나 스탠스를 취하거나 스윙을 하는데 도움이 되는 물체를 놓아두어서는 안 됨)의 수정

규칙 10.2b(3)는 눈이 보이지 않는 플레이어나 캐디 또는 조력자가 목표지점을 조준하거나 스트로크를 하기 위한 스탠스를 취하는 데 도움을 받기 위하여 물체를 놓아두더라도 페널티가 없는 것으로 수정(예 플레이어가 조준하여야 할 목표지점이나 발을 두어야 할 위치를 나타내기 위하여 지면에 내려놓은 클럽). 그러나 그 물체는 스트로크하기 전에 반드시 제거되어야 함. 그 물체가 제거되지 않은 경우, 플레이어는 규칙 10.2b(3)를 위반한 것에 대하여 일반 페널티를 받음

4. 25.2d 규칙 10.2b(4)(플레이어가 스트로크하기 전에 캐디에게 제한된 구역)의 수정

규칙 10.2b(4)는 눈이 보이지 않는 플레이어의 캐디 또는 조력자가 그 플레이어가 스트로크하는 것 자체를 돕는 것이 아닌 한, 스트로크하기 전이나 하는 동안 언제든지 그 볼 후방의 플레이 선의 연장선상 또는 그 가까이에 위치하더라도 페널티가 없는 것으로 수정

5. 25.2e 규칙 10.3(캐디)의 수정

눈이 보이지 않는 플레이어의 조력자는 그 플레이어 캐디로의 역할도 할 수 있음. 그러나 그렇게 하는 것이 요구되는 것은 아님

눈이 보이지 않는 플레이어는 조력자와 캐디를 동시에 쓸 수 있음:

- 다만 조력자와 캐디를 동시에 쓰더라도, 조력자가 플레이어를 안내하거나, 플레이어가 스트로크하기 전에 스탠스를 취하거나 목표지점을 조준하는 데 도움을 제공하거나, 캐디의 정의에 언급된 정도로 플레이어를 돕는 것 이외에, 플레이어의 클럽을 가지고 있거나 다뤄서는 안 됨
- 본 규칙을 위반하여 조력자가 플레이어의 클럽을 가지고 있거나 다룬 경우, 플레이어는 두 명의 캐디를 동시에 쓴 것이 되므로, 그러한 위반이 일어난 각 홀에 대하여 일반 페널티를 받음(규칙 10.3a(1) 참조)

6. 25.2f 규칙 12.2b(1)(모래를 건드려서 페널티를 받게 되는 경우)의 수정

벙커에 있는 자신의 볼에 스트로크하기 전에, 눈이 보이지 않는 플레이어는 페널티 없이 클럽으로 그 벙커에 있는 모래를 건드릴 수 있음:

- 즉, 볼 바로 앞뒤에 있는 모래를 건드리거나,

- 스트로크를 위한 백스윙을 하면서 모래를 건드릴 수 있음

그러나 이처럼 모래를 건드릴 때, 플레이어가 클럽을 가볍게 지면에 댐으로써 생기는 정도 이상으로 그 볼의 라이를 개선해서는 안 됨

모래 상태를 테스트하기 위하여 벙커에 있는 모래를 고의로 건드리는 것과 연습 스윙을 하면서 클럽으로 모래를 건드리는 것에 관한 규칙 12.2b(1)의 금지 사항은 눈이 보이지 않는 플레이어에게도 그대로 적용

7. 25.2g 규칙 14.1b(볼을 집어 올릴 수 있는 사람)의 수정

규칙 14.1b는 눈이 보이지 않는 플레이어의 볼이 퍼팅그린에 있는 경우, 그 플레이어의 캐디뿐만 아니라 조력자도 플레이어의 위임 없이 그 볼을 집어 올릴 수 있는 것으로 수정

8. 25.2h 도움을 받아서 볼을 드롭하거나 플레이스하거나 리플레이스하는 경우

눈이 보이지 않는 플레이어를 위하여, 플레이어가 볼을 드롭하거나 플레이스하거나 리플레이스할 것을 요구하는 모든 규칙은 플레이어가 아무런 제한 없이 누구에게나 자신의 볼을 드롭하거나 플레이스하거나 리플레이스할 것을 일괄적으로 위임하는 것을 허용하도록 수정

3 25.3 지체장애를 가진 플레이어를 위한 수정
(Modification for Players Who Are Amputees)

> **목적**
> 규칙 25.3에서는 지체장애를 가진 플레이어(사지결핍증을 가진 플레이어와 그 일부를 상실한 플레이어)가 보철장치를 사용하고 클럽을 고정시킨 채 스트로크를 하는 것을 허용하고, 도움을 받아서 볼을 드롭하고 플레이스하고 리플레이스하는 것을 허용

1. 25.3a 보철장치의 사용

플레이어가 의수나 의족을 사용할 만한 의료적인 이유가 있고 그 플레이어가 그것을 사용한다고 해서 다른 플레이어보다 어떠한 부당한 이익도 얻는 것이 아니라고 위원회에서 판단하는 경우, 보철장치를 사용하는 것은 규칙 4.3에 위반되지 않음(규칙 4.3b 참조). 장치 사용에 관하여 의문이 있는 플레이어는 가능한 한 빨리 그 문제를 위원회에 제기하여야 함

장비의 비정상적인 사용에 관한 규칙 4.3a의 금지 사항은 보철장치를 사용하는 플레이어에게도 그대로 적용

2. 25.3b 규칙 10.1b(클럽을 고정시키는 경우)의 수정

지체장애를 가진 플레이어가 그 장애 때문에 자신의 클럽을 고정하지 않고는 클럽을 들거나 스윙을 할 수 없는 경우, 규칙 10.1b에 따른 페널티 없이 클럽을 고정시킨 채 스트로크를 할 수 있음

3. 25.3c 도움을 받아서 볼을 드롭하거나 플레이스하거나 리플레이스하는 경우

지체장애를 가진 플레이어를 위하여, 플레이어가 볼을 드롭하거나 플레이스하거나 리플레이스할 것을 요구하는 모든 규칙은 플레이어가 아무런 제한 없이 누구에게나 자신의 볼을 드롭하거나 플레이스하거나 리플레이스할 것을 일괄적으로 위임하는 것을 허용하도록 수정

4. 25.3d '리플레이스'의 정의의 수정

지체장애를 가진 플레이어를 위하여, 리플레이스의 정의(및 규칙 14.2b(2))는 플레이어가 손이나 그 밖의 다른 장비로(예 클럽으로 볼을 굴려서) 자신의 볼을 리플레이스하는 것을 허용하도록 수정

4 25.4 이동 보조장치를 사용하는 플레이어를 위한 수정
(Modification for Players Who Use Mobility Devices)

● 목적 ●

규칙 25.4에서는 이동 보조장치를 사용하는 플레이어가 조력자와 캐디로부터 동시에 보조받는 것을 허용하고, 플레이어가 스탠스를 취하고 스트로크를 하는 데 도움을 받기 위하여 어떻게 이동 보조장치(예 휠체어, 바퀴 달린 이동장치, 지팡이, 목발)를 사용할 수 있는지 설명하며, 일부 구제 절차를 수정

규칙 25.4a부터 25.4l까지는 모든 이동 보조장치(지팡이, 목발, 휠체어 및 바퀴 달린 이동장치 포함)에 적용
규칙 25.4m과 25.4n은 휠체어와 그 밖의 바퀴 달린 이동장치에만 적용

1. 25.4a 조력자 또는 다른 누군가의 도움

이동 보조장치를 사용하는 플레이어는 다음과 같은 방식으로 조력자나 다른 누군가(다른 플레이어 포함)의 도움을 받을 수 있음:

- 퍼팅그린에서 볼을 집어 올리는 경우: 이동 보조장치를 사용하는 플레이어의 볼이 퍼팅그린에 있는 경우, 규칙 14.1b는 그 플레이어의 캐디뿐만 아니라 조력자도 그 플레이어의 위임 없이 그 볼을 집어 올릴 수 있도록 수정

- 볼을 드롭·플레이스·리플레이스하는 경우: 플레이어가 볼을 드롭하거나 플레이스하거나 리플레이스할 것을 요구하는 모든 규칙은 그 플레이어가 누구에게든 자신의 볼을 드롭하거나 플레이스하거나 리플레이스할 것을 일괄적으로 위임하는 것을 아무런 제한 없이 허용하도록 수정

- 플레이어나 장치의 위치를 설정하는 경우: 규칙 10.2b(5)에 허용된 바와 같이, 스트로크하기 전에, 이동 보조장치를 사용하는 플레이어는 다른 누군가로부터 물리적인 도움을 받고 자신의 위치를 잡을 수도 있고, 이동 보조장치를 위치시키거나 치울 수도 있음

2. 25.4b 조력자의 어드바이스

이동 보조장치를 사용하는 플레이어는 규칙 10.2a(어드바이스)에 따라 플레이어가 자신의 캐디에게 어드바이스를 요청하고 얻는 것과 동일한 방식으로, 자신의 조력자에게 어드바이스를 요청하고 얻을 수 있음
조력자는 규칙에 따라 캐디와 동일한 자격을 갖는다(규칙 10.3 참조). 다만 규칙 25.4j에 명시된 경우는 예외
규칙 10.2a의 목적상, 플레이어는 조력자와 캐디에게 동시에 어드바이스를 요청하고 얻을 수 있음

3. 25.4c 플레이어에게는 한 번에 한 명의 조력자만 허용

이동 보조장치를 사용하는 플레이어는 한 번에 한 명의 조력자만 쓸 수 있음

이동 보조장치를 사용하는 플레이어가 한 번에 두 명 이상의 조력자를 쓰는 경우, 그 플레이어는 규칙 10.3a(1)(플레이어는 한 번에 한 명의 캐디만 쓸 수 있음)에 언급된 바와 같이, 그러한 위반이 일어난 각 홀에 대하여 일반 페널티를 받음

4. 25.4d '스탠스'의 정의의 수정

플레이어의 이동 보조장치의 사용은 여러 가지 규칙의 목적상 '스탠스'에 영향을 미칠 수 있음(예 규칙 8.1a에 따라 의도된 스탠스 구역을 결정하는 경우 및 규칙 16.1에 따라 비정상적인 코스상태로 인한 방해 여부를 판단하는 경우)

이 문제를 해결하기 위하여, 이동 보조장치를 사용하는 플레이어의 경우, 스탠스의 정의는 '스트로크를 준비하거나 실행할 때의 플레이어의 발과 몸의 위치 및 플레이어가 사용하는 이동 보조장치의 위치'로 수정

5. 25.4e '리플레이스'의 정의의 수정

이동 보조장치를 사용하는 플레이어의 경우, 플레이어가 손이나 다른 장비로 자신의 볼을 리플레이스하는 것을 허용하기 위하여, 리플레이스의 정의(및 규칙 14.2b(2))를 확장

6. 25.4f 규칙 4.3(장비의 사용)의 적용

이동 보조장치의 사용과 관련하여, 규칙 4.3은 다음과 같이 적용:

- 규칙 4.3b의 기준에 따라 허용되는 경우, 이동 보조장치를 사용하는 플레이어는 자신의 플레이에 도움이 되는 이동 보조장치를 사용할 수 있음
- 장비의 비정상적인 사용에 관한 규칙 4.3a의 금지 사항은 이동 보조장치를 사용하는 플레이어에게도 그대로 적용

7. 25.4g 규칙 8.1b(5)의 수정 - 스탠스를 취할 때 이동 보조장치의 사용을 허용

규칙 8.1b(5)에 따르면, 플레이어가 '합리적인 정도로 모래나 흩어진 흙을 발로 파고드는 것을 포함하여' 견고하게 스탠스를 취하는 행동으로 스트로크에 영향을 미치는 상태를 개선한 경우, 페널티가 없음

이동 보조장치를 사용하는 플레이어의 경우, 규칙 8.1b(5)는 다음과 같은 내용이 '합리적인 정도로 발로 파고드는 것'에 포함되도록 수정:

- 이동 보조장치를 타거나 착용한 채 합리적인 정도로 파고드는 것
- 스탠스를 취할 때, 이동 보조장치의 위치를 잡고 미끄러지지 않도록 하는 합리적인 행동

그러나 본 수정규칙이 이동 보조장치를 사용하는 플레이어가 스윙 중에 그 장치가 미끄러지지 않도록 스탠스를 만드는 정도 이상으로 파고드는 것을 허용하는 것은 아님(예 그 장치가 그 자리에서 버틸 수 있도록 흙더미나 모래더미를 만드는 것)

이동 보조장치를 사용하는 플레이어가 그렇게 한 경우, 플레이어는 규칙 8.1b(3)를 위반하여 스탠스를 만들기 위하여 지면 상태를 변경한 것에 대하여 일반 페널티를 받음

8. 25.4h 규칙 10.1b(클럽을 고정시키는 경우)의 수정

이동 보조장치를 사용하는 플레이어가 그 장치 때문에 자신의 클럽을 고정하지 않고는 클럽을 들거나 스윙을 할 수 없는 경우, 규칙 10.1b에 따른 페널티 없이 클럽을 고정시킨 채 스트로크를 할 수 있음

9. 25.4i 규칙 10.1c(플레이 선을 가로질러 서거나 밟고 선 채 스트로크를 한 경우)의 수정

플레이어가 이동 보조장치를 사용하는 점을 고려하여, 규칙 10.1c는 이동 보조장치를 사용하는 플레이어가 고의로 자신의 이동 보조장치의 어떤 부분을 플레이 선이나 볼 후방의 연장선 양쪽에 위치시키거나 그 선에 닿게 한 채 스트로크해서는 안 되는 것으로 수정

10. 25.4j 규칙 10.3(캐디)의 수정

이동 보조장치를 사용하는 플레이어의 조력자는 그 플레이어 캐디로의 역할도 할 수 있음. 그러나 그렇게 하는 것이 요구되는 것은 아님

이동 보조장치를 사용하는 플레이어는 조력자와 캐디를 동시에 쓸 수 있음:

- 다만 조력자와 캐디를 동시에 쓰더라도, 조력자는 플레이어가 스트로크하기 전에 스탠스를 취하거나 정렬할 때 도움을 제공하거나 캐디의 정의에 언급된 정도로 플레이어를 돕는 것 이외에, 플레이어의 클럽을 가지고 있거나 다뤄서는 안 됨. 그러나 이 요건이 규칙 10.2b(3)(스탠스를 취하는 데 도움이 되는 물체를 놓아두어서는 안 됨)를 수정하는 것은 아님
- 본 규칙을 위반하여 조력자가 플레이어의 클럽을 가지고 있거나 다룬 경우, 플레이어는 두 명의 캐디를 동시에 쓴 것이 되므로, 그러한 위반이 일어난 각 홀에 대하여 일반 페널티를 받음(규칙 10.3a(1) 참조)

11. 25.4k 규칙 11.1b(2)의 수정

이동 보조장치를 사용하는 플레이어를 위하여, 규칙 11.1b(2)는 플레이어가 퍼팅그린에서 플레이하여 움직이고 있는 볼이 우연히 그 장치를 맞힌 경우, 그 볼은 반드시 놓인 그대로 플레이하도록 수정

12. 25.4l 규칙 12.2b(1)의 적용 - 벙커에서 모래 상태를 테스트하기 위하여 이동 보조장치를 사용하는 경우

규칙 12.2b(1)에 따르면, 플레이어가 '다음 스트로크에 대한 정보를 얻으려고 모래의 상태를 테스트하기 위하여 고의로 손·클럽·고무래·그 밖의 물체로 벙커에 있는 모래를 건드려서는 안 됨'

이 규칙은 고의로 모래 상태를 테스트하기 위하여 이동 보조장치를 사용하는 때도 그대로 적용

그러나 그 밖의 목적으로는 이동 보조장치를 사용하는 플레이어가 페널티 없이 그 장치로 모래를 건드릴 수 있음

13. 25.4m 바퀴 달린 이동장치를 사용하는 플레이어의 경우: 빨간 페널티구역에 있는 볼과 언플레이어블볼에 대한 측면 구제방법의 수정

바퀴 달린 이동장치를 사용하는 플레이어가 빨간 페널티구역에 있는 볼이나 언플레이어블볼에 대하여 측면 구제를 받는 경우, 규칙 17.1d(3)과 19.2c는 허용되는 구제구역의 크기를 측정할 때 사용하는 두 클럽 길이를 네 클럽 길이로 확장하는 것으로 수정

14. 25.4n 바퀴 달린 이동장치를 사용하는 플레이어의 경우: 규칙 19.3b에 따른 페널티의 수정 (벙커에서의 언플레이어블볼 구제)

바퀴 달린 이동장치를 사용하는 플레이어가 벙커에서 언플레이어블볼 구제를 받는 경우, 규칙 19.3b는 그 플레이어가 1벌타를 받고 그 벙커 밖에서 후방선 구제를 받을 수 있는 것으로 수정

5 25.5 지적장애를 가진 플레이어를 위한 수정
(Modification for Players with Intellectual Disabilities)

> **목적**
> 규칙 25.5에서는 지적장애를 가진 플레이어가 조력자와 캐디로부터 동시에 도움을 받는 것을 허용하며, 감독관의 역할에 대해서 명확하게 설명함. 감독관은 특정 플레이어에게 배정되는 것이 아니므로, 어드바이스를 제공하는 것이 허용되지 않음

1. 25.5a 조력자 또는 감독관의 도움

지적장애를 가진 플레이어가 필요로 하는 도움의 정도는 각 개인에 따라 다를 것임

위원회는 지적장애를 가진 플레이어를 돕기 위하여 조력자나 감독관을 제공하거나 허용할 수 있음

- 조력자는 지적장애를 가진 개인 플레이어가 플레이하는 것과 규칙을 적용하는 것을 도움:
  - 조력자는 규칙에 따라 캐디와 동일한 자격을 가짐(규칙 10.3 참조). 그러나 규칙 25.5c에 언급된 바와 같은 제한을 받음
  - 규칙 10.2a(어드바이스)의 목적상, 플레이어는 조력자와 캐디에게 동시에 어드바이스를 요청하고 얻을 수 있음
- 감독관은 경기가 진행되는 동안 지적장애를 가진 플레이어를 도와주도록 위원회가 지정한 사람:
  - 감독관은 특정 플레이어에게 배정되는 것이 아니며, 도움이 필요한 지적장애를 가진 모든 플레이어를 돕는 것이 감독관의 역할임
  - 규칙의 목적상, 감독관은 외부의 영향
  - 플레이어는 감독관에게 어드바이스를 요청하거나 감독관으로부터 어드바이스를 얻을 수 없음

2. 25.5b 플레이어에게는 한 번에 한 명의 조력자만 허용

지적장애를 가진 플레이어는 한 번에 한 명의 조력자만 쓸 수 있음

지적장애를 가진 플레이어가 한 번에 두 명 이상의 조력자를 쓰는 경우, 그 플레이어는 규칙 10.3a(1)(플레이어는 한 번에 한 명의 캐디만 쓸 수 있음)에 명시된 바와 같이, 그러한 위반이 일어난 각 홀에 대하여 **일반 페널티**를 받음

3. 25.5c 규칙 10.3(캐디)의 수정

지적장애를 가진 플레이어의 조력자는 그 플레이어 캐디로의 역할도 할 수 있음. 그러나 그렇게 하는 것이 요구되는 것은 아님

지적장애를 가진 플레이어는 조력자와 캐디를 동시에 쓸 수 있음:

- 다만 조력자와 캐디를 동시에 쓰더라도, 플레이어가 스트로크하기 전에 스탠스를 취하거나 정렬할 때 조력자가 도움을 제공하거나, 캐디의 정의에 언급된 정도로 플레이어를 돕는 것 이외에, 플레이어의 클럽을 가지고 있거나 다뤄서는 안 됨. 그러나 본 규칙이 규칙 10.2b(3)(스탠스를 취하는 데 도움이 되는 물체를 놓아두어서는 안 됨)을 수정하는 것은 아님
- 본 규칙을 위반하여 조력자가 플레이어의 클럽을 가지고 있거나 다룬 경우, 플레이어는 두 명의 캐디를 동시에 쓴 것이 되므로, 그러한 위반이 일어난 각 홀에 대하여 **일반 페널티**를 받음(규칙 10.3a(1) 참조)

4. 25.5d 규칙 14.1b(볼을 집어 올릴 수 있는 사람)의 수정

규칙 14.1b는 지적장애를 가진 플레이어의 볼이 퍼팅그린에 있는 경우, 플레이어의 캐디뿐만 아니라 조력자도 플레이어의 위임 없이 그 볼을 집어 올릴 수 있도록 수정

5. 25.5e 지적장애와 함께 신체적 장애를 가진 플레이어

지적장애와 함께 신체적 장애를 가진 플레이어를 위하여, 위원회는 그 두 가지 유형의 장애를 다룰 수 있도록 규칙 25의 규칙들을 조합하여 사용할 것을 권장

6 25.6 장애의 모든 범주에 대한 일반 규정
(General Provisions for All Categories of Disabilities)

1. 25.6a 부당한 지연

장애를 가진 플레이어들에게 부당한 지연을 금지하는 규칙 5.6a를 적용하는 경우:

- 각 위원회는 코스의 난이도와 기상상태(이동 보조장치를 사용하는 데 영향을 미칠 수 있다는 점에서), 경기의 성격, 경기에 참여한 플레이어들의 장애 정도를 고려하여, 재량껏 나름의 합리적인 기준을 정하여야 함
- 이와 같은 요소들을 고려하여, 위원회들이 부당한 지연에 해당하는 사항에 대하여 더욱 완화된 해석을 사용하는 것이 적절

2. 25.6b 드롭하기

규칙 14.3b(볼은 반드시 올바른 방법으로 드롭하여야 함)를 적용하는 경우, 장애를 가진 플레이어들은 신체적인 한계 때문에 자신이 무릎 높이에서 볼을 드롭하였는지 여부를 알기가 어렵거나 알 수 없을 수도 있으므로, 위원회는 그렇게 볼을 드롭하였다는 플레이어의 합리적인 판단을 받아들여야 함. 또한, 위원회는 플레이어의 신체적인 한계를 고려하여, 무릎 높이에서 볼을 드롭하기 위한 모든 합리적인 노력을 다한 것으로 받아들여야 함

「위원회 절차」: 규칙 25 및 장애를 가진 플레이어들이 참가하는 경기에 대한 추가 지침

Chapter 11 용어의 정의

가장 가까운 완전한 구제지점(Nearest Point of Complete Relief) ★★

가장 가까운 완전한 구제지점이란 비정상적인 코스상태(규칙 16.1), 위험한 동물이 있는 상태(규칙 16.2), 잘못된 그린(규칙 13.1f), 플레이금지구역(규칙 16.1f와 17.1e)으로부터 페널티 없는 구제를 받거나 특정한 로컬룰에 따라 구제를 받는 경우의 기준점을 말함

이 기준점은 볼이 놓일 것으로 추정되는 지점으로:

- 그 볼의 원래의 지점과 가장 가깝지만, 그 지점보다 홀에 더 가깝지 않고,
- 요구되는 코스의 구역에 있으며,
- 원래의 지점에 그런 상태가 없었다면 플레이어가 그 지점에서 하였을 스트로크에 대한 구제가 이루어지고 있는 상태로부터는 어떠한 방해(사용 중인 규칙에 따라)도 없는 지점이어야 함

이 기준점을 추정할 때, 플레이어는 반드시 그 스트로크에 사용하였을 것과 동일한 클럽·스탠스·스윙·플레이 선을 사용하여야 함

플레이어가 실제로 스탠스를 취하고 선택한 클럽으로 스윙을 해보면서 그 스트로크를 시연할 필요는 없음 (그러나 일반적으로 플레이어가 시연해보는 것이 정확하게 추정하는 데 도움이 되므로 그렇게 할 것을 권장)

가장 가까운 완전한 구제지점은 오로지 구제를 받는 특정한 상태와 관련된 것이지만, 그 지점이 그 상태와 다른 무엇인가에 의한 방해가 있는 위치에 있을 수도 있음:

- 플레이어가 구제를 받고 난 후 또 다른 상태로 인한 방해가 있고 그 또 다른 상태로부터의 구제가 허용되는 경우, 플레이어는 그 새로운 상태로부터 새로운 가장 가까운 완전한 구제지점을 결정하여 다시 구제를 받을 수 있음
- 구제는 반드시 각 상태에 대하여 개별적으로 받아야 함. 다만 플레이어가 각 상태로부터 개별적으로 구제를 받더라도 그 둘 중 어느 한 상태로 인한 방해가 계속될 것이라는 결론을 내리는 것이 합리적일 때는 그 두 상태로부터 동시에 구제(그 두 상태 모두로부터 가장 가까운 완전한 구제지점을 기준으로)를 받을 수 있음

개선(Improve) ★

개선이란 플레이어가 스트로크에 대한 잠재적인 이익을 얻기 위하여 스트로크에 영향을 미치는 상태 또는 플레이에 영향을 미치는 물리적인 상태를 하나 이상 변경하는 것을 말함

교체(Substitute) ★

교체란 플레이어가 다른 볼을 인플레이 상태가 되도록 함으로써, 홀 플레이에 사용 중인 볼을 바꾸는 것을 말함

원래의 볼이 어떤 상태였는지와 관계없이, 어떤 방식으로든 원래의 볼을 대신하여 다른 볼을 인플레이 상태가 되도록 한 경우(규칙 14.4 참조), 그 다른 볼은 교체된 볼: 즉,

- 원래의 볼이 인플레이 상태였는지 여부와 관계없이
- 원래의 볼을 코스에서 집어 올렸기 때문에 또는 원래의 볼이 분실되었거나 아웃오브바운즈에 있으므로, 원래의 볼이 더 이상 인플레이 상태의 볼이 아니었는지 여부와 관계없이

다음과 같은 경우에도, 교체된 볼이 플레이어의 인플레이 상태의 볼:
- 잘못된 방식으로 또는 잘못된 장소에 볼을 리플레이스하거나 드롭하거나 플레이스하여 교체한 경우
- 규칙에서 플레이어가 다른 볼로 교체할 것이 아니라 원래의 볼을 인플레이 상태로 되돌려놓을 것을 요구하였는데, 다른 볼로 교체한 경우

구제구역(Relief Area) ★★

구제구역이란 플레이어가 규칙에 따른 구제를 받을 때 반드시 볼을 드롭하여야 하는 구역을 말함. 후방선 구제(규칙 16.1c(2), 17.1d(2), 19.2b, 19.3 참조)를 제외하고, 각 구제 규칙은 플레이어가 다음의 세 가지 요소를 충족시키는 위치와 크기를 가진 특정한 구제구역을 사용할 것을 요구:
- 기준점: 구제구역의 크기를 측정하는 기준이 되는 지점
- 구제구역의 크기: 구제구역의 크기는 기준점으로부터 한 클럽 길이 또는 두 클럽 길이 이내의 구역. 다만 다음과 같은 제한을 받음
- 구제구역의 위치 제한: 구제구역의 위치가 명확하게 규정되도록, 다음과 같은 방식 중 한 가지 이상의 방식으로 그 위치가 제한될 수 있음
  - 구제구역은 반드시 특정한 코스의 구역에 있어야 함(예 일반구역이어야만 함 또는 벙커나 페널티구역이서는 안 됨)
  - 구제구역은 기준점보다 홀에 더 가깝지 않아야 함. 또는 반드시 구제를 받는 페널티구역이나 벙커의 밖에 있어야 함
  - 구제구역은 구제를 받는 상태로부터 어떠한 방해(그 특정 규칙에 규정된 방해)도 받지 않는 곳이어야 함

후방선 구제를 받는 경우, 플레이어는 반드시 사용 중인 규칙에서 허용하는 위치에 있는 후방선상에 볼을 드롭하여야 하며, 구제구역은 그 볼이 드롭될 때 최초로 지면에 닿은 지점으로부터 어느 방향으로든 한 클럽 길이 이내의 구역으로 결정

규칙에서 플레이어가 후방선 구제를 사용하여 다시 또는 두 번째로 볼을 드롭할 것을 요구하는 경우:
- 플레이어는 볼을 드롭하는 지점을 바꿀 수 있고(즉, 첫 번째 드롭한 지점보다 홀에 더 가깝거나 먼 지점에 드롭할 수 있고), 구제구역 또한 그 바뀐 드롭 지점에 따라 달라짐
- 그 코스의 다른 구역에 드롭할 수도 있음

그러나 그렇게 하는 것이 규칙 14.3c가 적용되는 방식을 바꾸는 것은 아님

구제구역의 크기를 정하기 위하여 클럽 길이를 이용할 때, 플레이어는 배수로나 구멍 또는 그와 유사한 것들을 가로질러 측정할 수 있으며, 어떤 물체(예 나무·울타리·벽·터널·배수구·스프링클러 헤드)를 가로지르거나 통과하여 측정할 수 있음. 그러나 자연적인 오르막/내리막 지형을 수평으로 가로질러 측정해서는 안 됨

「위원회 절차」: 위원회는 플레이어가 특정한 구제를 받을 때 드롭존을 구제구역으로 사용할 것을 허용하거나 요구할 수 있음

깃대(Flag stick)

깃대란 위원회가 플레이어들에게 홀의 위치가 어디인지 보여주기 위하여 홀에 꽂아둔 움직일 수 있는 긴 막대를 말함. 깃대에는 깃발과 그 막대에 부착된 그 밖의 모든 물질이나 물체도 포함

홀의 위치를 나타내기 위하여 인공물이나 자연물(예 클럽 또는 막대기)을 사용하는 경우, 규칙 적용의 목적상 그 물체는 깃대로 간주

깃대에 관한 요건은 「장비 규칙」에 나와 있음

동물(Animal)
동물이란 포유류·조류·파충류·양서류·무척추동물(예 벌레·곤충·거미·갑각류)을 포함하여, 동물계에 살아있는 모든 개체(사람은 제외)를 말함

동물이 만든 구멍(Animal Hole)
동물이 만든 구멍이란 루스임페디먼트로 규정된 동물(예 벌레나 곤충)이 판 구멍 이외의, 동물이 지면에 판 모든 구멍을 말함

다음과 같은 것들은 동물이 만든 구멍에 포함:
- 동물이 그 구멍을 팔 때 떨어져 나온 부스러기
- 동물이 그 구멍을 드나든 흔적이나 자국
- 동물이 땅속으로 판 구멍으로 인하여 불룩하게 솟아오르거나 변형된 지면의 모든 부분

동물이 그 구멍을 드나든 흔적이나 자국의 일부가 아닌 동물의 발자국은 동물이 만든 구멍에 포함되지 않음

드롭(Drop) ★
드롭이란 볼을 인플레이 상태가 되게 하려는 의도를 가지고, 그 볼을 손에 들고 공중에서 떨어뜨리는 것을 말함

플레이어가 볼을 인플레이 상태가 되게 하려는 의도 없이 떨어뜨린 경우, 그 볼은 드롭된 것이 아니므로, 인플레이 상태의 볼이 아님(규칙 14.4 참조)

각 구제 규칙에서는 그 볼을 반드시 드롭하고 그 볼이 반드시 정지하여야 할 특정한 구제구역을 규정하고 있음

구제를 받을 때, 플레이어는 반드시 볼이 다음과 같이 떨어질 수 있도록, 무릎 높이의 위치에서 그 볼을 손에서 놓아야 함:
- 볼이 똑바로 떨어지도록 하여야 함. 즉, 플레이어가 볼을 던지거나 굴리거나 볼에 스핀을 주어서는 안 되며, 볼이 정지할 곳에 영향을 미칠 수도 있는 동작은 어떠한 동작도 해서는 안 됨
- 그 볼이 지면에 닿기 전에 플레이어의 몸이나 장비를 맞히지 않도록 하여야 함(규칙 14.3b 참조)

라운드(Round)
라운드란 위원회가 정한 순서대로 플레이하는 18개의 홀 또는 그 이하의 홀을 말함

라이(Lie) ★
라이란 볼이 정지한 지점과 그 볼에 닿아있거나 그 볼 바로 옆에 자라거나 붙어 있는 모든 자연물·움직일 수 없는 장해물·코스와 분리할 수 없는 물체·코스의 경계물을 아우르는 지점을 말함

루스임페디먼트와 움직일 수 있는 장해물은 볼의 라이에 해당하지 않음

레프리(Referee)
레프리란 사실상의 문제를 결정하고 규칙을 적용할 권한을 위원회로부터 공식적으로 위임받은 사람을 말함

매치플레이에서, 레프리의 의무와 권한은 그 레프리에게 주어진 역할에 따라 결정

레프리가 한 매치의 라운드 내내 그 매치에 배정되는 경우, 그 레프리는 자신이 보거나 들은 모든 규칙 위반에 관하여 조치를 취할 책임이 있음(규칙 20.1b(1) 참조)

- 레프리가 여러 개의 매치 또는 그 코스의 특정 홀이나 특정 구간에 배정되는 경우, 그 레프리는 어느 한 매치에 관여할 권한이 없음. 다만 다음과 같은 경우는 예외:
  - 매치의 플레이어가 규칙과 관련하여 도움을 요청하거나 재정을 요구하는 경우(규칙 20.1b(2) 참조)
  - 매치의 플레이어(들)가 규칙 1.2(플레이어의 행동 기준)나 규칙 1.3b(1)(둘 이상의 플레이어들이 어떤 규칙이나 페널티가 적용되는 것을 알면서도 그것을 무시하기 로 합의한 경우)나 규칙 5.6a(플레이의 부당한 지연) 또는 규칙 5.6b(신속한 플레이 속도)에 위반이 될 수도 있는 경우
  - 플레이어가 자신의 출발 지점에 늦게 도착한 경우(규칙 5.3 참조)
  - 플레이어가 볼을 찾는 시간이 3분에 이른 경우(규칙 5.6a와 '분실'의 정의 참조)

스트로크플레이에서, 레프리는 자신이 보거나 들은 모든 규칙 위반에 관하여 조치를 취할 책임이 있음. 이는 그 레프리가 어떤 그룹의 한 라운드 내내 그 라운드에 배정된 경우 또는 여러 그룹이나 그 코스의 특정 홀이나 특정 구간을 모니터하도록 배정된 경우에도 적용

레프리의 의무는 매치플레이와 스트로크플레이의 위원회에 의하여 제한될 수도 있음

루스임페디먼트(Loose Impediment) ★★

루스임페디먼트란 다음과 같이 어딘가에 붙어 있지 않은 모든 자연물을 말함:

- 돌멩이, 어딘가에 붙어 있지 않은 풀·낙엽·나뭇가지·나무토막
- 동물의 사체와 배설물
- 벌레, 곤충, 벌레나 곤충처럼 쉽게 제거할 수 있는 동물, 그런 동물들이 만든 흙더미나 거미줄(예 지렁이 똥, 개밋둑)
- 뭉쳐진 흙덩어리(에어레이션 찌꺼기 포함)

다음과 같은 상태의 자연물은 루스임페디먼트가 아님:

- 자라거나 붙어 있는 자연물
- 지면에 단단히 박혀있는 자연물(즉, 쉽게 뽑히지 않는 자연물)
- 볼에 달라붙어 있는 자연물 특별한 경우:
- 모래와 흩어진 흙은 루스임페디먼트가 아님(벌레나 곤충 또는 그것과 유사한 동물이 만든 아주 작은 마운드는 여기에 포함되지 않음)
- 이슬과 서리와 물은 루스임페디먼트가 아님
- 눈과 천연 얼음(서리는 제외)은 루스임페디먼트이기도 하고, 지면에 있는 경우에는 플레이어의 선택에 따라 일시적으로 고인 물로 간주할 수도 있음
- 거미줄은 다른 물체에 붙어 있더라도 루스임페디먼트
- 볼에 달라붙어 있는 살아있는 곤충은 루스임페디먼트

리플레이스(Replace) ★★

리플레이스란 볼을 인플레이 상태가 되게 하려는 의도로, 손으로 그 볼을 내려놓아 플레이스하는 것을 말함

플레이어가 볼을 인플레이 상태가 되게 하려는 의도 없이 그 볼을 내려놓은 경우, 그 볼은 리플레이스된 것이 아니므로, 인플레이 상태가 아님(규칙 14.4 참조)

규칙에서 볼을 리플레이스할 것을 요구할 때마다, 관련 규칙에는 그 볼을 반드시 리플레이스하여야 할 특정한 지점을 규정하고 있음

규칙 25.3d와 25.4e (지체장애를 가진 플레이어나 이동 보조장치를 사용하는 플레이어의 경우, 리플레이스의 정의는 장비를 사용하여 볼을 리플레이스하는 것을 허용하는 것으로 수정) 참조

마커(Marker)

마커란 스트로크플레이에서 플레이어의 스코어카드에 그 플레이어의 스코어를 기록하고 그 스코어카드를 확인하고 서명할 책임이 있는 사람을 말함. 다른 플레이어는 마커가 될 수 있지만, 플레이어의 파트너는 마커가 될 수 없음

위원회는 플레이어의 마커를 지정해줄 수도 있고, 플레이어들에게 마커를 선택하는 방법을 알려줄 수도 있음

마크(Mark)

마크란 볼이 정지한 지점을 나타내기 위하여 다음과 같이 하는 것을 말함:

- 정지한 볼 바로 뒤나 옆에 볼마커를 놓아둠
- 클럽을 들고 정지한 볼 바로 뒤나 옆의 지면에 클럽의 한쪽 끝을 댐

이는 정지한 볼을 집어 올린 후 그 볼을 반드시 리플레이스하여야 할 지점을 나타내기 위한 것

매치플레이(Match Play)

매치플레이란 플레이어나 편이 상대방이나 다른 편을 직접적으로 상대하여, 한 라운드 이상의 매치를 경쟁하는 플레이 방식을 말함:

- 플레이어나 편이 상대방이나 다른 편보다 더 적은 타수(스트로크 수와 벌타의 합)로 홀을 끝내면, 그 홀을 이김
- 플레이어나 편이 남은 홀들보다 더 많은 수의 홀을 이겨서 상대방이나 다른 편을 앞선 경우, 그 매치의 승자가 됨

매치플레이는 싱글 매치(한 명의 플레이어가 한 명의 상대방과 직접적으로 경쟁하는 플레이)나 스리볼 매치로 플레이될 수도 있고, 두 명의 파트너로 이루어진 편들이 경쟁하는 포섬이나 포볼 매치로 플레이될 수도 있음

맥시멈스코어(Maximum Score)

맥시멈스코어란 플레이어나 편의 홀 스코어가 위원회가 한정해놓은 최대 타수(스트로크 수와 벌타의 합)(예 더블 파·특정한 타수·네트더블보기)로 제한되는 스트로크플레이에 의한 방식을 말함

박힌 볼(Embedded)

박힌 볼이란 플레이어의 볼이 플레이어의 직전 스트로크로 인하여 생긴 그 볼 자체의 피치 마크 안에 들어간 채 그 볼의 일부가 지면 아래에 있는 상태를 말함

볼이 흙에 직접 닿은 채 박힌 경우에만 박힌 볼로 간주되는 것은 아님(예 풀이나 루스임페디먼트가 그 볼과 흙 사이에 끼어 있을 수도 있음)

벙커(Bunker) ★

벙커란 모래로 특별하게 조성된 구역으로, 주로 풀이나 흙이 제거된 채 움푹 꺼진 지형을 말함

다음과 같은 것들은 벙커의 일부가 아님:

- 벙커로 조성된 구역의 경계에 흙·풀·뗏장·인공자재로 만들어진 턱이나 측벽 또는 측면
- 벙커로 조성된 구역의 경계 안에 있는 흙 또는 자라거나 붙어 있는 모든 자연물(예 풀·덤불·나무)
- 벙커로 조성된 구역의 경계 밖으로 흘러나오거나 흩뿌려진 모래
- 벙커로 조성된 구역의 안에 있는 모래로 된 구역이 아닌, 코스 상에 있는 모래로 된 모든 구역(예 사막·그 밖의 자연적인 모래 지역·흔히 황무지로 불리는 구역)

벙커는 코스의 구역으로 규정된 다섯 가지 구역 중 하나

위원회는 모래로 조성된 구역을 일반구역의 일부(즉, 벙커가 아니라는 의미)로 규정할 수도 있고, 조성된 구역은 아니지만 모래로 되어있는 구역을 벙커로 규정할 수도 있음

위원회가 수리 중인 벙커 전체를 수리지로 규정하는 경우, 그 벙커는 일반구역 일부로 간주(즉, 그 수리 중인 벙커는 벙커가 아니라는 것을 의미)

「용어의 정의」와 규칙 12에서 언급하는 '모래'에는 그 모래에 혼합된 모든 종류의 흙과 벙커 자재로 쓰이는 모든 종류의 모래(예 조개껍데기를 갈아서 만든 모래)가 포함

볼마커(Ball-Marker) ★

볼마커란 집어 올릴 볼의 지점을 마크하기 위하여 사용하는 인공물(예 티·동전·볼마커용으로 만들어진 물건·그 밖의 자그마한 장비)을 말함

규칙에서 볼마커를 움직인 것에 대하여 언급하는 경우, 그것은 집어 올린 후 아직 리플레이스하지 않은 볼의 지점을 마크하기 위하여 코스 상에 놓아둔 볼마커를 의미

분실(Lost) ★★

분실이란 플레이어나 플레이어의 캐디(또는 플레이어의 파트너나 파트너의 캐디)가 볼을 찾기 시작한 후 3분 안에 그 볼이 발견되지 않은 상태를 말함. 볼이 분실되었다는 플레이어의 선언만으로 그 볼이 분실된 볼이 되는 것은 아님

플레이어가 다른 사람이 자신을 대신하여 볼을 찾도록, 고의로 볼 찾기를 시작하지 않고 지연시킨 경우, 볼 찾기에 허용되는 시간(3분)은 플레이어가 볼을 찾는 구역에 도착하는 것을 지연시키지 않았다면 그 구역에 있었을 시점에 시작

볼 찾기가 시작된 후 타당한 이유(예 위원회가 플레이 중단을 선언한 경우 또는 다른 플레이어의 플레이를 기다리기 위하여 잠시 비켜서 있어야 하는 경우) 때문에 또는 플레이어가 잘못된 볼을 잘못 확인하였기 때문에, 볼 찾기가 일시적으로 중단되는 경우:

- 볼 찾기가 중단된 시점부터 재개되는 시점까지의 시간은 볼 찾기에 허용되는 시간(3분)에 포함되지 않으며,
- 볼 찾기에 허용되는 시간은 볼 찾기를 시작한 시점부터 볼 찾기가 중단된 시점까지의 시간과 볼 찾기가 재개되는 시점부터 볼 찾기가 종료되는 시점까지의 시간을 합하여, 총 3분임

비정상적인 코스상태(Abnormal Course Condition) ★

비정상적인 코스상태란 다음과 같이 규정된 네 가지 상태를 말함:

- 동물이 만든 구멍
- 수리지
- 움직일 수 없는 장해물
- 일시적으로 고인 물

상대방(Opponent)

상대방이란 매치에서 플레이어가 대항하여 경쟁하는 사람을 말함. 상대방이라는 용어는 매치플레이에만 적용

수리지(Ground Under Repair)

수리지란 위원회가 그 코스에서 수리지로 규정한 모든 부분(표시 여부와 관계없이)을 말함. 모든 규정된 수리지에는 다음과 같은 부분들이 모두 포함:

- 수리지로 규정된 구역의 경계 안에 있는 모든 지면
- 수리지로 규정된 구역에 뿌리를 둔 모든 풀·덤불·나무 또는 자라거나 붙어 있는 모든 자연물 및 이러한 자연물 일부가 수리지로 규정된 구역의 경계 밖에서 지면보다 위로 뻗어 나간 모든 부분 - 그러나 수리지로 규정된 구역의 경계 밖의 지면에 붙어 있거나 그 지면 아래에 있는 자연물은 포함되지 않음(예 수리지로 규정된 구역의 경계 안에 뿌리를 둔 나무의 뿌리가 그 경계 밖으로 뻗어 나간 부분)

위원회가 수리지로 규정하지 않더라도, 다음과 같은 것들은 수리지에 포함:

- 다음과 같은 과정에서 위원회나 코스 관리팀에 의하여 만들어진 모든 구멍:
  - 코스를 셋업하는 과정(예 말뚝을 제거한 곳에 생긴 구멍 또는 더블 그린의 홀 중에서 다른 홀의 플레이에 사용되고 있는 홀)
  - 코스를 관리하는 과정(예 뗏장이나 나무 그루터기를 제거하거나 배관을 설치하는 과정에서 생긴 구멍, 그러나 에어레이션 구멍은 제외)
- 나중에 치우려고 쌓아둔 깎아낸 잔디 더미나 낙엽 더미 또는 그 밖의 모든 물체
  - 그러나 치우려고 쌓아둔 모든 자연물은 루스임페디먼트이기도 하며,
  - 위원회가 수리지로 규정하지 않은 이상, 치울 의도 없이 코스 상에 남겨둔 모든 물체는 수리지가 아님
- 플레이어의 볼에 너무 가깝게 있어서 플레이어의 스트로크나 스탠스로 인하여 훼손될 수도 있는 모든 동물의 서식지(예 새 둥지) - 다만 그 서식지가 루스임페디먼트로 규정된 동물(예 벌레나 곤충)이 만든 것인 경우는 예외

수리지의 경계는 말뚝이나 선 또는 물리적인 특징으로 규정되어야 함:

- 말뚝: 말뚝으로 규정된 경우, 그 수리지의 경계는 그 말뚝과 지면의 바깥쪽 접점들을 이은 선으로 규정되며, 말뚝 자체는 그 수리지 안에 있는 것
- 선: 지면 위에 칠한 선으로 규정된 경우, 그 수리지의 경계는 그 선의 외곽선이며, 선 자체는 그 수리지에 있는 것
- 물리적인 특징: 물리적인 특징(예 화단이나 잔디 재배지)으로 규정된 경우, 위원회는 그 수리지의 경계를 명확하게 규정하여야 함

수리지의 경계가 선이나 물리적인 특징으로 규정되는 경우, 그 수리지의 위치를 나타내기 위하여 말뚝이 사용될 수도 있음

말뚝이 수리지의 경계를 규정하거나 나타내기 위하여 사용되는 경우, 그 말뚝은 장해물

스리볼(Three-Ball)

스리볼이란 다음과 같은 매치플레이의 한 방식을 말함:

- 스리볼에서는 세 명의 플레이어 각각이 다른 두 명의 플레이어에 대항하여 두 개의 개별적인 매치를 동시에 플레이함
- 각 플레이어는 자신의 두 매치에 사용되는 하나의 볼만 플레이함

스코어카드(Scorecard)

스코어카드란 스트로크플레이에서 플레이어의 각 홀의 스코어가 기록되는 문서를 말함

스코어카드는 위원회가 다음과 같은 용도로 승인한 종이로 된 카드 또는 전자식 입력기의 형태를 띤다: 플레이어의 각 홀 스코어를 기록

- 마커와 플레이어가 친필 서명이나 위원회가 승인한 전자인증방식으로 스코어를 확인·서명

매치플레이에서 스코어카드가 요구되는 것은 아니지만, 매치 스코어를 확인하고자 하는 플레이어는 스코어카드를 사용할 수도 있음

스탠스(Stance) ★

스탠스란 플레이어가 스트로크를 준비하고 실행할 때의 플레이어의 발과 몸의 위치를 말함

규칙 25.4d (스탠스의 정의를 이동 보조장치를 사용하는 플레이어에게 적용하는 경우, 그 정의에는 스트로크를 준비하거나 실행할 때의 이동 보조장치의 위치도 포함되는 것으로 수정) 참조

스테이블포드(Stableford)

스테이블포드란 다음과 같은 스트로크플레이의 한 방식을 말함:

- 플레이어나 편의 홀 스코어는 그 홀에서의 플레이어나 편의 타수(스트로크 수와 벌타의 합)를 위원회가 정해놓은 그 홀의 목표 스코어와 비교하여 주어지는 점수로 결정되고,
- 가장 높은 점수로 모든 라운드를 끝낸 플레이어나 편이 그 경기의 우승자가 됨

스트로크(Stroke) ★★

스트로크란 볼을 보내고자 하는 방향으로 그 볼을 치기 위하여 클럽을 움직이는 동작을 말함

그러나 다음과 같은 경우, 플레이어는 스트로크한 것이 아님:

- 플레이어가 다운스윙 도중에 볼을 치지 않아야겠다고 판단하여, 클럽 헤드가 볼에 도달하기 전에 의도적으로 클럽헤드를 멈추었거나 또는 클럽 헤드를 도저히 멈출 수 없어서 의도적으로 볼을 맞히지 않은 경우
- 플레이어가 연습 스윙을 하거나 스트로크를 하려고 준비하다가 우연히 볼을 친 경우

규칙에서 '볼을 플레이하는 것'과 관련하여 언급하는 경우, 그것은 스트로크하는 것과 동일한 것을 의미함
플레이어의 홀 스코어나 라운드 스코어는 '타수' 또는 '낸 타수'로 표현되며, 이는 플레이어가 한 모든 스트로크와 모든 벌타를 의미(규칙 3.1c 참조)

스트로크와 거리(Stroke and Distance)

스트로크와 거리란 플레이어가 직전의 스트로크를 한 곳에서 볼을 플레이하여 규칙 17, 18 또는 19에 따른 구제를 받는 경우의 절차와 페널티를 말함(규칙 14.6 참조)

스트로크와 거리라는 용어는 다음의 두 가지를 모두 의미:

- 플레이어는 1벌타를 받음
- 플레이어 직전의 스트로크를 한 지점으로부터 홀 쪽으로 나아간 거리상의 이점을 모두 잃음

스트로크에 영향을 미치는 상태(Conditions Affecting the Stroke) ★★

스트로크에 영향을 미치는 상태란 플레이어의 정지한 볼의 라이·의도된 스탠스 구역·의도된 스윙 구역·플레이 선·플레이어가 볼을 드롭하거나 플레이스할 구제구역을 말함

- '의도된 스탠스 구역'에는 플레이어가 의도된 스트로크를 준비하고 실행할 때 발로 딛고 설 곳과 플레이어의 몸이 위치하는 방법과 장소에 합리적으로 영향을 미칠 수도 있는 구역 전체가 모두 포함
- '의도된 스윙 구역'에는 그 의도된 스트로크를 위한 모든 부분(즉, 백스윙이나 다운스윙 또는 스윙의 완성)에 합리적으로 영향을 미칠 수도 있는 구역 전체가 포함
- 라이·플레이 선·구제구역이라는 각 용어는 그 용어만의 고유한 정의를 하고 있음

스트로크플레이(Stroke Play)

스트로크플레이란 플레이어나 편이 그 경기에 참가한 다른 모든 플레이어나 편들에 대항하여 경쟁하는 플레이 방식을 말함

스트로크플레이의 기본 방식(규칙 3.3 참조)에서:

- 플레이어의 라운드 스코어나 편의 라운드 스코어는 그 플레이어나 편이 그 라운드의 각 홀에서 홀 아웃한 타수(스트로크 수와 벌타의 합)를 모두 더한 타수이며,
- 가장 적은 타수로 모든 라운드를 끝낸 플레이어나 편이 그 경기의 우승자가 됨

스트로크플레이의 기본 방식과는 다른 스코어 산정 방법을 가진 그 밖의 스트로크플레이 방식으로는 스테이블포드·맥시멈 스코어·파/보기가 있음(규칙 21 참조)

모든 스트로크플레이 방식은 개인 경기(각 플레이어가 각자 경쟁하는 경기)로 플레이될 수도 있고, 파트너들로 이루어진 편들이 참가하는 경기(포섬이나 포볼)로 플레이될 수도 있음

아너(Honour)

아너란 플레이어가 티잉구역에서 첫 번째로 플레이할 권리를 말함(규칙 6.4 참조)

아웃오브바운즈(Out of Bounds) ★★

아웃오브바운즈란 위원회가 규정한 코스의 경계 밖에 있는 모든 구역을 말함. 코스의 경계 안에 있는 모든 구역은 인바운즈

코스의 경계는 그 코스의 지면보다 위로도 연장되고 아래로도 연장:

- 이는 코스의 경계 안에 있는 모든 지면과 모든 물체(예 자연물과 인공물)는 그 지면상에 있든 그 지면의 표면보다 위나 아래에 있든, 모두 인바운즈에 있다는 것을 의미
- 어떤 물체가 코스의 경계 안과 밖 양쪽에 모두 있는 경우(예 경계 울타리에 붙어 있는 계단, 그 경계 밖에 뿌리를 둔 나무의 가지가 경계 안으로 뻗어 들어온 부분, 그 경계 안에 뿌리를 둔 나무의 가지가 경계 밖으로 뻗어 나간 부분), 그 경계 밖에 있는 부분만 아웃오브바운즈

코스의 경계는 코스의 경계물이나 선으로 규정되어야 함:

- <u>코스의 경계물</u>: 말뚝이나 울타리로 규정된 경우, 코스의 경계는 그 말뚝이나 울타리 기둥(비스듬하게 세워진 지지대는 제외)과 지면의 코스 쪽 접점들을 이은 선으로 규정되며, 그 말뚝이나 울타리 기둥은 아웃오브바운즈

코스의 경계가 다른 물체(예 벽)로 규정된 경우 또는 위원회가 경계 울타리를 다른 방식으로 간주하고자 하는

경우, 위원회는 그 코스의 경계를 명확하게 규정하여야 함
- **선**: 지면상에 칠한 선으로 규정된 경우, 코스의 경계는 그 선의 코스 쪽 외곽선이며, 그 선 자체는 아웃오브바운즈

코스의 경계를 규정하거나 나타내기 위하여 사용된 말뚝은 코스의 경계물

지면상의 선이 코스의 경계를 규정하는 경우, 그 코스의 경계가 위치한 곳을 나타내기 위하여 말뚝이 사용될 수 있음

코스의 경계를 규정하는 말뚝이나 경계선은 흰색이어야 함

알고 있거나 사실상 확실한(Known or Virtually Certain)

알고 있거나 사실상 확실한 이란 플레이어의 볼에 어떤 일이 일어났는지를 판단하는 기준을 말함. 예를 들면, 그 볼이 페널티구역에 정지하였는지 여부, 그 볼이 움직였는지 여부 또는 그 볼을 움직이게 한 원인은 무엇인지를 판단하는 기준을 말함

알고 있거나 사실상 확실한은 단지 그럴 가능성이나 개연성이 있다는 것 이상을 의미

- 즉, 문제가 된 그 일이 플레이어의 볼에 일어났다는 결정적인 증거(예 플레이어나 다른 목격자가 그 일이 일어난 것을 보았다)가 있다는 것을 의미하거나,
- 의심의 여지는 있지만, 합리적으로 이용할 수 있는 모든 정보가 문제가 된 그 일이 일어났을 가능성이 적어도 95%는 된다는 것을 의미

'합리적으로 이용할 수 있는 모든 정보'란 플레이어가 알고 있는 모든 정보와 플레이어가 경기를 부당하게 지연시키지 않으면서 합리적인 노력으로 얻을 수 있는 그 밖의 모든 정보를 말함

볼을 찾는 경우, 알고 있거나 사실상 확실한 사실의 존재 여부는 오로지 볼 찾기에 허용되는 시간(3분) 안에 발견된 정보만 고려하여 판단

어드바이스(Advice) ★★

어드바이스란 플레이어가 홀이나 라운드를 플레이하는 동안 다음과 같은 경우에 영향을 미칠 의도를 가지고 하는 모든 말이나 행동을 말함(예 방금 전에 스트로크에 사용한 클럽을 보여주는 동작):

- 클럽을 선택할 때
- 스트로크할 때
- 어떻게 플레이할 것인지 결정할 때

그러나 다음과 같이 공공연하게 알려진 정보는 어드바이스에 포함되지 않음:

- 코스 상에 있는 것들의 위치(예 홀·퍼팅그린·페어웨이·페널티구역·벙커·다른 플레이어의 볼)
- 한 지점에서 다른 지점까지의 거리
- 바람의 방향
- 골프 규칙

외부의 영향(Outside Influence) ★

외부의 영향이란 플레이어의 볼이나 장비 또는 코스에 일어나는 일에 영향을 미칠 수 있는 모든 사람과 사물을 말함

- 모든 사람(다른 플레이어 포함) - 다만 플레이어·플레이어의 캐디·플레이어의 파트너·그 파트너의 캐디·

상대방·그 상대방의 캐디는 제외
- 모든 동물
- 모든 자연물이나 인공물 또는 그 밖의 모든 것(움직이고 있는 다른 볼 포함) - 다만 자연의 힘은 제외
- 인위적으로 작동되는 공기와 물(㉠ 선풍기 또는 급수시스템)

움직이다(Moved) ★

정지하였던 볼이 원래의 지점을 벗어나 다른 지점에 정지하고, 그것이 육안으로 확인될 수 있는 경우를 말함 (누군가 그 볼이 움직이는 것을 실제로 보았는지 아닌지는 관계가 없음)

이는 그 볼이 원래의 지점으로부터 위아래로 또는 수평으로, 즉 어느 방향으로 움직였든 관계없이 적용

정지한 볼이 기우뚱거리기만 하다가(즉, 제자리에서 흔들리기만 하다가) 원래의 지점에 멈추거나 원래의 지점으로 되돌아간 경우, 그 볼은 움직인 볼이 아님

움직일 수 없는 장해물(Immovable Obstruction)

움직일 수 없는 장해물이란 다음과 같은 모든 장해물을 말함:
- 불합리한 노력 없이는 움직일 수 없거나 그 장해물이나 코스를 훼손시키지 않고는 움직일 수 없는 장해물
- 움직일 수 있는 장해물의 정의에 부합되지 않는 장해물

어떤 장해물이 움직일 수 있는 장해물의 정의에 부합되더라도, 위원회는 그 장해물을 움직일 수 없는 장해물로 규정할 수 있음

움직일 수 있는 장해물(Movable Obstruction)

움직일 수 있는 장해물이란 합리적인 노력으로 그리고 그 장해물이나 코스를 훼손시키지 않으면서 움직일 수 있는 장해물을 말함

움직일 수 없는 장해물이나 코스와 분리할 수 없는 물체(㉠ 게이트·문·부착된 케이블)의 일부가 이 두 가지 기준에 부합되는 경우, 그 부분은 움직일 수 있는 장해물로 간주

그러나 이는 움직일 수 없는 장해물이나 코스와 분리할 수 없는 물체 일부가 움직이게 되어있는 것이 아닌 경우(㉠ 돌담에 붙어 있진 않지만, 그 돌담의 일부인 돌)에는 적용되지 않음. 그 부분은 움직일 수 있는 장해물로 간주되지 않음

어떤 장해물이 움직일 수 있는 경우라도, 위원회는 그 장해물을 움직일 수 없는 장해물로 규정할 수 있음

위원회(Committee)

위원회란 경기를 주관하고 코스를 관장하는 개인 또는 그룹을 말함

인플레이(In Play)

인플레이란 플레이어의 볼이 코스 상에 놓여 있고 홀 플레이에 사용되고 있는 상태를 말함
- 어떤 홀에서 볼이 인플레이 상태가 되는 시점은 다음과 같음:
  - 플레이어가 티잉구역 안에서 그 볼에 스트로크하는 시점
  - 매치플레이에서 플레이어가 티잉구역 밖에서 스트로크하였는데, 상대방이 규칙 6.1b에 따라 그 스트로크를 취소시키지 않은 시점

- 일단 인플레이 상태가 된 볼은 홀에 들어갈 때까지 여전히 인플레이 상태의 볼

다만 다음과 같은 경우, 그 볼은 더 이상 인플레이 상태가 아님:
- 그 볼을 코스에서 집어 올린 경우
- 그 볼이 분실(코스 상에 정지하더라도 분실된 볼로 간주되는 경우 포함) 되거나 아웃오브바운즈에 정지한 경우
- 그 볼을 다른 볼로 교체한 경우(규칙에서 허용되지 않을 때 교체한 경우 포함)

인플레이 상태가 아닌 볼은 잘못된 볼

어떤 경우라도, 플레이어는 두 개 이상의 인플레이 상태의 볼을 가질 수 없음(플레이어가 한 홀에서 두 개 이상의 볼을 플레이할 수 있는 제한적인 경우에 대해서는 규칙 6.3d를 참조)

규칙에서 정지한 볼 또는 움직이고 있는 볼과 관련하여 언급하는 경우, 이는 인플레이 상태에 있는 볼을 의미함

인플레이 상태인 볼의 지점을 마크하기 위하여 볼마커를 놓아둔 경우:
- 그 볼을 집어 올리지 않았더라도, 그 볼은 여전히 인플레이 상태의 볼이며,
- 그 볼을 집어 올렸다가 리플레이스한 경우, 그 볼마커를 제거하지 않았더라도, 그 볼은 인플레이 상태의 볼

일반구역(General Area) ★★

일반구역이란 다음과 같이 규정된 네 가지 구역 이외의 코스의 모든 구역을 말함: (1) 플레이어가 홀을 시작할 때 반드시 플레이하여야 하는 티잉구역, (2) 모든 페널티구역, (3) 모든 벙커, (4) 플레이어가 플레이 중인 홀의 퍼팅그린

다음과 같은 구역은 일반구역에 포함:
- 티잉구역 이외의 코스 상에 있는 모든 티잉 장소
- 모든 잘못된 그린

일반 페널티(General Penalty) ★

일반 페널티란 매치플레이에서의 홀 패, 스트로크플레이에서의 2벌타를 말함

일시적으로 고인 물(Temporary Water) ★

일시적으로 고인 물이란 다음과 같은 물이 지표면 상에 일시적으로 고여 있는 것(예 비 온 뒤에 생긴 물웅덩이나 관개시설 또는 수역에서 흘러넘친 물)을 말함:
- 페널티구역에 있는 물을 제외하고,
- 플레이어가 스탠스(지면을 발로 지나치게 강하게 밟지 않고 자연스럽게 취하는 스탠스)를 취하기 전이나 취한 후에 볼 수 있는 물 지면이 단지 축축하거나 질퍽거리거나 무른 상태이거나 플레이어가 지면에 섰을 때만 잠깐 고인 물이 보이는 정도로는 충분하지 않음(반드시 스탠스를 취하기 전이나 후에 물이 고여 있는 상태여야 함)

특별한 경우:
- 이슬과 서리는 일시적으로 고인 물이 아님
- 눈과 천연 얼음(서리는 제외)은 루스임페디먼트이기도 하고, 지면에 있는 경우에는 플레이어의 선택에 따라 일시적으로 고인 물로 간주할 수도 있음
- 인공 얼음은 장해물

자연의 힘(Natural Forces) ★
자연의 힘이란 자연의 영향(예 바람, 물, 뚜렷한 이유 없이 중력의 영향으로 어떤 일이 일어나는 경우)을 말함

잘못된 그린(Wrong Green) ★
잘못된 그린이란 플레이어가 플레이 중인 홀의 퍼팅그린 이외의 코스 상에 있는 모든 그린을 말함. 다음과 같은 그린들은 잘못된 그린에 포함:
- 플레이어가 현재 플레이 중인 홀 이외의 다른 모든 홀의 퍼팅그린
- 임시 그린을 사용 중인 홀의 기존의 퍼팅그린
- 퍼팅·치핑·피칭을 연습하기 위하여 마련된 모든 그린(다만 위원회가 로컬룰로써 이러한 그린들을 잘못된 그린에서 제외한 경우는 예외)

잘못된 그린은 일반구역의 일부

잘못된 볼(Wrong Ball) ★★
잘못된 볼이란 다음과 같은 볼 이외의 모든 볼을 말함:
- 플레이어의 인플레이 상태에 있는 볼(원래의 볼이든 교체한 볼이든)
- 플레이어의 프로비저널볼(규칙 18.3c에 따라 그 볼이 플레이에서 배제되기 전까지)
- 스트로크플레이에서 플레이어가 규칙 14.7b 또는 규칙 20.1c에 따라 플레이한 두 번째 볼

잘못된 볼의 예:
- 다른 플레이어의 인플레이 상태의 볼
- 버려져 있는 볼
- 플레이어 자신의 볼이지만 아웃오브바운즈에 있거나 분실되었거나 집어 올린 후 아직 인플레이 상태로 되돌려놓지 않은 볼

잘못된 장소(Wrong Place)
잘못된 장소란 규칙에서 플레이어가 자신의 볼을 플레이할 것을 요구하거나 허용하는 곳 이외의 코스 상의 모든 장소를 말함

잘못된 장소에서 플레이한 예:
- 잘못된 지점에 볼을 리플레이스한 후 플레이한 경우 또는 규칙에서 리플레이스할 것을 요구할 때 리플레이스하지 않고 플레이한 경우
- 요구되는 구제구역 밖에 드롭한 볼을 플레이한 경우
- 잘못된 규칙에 따른 구제를 받아서, 볼을 규칙에 따라 허용되지 않는 장소에 드롭하고 규칙에 따라 허용되지 않는 장소에서 플레이한 경우
- 플레이금지구역에서 플레이한 경우 또는 플레이금지구역이 플레이어의 의도된 스탠스나 스윙 구역에 방해가 되는 상태에서 플레이한 경우

다음과 같은 상황에서는 플레이어가 잘못된 장소에서 플레이한 것이 아님:
- 홀 플레이를 시작할 때 또는 그 잘못을 바로잡고자 할 때 티잉구역 밖에서 볼을 플레이 한 경우(규칙 6.1b 참조)
- 스트로크를 다시 할 것이 요구될 때 그렇게 하지 않고, 그 볼이 정지한 지점에서 그대로 플레이한 경우

장비(Equipment) ★

장비란 플레이어나 플레이어의 캐디가 사용하거나, 착용하거나, 들고 있거나, 가지고 있는 모든 것을 말함

코스를 보호하는 데 사용되는 물체(예 고무래)는 플레이어나 캐디가 그것을 들고 있거나 가지고 있는 동안에만 장비로 간주

다른 사람이 플레이어를 위하여 가지고 있는 물체(클럽은 제외)는, 그것이 플레이어의 것이더라도, 장비가 아님

장비 규칙(Equipment Rules)

장비 규칙이란 플레이어가 라운드 동안 사용하도록 허용된 클럽과 볼 및 그 밖의 장비에 관한 규격과 규정을 말함. 「장비 규칙」은 https://www.randa.org/roe/the-rules-of-equipment에서 찾아볼 수 있음

장해물(Obstruction) ★

장해물이란 코스와 분리할 수 없는 물체와 코스의 경계물 이외의 모든 인공물을 말함

장해물의 예:

- 인공적으로 포장된 도로와 길 및 그 도로나 길의 인공적인 경계 부분
- 건물 또는 우천 시 대피시설
- 스프링클러 헤드, 배수구, 관개시설, 컨트롤박스
- 말뚝, 벽, 철조망, 울타리(그러나 코스의 경계를 규정하거나 나타내는 코스의 경계물로 사용된 경우, 이러한 물체들은 장해물이 아님)
- 골프 카트, 잔디 깎는 기계, 자동차 및 그 밖의 차량
- 쓰레기통, 표지판, 벤치
- 플레이어들의 장비, 깃대, 고무래

장해물에는 움직일 수 있는 장해물과 움직일 수 없는 장해물이 있음. 움직일 수 없는 장해물의 일부(예 게이트·문·부착된 케이블)가 움직일 수 있는 장해물의 정의에 부합되는 경우, 그 부분은 움직일 수 있는 장해물로 간주

페인트로 칠한 점이나 선(예 경계와 페널티구역을 규정하는 데 사용된 페인트로 칠한 점이나 선)은 장해물이 아님

「위원회 절차」: 위원회는 특정한 구제 절차가 적용되는 장해물을 움직일 수 없는 임시 장해물로 규정하는 로컬룰을 채택할 수 있음

중대한 위반(Serious Breach) ★★

중대한 위반이란 스트로크플레이에서 플레이어가 잘못된 장소에서 플레이한 것이 올바른 장소에서 할 스트로크에 비하여 상당한 이익을 얻을 수 있었던 경우를 말함

중대한 위반이 있었는지 여부를 판단하기 위하여 이 두 가지 경우를 비교할 때, 다음과 같은 요소들을 고려하여야 함:

- 그 스트로크의 난이도
- 홀에서 그 볼까지의 거리
- 그 플레이 선상에 있는 방해 요소의 영향

- 그 스트로크에 영향을 미치는 상태

매치플레이에서는 플레이어가 잘못된 장소에서 플레이하면 그 홀을 지게 되기 때문에, 중대한 위반의 개념이 적용되지 않음

최대한의 구제지점(Point of Maximum Available Relief) ★★

최대한의 구제지점이란 벙커(규칙 16.1c)나 퍼팅그린(규칙 16.1d)에 있는 비정상적인 코스 상태로부터 페널티 없는 구제를 받기 위한 가장 가까운 완전한 구제지점이 없는 경우에 그 상태로부터 페널티 없는 구제를 받기 위한 기준점을 말함

이 지점은 볼이 놓여야 할 것으로 추정되는 지점으로:

- 그 볼의 원래의 지점과 가장 가깝지만, 그 지점보다 홀에 더 가깝지 않고,
- 요구되는 코스의 구역에 있으며,
- 원래의 지점에 비정상적인 코스 상태가 없었다면 그 지점에서 플레이어가 하였을 스트로크에 끼치는 방해가 가장 적은 지점

이 기준점을 추정할 때, 플레이어는 반드시 그 스트로크에 사용하였을 것과 동일한 클럽·스탠스·스윙·플레이 선을 사용하여야 함

플레이어가 실제로 스탠스를 취하고 선택한 클럽으로 스윙을 해보면서 그 스트로크를 시연할 필요는 없음(다만 일반적으로 플레이어가 시연해보는 것이 정확하게 추정하는 데 도움이 되므로 그렇게 할 것을 권장).

최대한의 구제지점은 볼의 라이와 플레이어의 의도된 스탠스 구역이나 스윙 구역 또는 플레이 선(퍼팅그린의 경우에만 해당)에 방해가 되는 정도를 상대적으로 비교하여 찾음. 예를 들면, 일시적으로 고인 물로부터 구제를 받는 경우:

- 최대한의 구제지점은 플레이어의 볼이 플레이어가 설 자리보다 물이 더 얕은 곳(라이나 스윙보다는 스탠스에 영향을 미치는 곳)에 있게 될 수도 있고, 플레이어의 볼이 플레이어가 설 자리보다 더 깊은 곳(스탠스보다는 라이나 스윙에 영향을 미치는 곳)에 있게 될 수도 있음
- 퍼팅그린에서는 최대한의 구제지점이 플레이어의 볼이 일시적으로 고인 물을 가장 얕거나 가장 짧은 쪽으로 통과하는 플레이 선을 기준으로 결정될 수 있음

캐디(Caddie)

캐디란 다음과 같은 방법으로 라운드 동안 플레이어를 돕는 사람을 말함:

- 클럽을 가지고 있거나 운반하거나 다루기: 플레이어가 플레이를 하는 동안 플레이어의 클럽을 가지고 있거나 운반하거나(예 카트나 트롤리로 이동) 다루는 사람은 플레이어가 캐디로 지명하지 않았더라도, 그 플레이어의 캐디임. 그러나 플레이어가 캐디로 지명하지 않은 사람이 플레이어의 클럽(예 플레이어가 깜빡하고 클럽을 두고 간 경우)이나 가방이나 카트를 플레이에 방해가 되지 않도록 또는 호의로 이동시키는 경우, 그 사람은 플레이어의 캐디라고 할 수 없음
- 어드바이스 제공하기: 플레이어의 캐디(파트너와 파트너의 캐디 포함)는 플레이어가 어드바이스를 요청할 수 있는 유일한 사람

캐디는 규칙에 따라 허용되는 그 밖의 방식으로도 플레이어를 도울 수 있음(규칙 10.3b 참조)

코스(Course) ★

코스란 위원회가 정한 모든 경계 안에 있는 플레이 구역 전체를 말함:

- 코스의 경계 안의 모든 구역은 인바운즈로서, 코스의 일부
- 코스의 경계 밖의 모든 구역은 아웃오브바운즈이며, 코스 일부가 아님
- 코스의 경계는 그 코스의 지면보다 위로도 연장되고 아래로도 연장

코스는 코스의 구역으로 규정된 다섯 가지 구역으로 이루어짐

코스와 분리할 수 없는 물체(Integral Object) ★★

코스와 분리할 수 없는 물체란 위원회가 코스를 플레이하는 도전의 일부로 규정하여 그것으로부터 페널티 없는 구제를 허용하지 않은 인공물을 말함

코스와 분리할 수 없는 물체는 움직일 수 없는 것으로 간주(규칙 8.1a 참조). 다만 코스와 분리할 수 없는 물체의 일부(예 게이트·문·부착된 케이블)가 움직일 수 있는 장해물의 정의에 부합되는 경우, 그 부분은 움직일 수 있는 장해물로 간주

위원회가 코스와 분리할 수 없는 물체로 규정한 인공물은 장해물이나 코스의 경계물이 아님

코스의 경계물(Boundary Object) ★

코스의 경계물이란 아웃오브바운즈임을 규정하거나 나타내는 인공물(예 벽·울타리·말뚝·철책)을 말하며, 그것으로부터 페널티 없는 구제는 허용되지 않음

코스의 경계물에는 경계 울타리의 모든 받침대와 기둥이 포함되지만, 다음과 같은 것들은 포함되지 않음:
- 벽이나 울타리에 부착된 비스듬한 지지대나 당김줄
- 그 벽이나 울타리를 넘어가거나 통과하는 데 사용되는 모든 문, 계단, 다리 또는 그와 유사한 구조물

코스의 경계물은, 그 전체 또는 일부가 움직일 수 있는 것이라도, 움직일 수 없는 것으로 간주(규칙 8.1a 참조)

코스의 경계물은 장해물이나 코스와 분리할 수 없는 물체가 아님

코스의 구역(Areas of the Course) ★★

코스의 구역이란 코스를 이루는 구역으로 규정된 다섯 가지 구역을 말함:
- 일반구역
- 플레이어가 홀을 시작할 때 반드시 플레이하여야 하는 티잉구역
- 모든 페널티구역
- 모든 벙커
- 플레이어가 플레이 중인 홀의 퍼팅그린

클럽 길이(Club-Length)

클럽 길이란 플레이어가 라운드 동안 가지고 있는 14개 이하의 클럽(규칙 4.1b(1)에 허용된 클럽들) 중 퍼터 이외의 가장 긴 클럽의 길이를 말함

클럽 길이는 각 홀에서 플레이어의 티잉구역을 규정하는 데 사용되는 측정 단위이자, 규칙에 따른 구제를 받을 때 플레이어의 구제구역의 크기를 정할 때 사용되는 측정 단위

이처럼 구역의 크기를 측정할 목적으로 사용하는 경우, 그 클럽의 헤드 끝에서부터 그립의 끝까지 그 클럽의 전체 길이가 모두 사용됨. 그러나 그 그립 끝에 붙인 부착물은 어떠한 것도 클럽 길이의 일부가 아님

티(Tee)

티란 티잉구역에서 볼을 플레이하기 위하여 그 볼을 지면보다 위에 올려놓는 데 사용하는 물체를 말함. 티는 반드시 그 길이가 4인치(101.6밀리미터) 이하이고 「장비 규칙」에 적합한 것이어야 함

티잉구역(Teeing Area)

티잉구역이란 플레이어가 홀을 시작할 때 반드시 플레이하여야 하는 구역을 말함
티잉구역은 다음과 같이 규정된 두 클럽 길이의 깊이를 가진 직사각형 구역:
- 티잉구역의 앞쪽 경계는 위원회가 설정한 두 개의 티마커의 맨 앞부분의 점들을 이은 선으로 규정되고,
- 티잉구역의 좌우 경계는 두 개의 티마커의 바깥쪽 점들로부터 후방으로 두 클럽 길이 이내로 규정

티잉구역은 코스의 구역으로 규정된 다섯 가지 구역 중 하나
코스 상에 있는 다른 모든 티잉 장소(같은 홀에 있든 다른 홀에 있든)는 일반구역의 일부

파/보기(Par/Bogey)

파/보기란 매치플레이에서와 동일한 스코어 산정 방법을 사용하는 스트로크플레이의 한 방식을 말함:
- 파/보기에서 플레이어나 편은 위원회가 정해놓은 그 홀의 고정된 목표 스코어보다 더 적은 타수(스트로크 수와 벌타의 합)로 홀을 끝내면 그 홀을 이기고, 더 많은 타수로 홀을 끝내면 그 홀을 짐
- 진 홀 대비 이긴 홀의 총수(이긴 홀을 더하고 진 홀은 뺌)가 가장 많은 플레이어나 편이 그 경기의 우승자가 됨

파트너(Partner)

파트너란 매치플레이나 스트로크플레이에서 다른 플레이어와 한 편을 이루어 함께 경쟁하는 플레이어를 말함

퍼팅그린(Putting Green)

퍼팅그린이란 플레이어가 플레이 중인 홀에 있는 다음과 같은 구역을 말함:
- 퍼팅그린은 특별하게 조성된 구역 또는
- 위원회가 퍼팅그린으로 규정한 구역(예 임시 그린을 사용하는 경우)

각 홀의 퍼팅그린에는 플레이어가 볼을 플레이하여 넣으려고 하는 홀이 포함되어 있음
퍼팅그린은 코스의 구역으로 규정된 다섯 가지 구역 중 하나. 다른 모든 홀(플레이어가 현재 플레이 중이 아닌 홀들)의 퍼팅그린들은 잘못된 그린이며, 일반구역의 일부
위원회가 퍼팅그린의 경계를 다른 방식으로 규정(예 선이나 점으로 표시)하지 않은 이상, 그 퍼팅그린의 경계는 그 특별하게 조성된 구역이 시작되는 것이 뚜렷하게 보이는 곳(예 그 경계가 뚜렷하게 나타나도록 잔디가 깎인 곳)으로 규정
하나의 더블 그린이 서로 다른 두 개의 홀의 퍼팅그린으로 사용되는 경우:
- 두 개의 홀을 가지고 있는 조성된 구역 전체는 각 홀을 플레이할 때 그 홀의 퍼팅그린으로 간주
- 그러나 위원회는 그 더블 그린을 두 개의 다른 퍼팅그린으로 나누는 경계를 규정할 수 있으며, 따라서 플레이어가 두 개의 홀 중 어느 한 홀을 플레이 중인 경우, 그 경계를 기준으로 다른 홀의 퍼팅그린으로 사용되는 더블 그린의 일부는 잘못된 그린

페널티구역(Penalty Area)

페널티구역이란 플레이어의 볼이 그 구역에 정지한 경우, 1벌타를 받고 구제를 받을 수 있는 구역을 말함

페널티구역은:

- 코스 상에 있는 모든 수역(위원회가 페널티구역으로 표시하였는지 여부와 관계없이)으로서, 바다·호수·연못·강·도랑·지표면의 배수로·개방 하천(건천 포함)을 포함하며,
- 그 밖에 위원회가 페널티구역으로 규정한 코스의 모든 부분을 말함

페널티구역은 코스의 구역으로 규정된 다섯 가지 구역 중 하나

페널티구역에는 두 가지 다른 유형의 페널티구역이 있으며, 각 구역을 표시하는 데 사용되는 색깔에 따라 노란 페널티구역과 빨간 페널티구역으로 나뉨:

- 노란 페널티구역(노란 선이나 노란 말뚝으로 표시)으로부터 구제를 받는 경우, 두 가지 구제방법(규칙 17.1d(1)과 (2))이 있음
- 빨간 페널티구역(빨간 선이나 빨간 말뚝으로 표시)으로부터 구제를 받는 경우, 노란 페널티구역에서 이용할 수 있는 두 가지 구제방법 외에 추가로 측면 구제방법(규칙 17.1d(3))을 사용할 수 있음

위원회가 페널티구역의 색깔을 표시하지 않은 경우, 그 페널티구역은 빨간 페널티구역으로 간주

페널티구역의 경계는 지면보다 위로도 연장되고 아래로도 연장:

- 이는 페널티구역의 경계 안에 있는 모든 지면과 모든 물체(예 자연물과 인공물)는 그 지면상에 있든 그 지면의 표면보다 위나 아래에 있든, 모두 페널티구역의 일부라는 것을 의미
- 어떤 물체가 페널티구역의 경계 안과 밖 양쪽에 모두 있는 경우(예 페널티구역 위를 지나는 다리, 그 경계 안에 뿌리를 둔 나무에서 경계 밖으로 뻗어 나간 나뭇가지 또는 그 경계 밖에 뿌리를 둔 나무에서 경계 안으로 뻗어 들어온 나뭇가지), 그 경계 안에 있는 부분만 페널티구역의 일부

페널티구역의 경계는 말뚝이나 선 또는 물리적인 특징으로 규정되어야 함:

- 말뚝: 말뚝으로 규정된 경우, 페널티구역의 경계는 그 말뚝과 지면의 가장 바깥쪽 접점들을 이은 선으로 규정되며, 말뚝 자체는 페널티구역 안에 있는 것
- 선: 지면 위에 칠한 선으로 규정된 경우, 페널티구역의 경계는 그 선의 외곽선이며, 선 자체는 페널티구역에 있는 것
- 물리적인 특징: 물리적인 특징(예 해변·사막 지역·옹벽)으로 규정된 경우, 위원회는 페널티구역의 경계를 명확하게 규정하여야 함

페널티구역의 경계가 선 또는 물리적인 특징으로 규정되는 경우, 그 페널티구역이 위치한 곳을 나타내기 위하여 말뚝이 사용될 수도 있음

페널티구역의 경계를 규정하거나 나타내기 위하여 사용된 말뚝은 장해물

위원회가 페널티구역의 경계를 규정할 때 그 페널티구역의 일부임이 명백한 수역을 실수로 포함시키지 않은 경우(예 말뚝의 위치로 인하여 페널티구역에 있는 수역의 일부가 일반구역에 있는 것으로 보이는 경우), 그 구역은 페널티구역의 일부

위원회가 어떤 수역의 경계를 규정하지 않은 경우, 그 페널티구역의 경계는 그 수역의 자연적인 경계(즉, 물을 가둘 수 있는 우묵한 지형의 내리막 경사가 시작되는 부분)로 규정

평소에는 물이 없는 개방 하천(예 우기를 제외하고는 주로 마른 상태로 있는 배수로나 지표수가 흐르던 구역)인 경우, 위원회는 그 구역을 일반구역의 일부(즉, 페널티구역이 아니라는 의미)로 규정할 수 있음

편(Side)

편이란 매치플레이나 스트로크플레이의 라운드에서 하나의 단위로 경쟁하는 두 명 이상의 파트너들을 말함

파트너들로 이루어진 각 세트가 하나의 편이며, 각 편에 속한 파트너들은 각자 자신의 볼을 플레이하거나(포볼), 하나의 볼을 번갈아 가며 플레이함(포섬)

편이 팀과 같은 것은 아님. 팀 경기에서, 각 팀은 개인 플레이어로서 경쟁하는 플레이어들로 구성되거나, 편으로서 경쟁하는 플레이어들로 구성

포볼(Four-Ball)

포볼이란 각자 자신의 볼을 플레이하는 두 명의 파트너로 이루어진 편들이 경쟁하는 플레이 방식을 말함. 편의 홀 스코어는 두 파트너 중 그 홀에서 더 낮은 스코어를 낸 파트너의 스코어임

포볼은 두 명의 파트너로 이루어진 한 편과 두 명의 파트너로 이루어진 다른 한 편의 매치플레이 경기로 플레이될 수도 있고, 두 명의 파트너로 이루어진 여러 편들의 스트로크플레이 경기로 플레이될 수도 있음

포섬(얼터네이트 샷)[Foursomes(Alternate Shot)]

포섬이란 한 편을 이룬 두 명의 파트너가 각 홀에서 하나의 볼을 번갈아 가며 플레이하면서 다른 편과 경쟁하는 플레이 방식을 말함

포섬은 두 명의 파트너로 이루어진 한 편과 두 명의 파트너로 이루어진 다른 한 편의 매치플레이 경기로 플레이될 수도 있고, 두 명의 파트너로 이루어진 여러 편들의 스트로크플레이 경기로 플레이될 수도 있음

프로비저널볼(Provisional Ball) ★★

프로비저널볼이란 플레이어가 방금 플레이한 볼이 다음과 같이 될 수도 있는 경우에 플레이하는 다른 볼을 말함:

- 아웃오브바운즈에 있을 수도 있는 경우
- 페널티구역 밖에서 분실되었을 수도 있는 경우

프로비저널볼이 규칙 18.3c에 따라 인플레이 상태가 되지 않는 이상, 그 볼은 플레이어의 인플레이 상태의 볼이 아님

플레이금지구역(No Play Zone)

플레이금지구역이란 위원회가 플레이를 금지시킨 코스의 일부를 말함. 플레이금지구역은 반드시 비정상적인 코스 상태의 일부 또는 페널티구역의 일부로 규정되어야 함

위원회는 어떠한 이유로든 플레이금지구역을 설정할 수 있음. 예를 들면:

- 야생동식물·동물의 서식지·환경적으로 취약한 구역을 보호하기 위하여
- 묘목·화단·잔디 재배지·잔디를 이식한 구역·그 밖의 조림구역이 훼손되는 것을 막기 위하여
- 플레이어를 위험으로부터 보호하기 위하여
- 역사적으로나 문화적으로 의미 있는 장소를 보존하기 위하여

위원회는 플레이금지구역의 경계를 선이나 말뚝으로 규정하여야 하며, 그 선이나 말뚝(또는 말뚝의 윗부분)으로 그 구역이 플레이금지구역이 포함되어 있지 않은 일반적인 비정상적인 코스 상태나 페널티구역과는 다른 플레이금지구역이라는 것을 명확하게 나타내야 함

플레이 선(Line of Play) ★

플레이 선이란 플레이어가 스트로크하여 볼을 보내고자 하는 선을 말하며, 플레이 선에는 그 선으로부터 지면보다 위로 합리적인 거리에 있는 구역과 그 선 양옆으로 합리적인 거리에 있는 구역이 포함

플레이 선이 반드시 두 지점 사이의 직선이어야 하는 것은 아님(즉, 그 선은 플레이어가 자신의 볼을 보내고자 하는 방향에 따라 곡선이 될 수도 있음)

홀(Hole)

홀이란 플레이 중인 홀의 퍼팅그린에서 그 홀의 플레이를 끝내는 지점을 말함:

- 홀의 직경은 반드시 4.25인치(108밀리미터)여야 하며, 그 깊이는 4인치(101.6밀리미터) 이상이어야 함
- 홀 안에 원통이 사용된 경우, 그 원통의 외경은 4.25인치(108밀리미터)를 넘지 않아야 함. 퍼팅그린의 흙의 특성상 그 그린의 표면에 더 가깝게 묻힐 수밖에 없는 경우가 아닌 이상, 원통은 반드시 퍼팅그린의 표면으로부터 적어도 1인치(25.4밀리미터) 아래에 묻혀야 함

규칙에서 사용하는 '홀'(「용어의 정의」상 홀이 아닌)은 특정한 티잉구역·퍼팅그린·홀과 관련된 코스 일부를 말함. 홀 플레이는 티잉구역에서 시작되며, 그 볼이 퍼팅그린에 있는 홀에 들어가는 시점(또는 규칙에서 그 홀이 끝난 것을 달리 규정하는 경우)에 끝남

홀에 들어가다(Holed)

홀에 들어가다란 스트로크 후 볼이 홀 안에 정지하고 그 볼 전체가 퍼팅그린의 표면 아래에 있는 상태를 말함

규칙에서 '홀아웃하기' 또는 '홀아웃하다'와 관련하여 언급하는 경우, 이는 플레이어의 볼이 홀에 들어간 것을 의미

볼이 홀에 꽂혀 있는 깃대에 기댄 채 정지한 경우에 대해서는 규칙 13.2c를 참조(볼의 일부라도 퍼팅그린의 표면 아래에 있는 경우, 그 볼은 홀에 들어간 것으로 간주)

해커스자격증
pass.Hackers.com

해커스 **스포츠지도사 골프** 실기+구술 초단기 5일 합격

골프 지도방법 및 매너와 에티켓

Chapter 01　골프의 게임
Chapter 02　골프스윙
Chapter 03　골프의 교정방법
Chapter 04　매너와 에티켓

Chapter 01 골프의 게임

1 롱게임

1. 드라이버

일반적으로 길이는 45~45.75인치이며 440cc부터 최대 460cc의 체적을 가지고 있음. 가장 긴 클럽이기 때문에 큰 스윙 아크를 만들어 빠른 스윙 스피드를 낼 수 있어 모든 클럽 중에 가장 멀리 칠 수 있는 클럽. 보통 미들홀과 롱홀에서 티샷으로 사용됨. 잔디와의 저항을 줄이고 어퍼블로우로 임팩트가 되어야 멀리 칠 수 있기 때문에 티를 꽂고 샷하는 것이 일반적이고 티의 높이는 골프공의 중앙부분의 1/2 정도가 페이스 상단에 걸치는 약 5cm의 높이로 꽂는 것이 좋음. 이보다 높게 꽂을 경우 스핀이 적어지고 낮게 꽂을 경우 스핀이 많아짐. 티샷의 거리가 길어지면 길어질수록 짧은 거리를 남겨두기 때문에 멀리 치는 것이 유리하지만 멀리 나가는 만큼 모든 클럽 중 사이드 스핀 발생도 많아 좌우의 편차가 크기 때문에 정확하게 치는 것 또한 중요함

어드레스 시 왼발 쪽에 공을 위치시키고 스탠스의 넓이는 어깨보다 조금 넓게 벌려 모든 클럽의 스윙 중 가장 완만한 스윙면을 만들어 어퍼블로우로 임팩트가 되도록 하는 것이 좋음

스윙도 뒷받침되어야 하지만 드라이버에서만큼은 샤프트 선택 또한 매우 중요함. 먼저 본인의 클럽헤드 스피드에 따라 샤프트의 중량과 강도를 정해야 함. 다양한 샤프트 브랜드에 따라 토크 값, 부위별 강성, 방향성, 탄도, 스핀양 등이 달라 낼 수 있는 퍼포먼스가 다름. 이에 플레이어의 스윙 스타일에 맞고 약점을 보완해줄 수 있는 샤프트를 테스트를 통해 찾아야 함. 또한, 탄도와 스핀양을 결정하는 드라이버의 로프트도 플레이어의 스윙 데이터를 참고하여 최적의 런치앵글과 스핀양을 낼 수 있는 로프트를 선택해야 함

2. 우드

우드의 길이는 일반적으로 43인치 내외로 드라이버 다음으로 긴 클럽. 로프트는 13.5°, 15°, 16.5°, 18°를 주로 사용함. 긴 클럽으로 짧은 잔디 위에 올려있는 공을 쓸어 쳐야 하다 보니 가파른 스윙을 가지고 있는 골퍼에게는 까다로운 클럽. 러프나 벙커, 혹은 좋지 않은 경사에서는 우드샷을 시도하지 않는 것이 바람직함

3. 하이브리드

롱아이언과 우드의 장점을 모아 개발된 클럽. 우드처럼 긴 비거리를 낼 수 있으면서도 아이언처럼 치기 쉽게 만들어진 클럽, 유틸리티라고 부르는 골퍼들이 있으나 유틸리티는 정확하게 드라이빙아이언을 말함. 우드와 비교하면 스핀양이 많아서 조금 더 높은 탄도로 비행하기 때문에 그린 공략 시에도 컨트롤이 가능하고 오르막 경사인 곳에서도 편한 공략을 할 수 있음

2 아이언샷

1. 미들아이언

미들아이언은 보통 6, 7, 8번 아이언을 의미. 스탠스는 어깨 정도 넓이로 벌리고 공의 위치는 중앙에 위치하도록 하며 다운블로우로 타격하는 것이 유리함. 어드레스 시 양손의 위치는 공보다 조금 왼쪽에 위치시키는 약간의 핸드퍼스트 동작이 필요함

2. 롱아이언

롱아이언은 보통 3, 4, 5번 아이언을 의미. 롱아이언은 미들아이언과 비교하면 스탠스를 어깨너비보다 조금 더 넓게 벌리고 공의 위치는 중앙보다는 왼발 쪽으로 이동시켜야 함. 이는 미들아이언에 비해 쓸어 치는 느낌으로 쳐야 스핀 발생을 억제시키고 원하는 탄도와 비거리를 낼 수 있기 때문임. 이를 위해서는 어드레스 시 체중을 약간 오른발 쪽에 두고 핸드퍼스트 동작을 하지 않아야 함. 또한, 미들아이언보다는 전체적인 몸의 회전을 늘리고 체중 이동을 더 해주는 것이 좋으며 그립에 힘이 들어가지 않도록 하고 스윙의 리듬을 잃지 않아야 미스를 줄일 수 있음. 지속해서 찍혀 맞아 거리 손해가 발생한다면 스윙플레인은 미들아이언과 비교하면 플랫하게 하기 위해 백스윙을 낮고 길게 시작하는 것이 도움이 됨

3. 숏아이언

숏아이언은 보통 9번 아이언과 피칭웨지를 의미. 숏아이언은 미들아이언과 비교하면 스탠스를 어깨너비보다 조금 더 좁게 벌리고 공의 위치는 중앙이나 중앙보다 오른발 쪽으로 이동시켜야 함. 이는 미들아이언보다 더 가파른 다운블로우로 타격을 유도함으로써 높은 탄도와 스핀 발생을 최대화시키기 위함. 이로 인해 그린 공략 시 바운드와 런을 최소화하여 원하는 컨트롤이 가능하기 때문. 다운블로우가 잘 되지 않을 때는 어드레스 시 체중을 왼쪽에 두고 체중이동을 최소화하며 스윙하는 것이 방법이 될 수 있음. 또한 스윙플레인은 미들아이언보다 업라이트하게 백스윙을 높게 하면 도움이 됨

3 트러블 샷

1. 라이에 따른 구질

(1) 공이 발보다 높은 경우

① 구질: 경사 정도에 따라 드로우나 훅 구질 발생

② 미스샷 방지: 에임을 경사에 따라 우측으로 조준. 어드레스 시 상체를 경사에 맞도록 세워주고 평소보다 그립을 짧게 잡아야 함. 어드레스 시에는 클럽을 살짝 오픈시켜주는 것이 유리함. 하체를 스윙 끝까지 유지해주면서 정확한 임팩트를 만들어내는 것이 포인트

(2) 공이 발보다 낮은 경우

① 구질: 경사 정도에 따라 페이드나 슬라이스 발생

② 미스샷 방지: 에임을 경사에 따라 좌측으로 조준. 무릎과 허리를 경사에 맞게 낮게 위치시켜주고 허리 각과 무릎이 스윙이 끝날 때까지 어드레스의 각도로 잘 유지시켜주어야 정확한 임팩트가 나올 수 있음. 클럽 헤드는 살짝 닫아주고 플레이하는 것이 좋음

(3) 왼발 오르막 라이

① 구질: 경사 정도에 따라 드로우나 훅 구질 발생

② 미스샷 방지: 공위치는 일반적으로 두고 오른쪽 어깨를 낮추어 어깨와 경사를 일치시키고 샷. 경사에 따라 오른쪽 지점을 에임. 오르막에서는 거리를 더 길게 봐야함과 동시에 로프트각도가 누워서 임팩트 될 수 있기에 반 클럽 ~ 한 클럽 정도 길게 계산하고 샷 하는 것이 유리함

(4) 왼발 내리막 라이

① 구질: 경사 정도에 따라 페이드나 슬라이스 발생

② 미스샷 방지: 공위치는 오른발 쪽에 두고 왼쪽 어깨를 낮추어 어깨와 경사를 일치시키고 샷. 경사에 따라 왼쪽 지점을 에임. 거리 손해가 발생할 수 있다는 점을 감안하여 반 클럽 정도 길게 계산하고 샷 하는 것이 유리함

2. 벙커샷

(1) 기본정보

티샷 실수나 그린을 놓치는 미스샷을 하였을 때, 목표 주변의 벙커에 빠질 수 있음. 벙커 내에 루스임페디먼트(돌멩이, 나뭇잎, 잔가지, 벌레, 곤충 등)를 제거해도 되나 볼을 건드리면 안 됨. 벙커에서는 연습 스윙이나 스트로크를 위한 백스윙 시 클럽이 벙커의 모래와 닿으면 안 됨(스트로크에 영향을 주는 행위). 나올 수 없을 정도로 볼이 박혀있거나 도저히 칠 수 없는 상황이라면 규칙 19.에 따라 언플레이어블볼을 선언하여 스트로크와 거리 구제, 후방선 구제(벙커 내), 측면 구제, 직후방 후방선 구제를 적용하여 벌타를 받고 구제할 수 있음. 벙커샷 후에는 고무래를 이용하여 발자국과 타격한 모래를 평평하게 정돈 후 벙커를 빠져나가는 것이 좋은 에티켓임

(2) 페어웨이 벙커

페어웨이 중간에 있는 벙커로 그린까지는 비교적 많은 거리를 남겨두는 상황. 이러한 벙커에서는 그립을 짧게 잡고 다운블로우로 공을 바로 타격하여 탈출해야 함. 걷어 올리는 느낌을 하거나 완만한 궤도의 스윙을 한다면 오히려 뒷땅 발생할 수 있음. 피니쉬동작 보다는 팔로우스윙까지만 하면서 하체를 잘 고정해야 정확한 임팩트를 만들 수 있음. 단, 스윙이 작아지고 그립을 짧게 잡기 때문에 5~10미터는 덜 나간 다는 것을 염두하고 클럽 선택을 해야 함. 또한 벙커의 턱이 높을 경우에는 롱아이언, 미들아이언 보다는 숏아이언과 웨지를 이용한 레이업도 고려해 볼 필요가 있음

(3) 그린사이드 벙커

그린 주변의 벙커에서는 오픈스탠드를 취하고 클럽 헤드를 오픈하여 어드레스 해야 함. 이는 벙커 탈출 후 공이 그린에 떨어진 후 런을 줄이기 위함. 페어웨이 벙커에서는 공을 직접 타격하는 임팩트가 만들어져야 하지만 그린사이드 벙커에서는 웨지의 바운스로 공보다 뒤쪽의 모래를 타격함으로써 모래를 이용하여 볼을 탈출시켜야 함. 이때 남은 거리에 따라 스윙 크기와 얼마나 뒤쪽을 타격하는지, 클럽 헤드의 오픈 정도를 조절해야 함. 스윙 크기는 커질수록, 바로 뒤쪽 모래를 타격할 때, 클럽 헤드의 오픈을 최소화할 때 벙커에서 긴 거리를 보낼 수 있음. 반대로 스윙 크기가 작아지고, 더 뒤쪽의 모래를 타격하거나 클럽 헤드의 오픈을 많이 할 때 짧은 거리를 내게 됨. 벙커의 턱이 높다면 오픈 스탠스, 타겟보다 왼쪽을 조준하고 클럽 헤드를 많이 오픈 시킨 후 가파른 스윙으로 모래 뒤쪽을 향해 스윙한다면 쉽게 탈출할 수 있음

3. 상황에 따른 공략

(1) 러프에 있는 상황

러프의 길이에 따라 거리 저하가 발생하기에 1~2클럽을 길게 잡고 플레이하는 것이 유리함. 또한, 러프에서는 우드나 유틸리티의 미스 발생률이 높으므로 아이언이나 웨지로 플레이하는 것이 바람직함. 러프 잔디가 억세거나 긴 경우에는 채가 감기는 경우가 발생하기 때문에 핀을 직접 공략하기보다는 웨지나 숏아이언으로 레이업하는 것이 현명한 선택이 될 수 있음

(2) 나무, 장해물이 방해되는 상황

① 볼의 이동 경로상 위쪽의 나무가 맞을 것 같아 낮게 쳐야 하는 상황: 어드레스 때 볼의 위치를 오른발 쪽에 위치시키고 롱아이언을 짧게 잡고 가파를 백스윙 궤도를 만들어 임팩트 이후 클럽을 낮게 눌러주는 느낌으로 스윙을 해야 함

② 나무, 장해물이 정면에 있어 우측으로 돌아가야 하는 상황: 여유 있게 우측을 조준하고 스탠스는 오른발이 뒤로 빠진 클로즈 스탠스를 함. 클럽페이스를 약간 닫아준 후 다운스윙 시 궤도를 안쪽에서 바깥쪽으로 스윙해주어 드로우 혹은 훅 구질을 만들어 줘야 함

③ 나무, 장해물이 정면에 있어 좌측으로 돌아가야 하는 상황: 여유 있게 좌측을 조준하고 스탠스는 왼발이 뒤로 빠진 오픈 스탠스를 함. 클럽 페이스는 약간 열어준 후 거리 저하가 있을 수 있기 때문에 한 클럽 길게 잡고 다운스윙 시 궤도를 바깥쪽에서 안쪽으로 깎아 치는 느낌으로 스윙해주어 페이드 혹은 슬라이스 구질을 만들어 줘야 함

(3) 디봇이나 맨땅에 빠진 상황

디봇은 다른 플레이어의 샷으로 인해 잔디가 파인 곳을 의미. 참고로 디봇이 생기면 파인 잔디를 가져와 잘 덮어준 뒤 발로 밟아주는 것이 좋은 에티켓이라 볼 수 있음. 디봇이나 잔디가 없는 맨땅에 공이 들어간 경우 왼발 내리막라이와 마찬가지로 왼쪽 어깨를 낮추어주고 백스윙을 가파르게 해주어 다운블로우로 눌러 치는 느낌으로 샷해야 함. 그립은 짧게 잡고 한 클럽 길게 거리를 계산하고 공의 위치는 약간 오른발 쪽에 위치시키는 것이 좋은 임팩트를 만들 수 있는 방법이 됨

4 어프로치

그린 주변에서 그린에 올려 홀컵 주변에 가깝게 붙이기 위한 샷

1. 거리 조절 방법

(1) 스윙 크기로 조절

백스윙과 팔로우 스윙의 크기를 비슷하게 해주면서 스윙 크기로 거리를 맞출 수 있음. 사전에 특정 클럽으로 정해둔 크기로 스윙할 경우 얼마만큼의 캐리 거리와 런이 발생하는지 연습을 통해 익혀 실전에 적용시켜야 함

(2) 클럽 선택으로 조절

같은 힘과 스윙 크기로 샷을 할 경우라도 52도, 56도, 60도 등 클럽 선택에 따라 거리 차이를 낼 수 있음. 이러한 클럽의 선택은 거리 차이뿐 아니라 스핀양과 탄도에 영향을 주어 상황에 따라 띄우거나 낮게 치거나, 굴리거나 바로 세우거나 등의 선택을 할 수 있음

(3) 클럽 헤드의 오픈 정도로 조절

같은 클럽이라도 오픈스탠스로 서서 클럽 헤드를 얼마나 열어두는가에 따라 캐리 거리와 런이 달라짐. 하지만 클럽을 열게 되면 미스샷 발생의 확률이 생길 수 있으며 방향 또한 왼쪽으로 가는 미스가 발생할 수 있음. 또한, 의도치 않게 공 밑으로 클럽만 빠져나가게 됨으로써 원하는 거리보다 덜 가는 상황이 생길 수 있으므로 익숙해지거나 로우 핸디캡의 플레이어가 아닌 경우에는 자제하는 것이 좋을 수 있음

2. 칩샷

볼을 낮게 쳐서 짧게 떨어뜨리고 많은 런을 예상하여 자연스럽게 굴러가게 하는 어프로치. 굴러가는 거리가 띄운 거리보다 김. 클럽은 8번, 9번, 피칭웨지, 52도 웨지 등을 사용. 떨어뜨려야 하는 지점과 굴러가야 하는 거리를 예측하여 클럽을 선택해야 함. 비교적 짧은 거리에서 많이 사용되며 스윙이 짧으므로 방향이 크게 벗어나지 않음. 단 경로상 잔디가 길거나 장해물이 없어야 시도할 수 있음. 미스를 줄이는 방법으로는 백스윙은 코킹 없이 들고 임팩트와 임팩트 이후까지 손목이 헤드를 리드해 주는 것

3. 피치샷

볼은 띄워 그린에 떨어뜨린 후 런을 적게 발생시키는 어프로치. 피치샷의 경우 날아간 거리가 굴러간 거리보다 김. 54도, 56도, 58도, 60도 등의 웨지를 사용하는데 남은 거리와 떨어뜨려야 하는 지점에 따라 클럽을 선택해야 함. 오르막 경사이거나 경로상 해저드, 벙커 등 굴릴 수 없는 상황에서 보통 띄우게 됨

또한, 빠른 그린이거나 그린의 내리막 경사에 떨어트려 스핀이 필요한 경우에 피치샷을 시도함. 웨지의 로프트가 누워있을수록 스핀이 많이 발생하여 런이 적어짐. 하지만 같은 거리의 샷을 할 때 누워있는 로프트의 웨지로 타격하게 되면 스윙 크기가 커져야만 원하는 거리를 보낼 수 있는데 이는 방향과 거리 조절이 더욱 어려워질 수 있는 여지를 만듦. 여러 가지 시뮬레이션과 이미지를 머릿속으로 상상하여 상황에 따라 떨어트려야 할 곳을 결정하고 런을 예상하면서 클럽을 선택하는 것이 좋음

5 퍼팅

1. 어드레스

퍼팅 시 가장 중요한 어드레스의 포인트는 정렬이라고 볼 수 있음. 스탠스, 무릎, 골반, 어깨, 클럽의 페이스 면이 목표와 완벽히 평행을 이루는 것이 중요함. 손목은 단단히 고정하고 그립의 힘은 어느 정도 힘을 주는 것이 불필요한 손목 사용을 줄일 수 있음. 또한, 헤드의 토우나 힐 어느 쪽도 들려있지 않도록 지면에 평평하게 닿아있을 수 있도록 해줘야 함. 마지막으로 공의 위치는 중앙보다 살짝 왼쪽에 위치시켜서 다운 블로우로 맞지 않도록 해주는 것이 좋음

2. 스트로크

퍼터는 말렛과 블레이드형의 생김새와 무게 배분에 따라 일자 스트로크, 아크 형 스트로크로 나뉨. 스트로크 방식이나 몸의 움직임에 따라 플레이어에 따라 다를 수 있으나 보통 말렛형은 일자형 스트로크, 블레이드형은 아크 형 스트로크가 좋음. 체형이나 스트로크 때 몸의 쓰임이 다르므로 본인에게 맞는 퍼터를 선택하는 것이 유리함. 스트로크 시에는 백스윙과 팔로우 스윙에서 손목이 꺾이지 않도록 주의해야 하며, 스트로크하는 구간에서는 손목의 사용으로 헤드가 열리거나 닫히지 않도록 해야 함. 또한, 하체는 물론 상체도 좌우로 움직이며 스드로크하게 되면 방향의 정확노가 떨어질 수 있으므로 단단히 고정해야 함. 리듬과 힘은 항상 일정하게 유지하는 것이 일관성 있는 스트로크에 도움을 줌

3. 거리 조절

거리를 조절하는 것은 코스마다 그린 스피드와 잔디의 결, 경사에 따라 달라지기 때문에 적응과 파악이 어려움. 이 모든 것을 감안하여 원하는 거리를 보낼 때 필요한 힘과 스윙의 크기를 파악해야 함. 지속적인 경험을 통해 감각을 익혀야 하고 늘 일정한 힘으로 스트로크하면서 스윙 크기에 따라 어느 정도 굴러갈지에 대해 익혀야 함

4. 그린 읽는 방법

그린의 경사는 먼저 멀리서 가장 높은 지점을 찾고 높은 곳에서부터 경사를 읽으면서 전체적인 그린의 기울기를 찾아야 함. 공과 홀 사이가 내리막인지 오르막인지부터 파악하고, 좌우의 경사를 멀리서부터 관찰하여 점점 가까워지며 파악해야 함. 상하좌우의 경사를 읽었다면 잔디의 단단한 정도(그린 빠르기), 잔디의 결(결이 반대일 때 더 많이 휘게 됨)을 파악함. 그 후 내가 스트로크 해야 하는 지점과 거리를 머릿속으로 그리며 공이 굴러가는 방향과 빠르기를 상상하며 연습 스트로크하면 성공적인 퍼팅을 할 수 있을 것

Chapter 02 골프스윙

1 준비단계

1. 공략지점 확인
티샷과 그린을 노릴 때 핀의 위치뿐 아니라 주변에 있는 페널티구역과 벙커를 확인하고 미스샷이 발생할 경우까지 대비하여 공략지점을 설정해야 함. 티샷에서는 홀이 휘어진 부분을 미리 파악하여 짧은 거리를 남길 수 있는 지점을 향해 티샷해야 함. 그린 공략 시에는 보통 오르막 퍼팅과 경사가 많이 없는 지점을 노리는 것이 좋음. 이 경우 짧게 치는 것이 유리한 것인지 길게 치는 것이 유리한 것인지, 좌측과 우측지점 중 어느 지점이 유리한지 파악해야 함

2. 거리 계산(경사, 바람)
오르막에서는 거리 저하가 있고 런 발생이 많으며, 내리막에서는 거리가 더 나가고 런이 짧아짐. 오르막이나 내리막 정도에 따라 거리의 차이는 달라지기 때문에 경사를 잘 파악하고 거리를 공략해야 함. 또한, 바람의 종류는 훅 바람, 슬라이스 바람, 맞바람, 뒷바람이 있으며 이에 따라 거리나 방향에 영향을 받음. 바람은 잔디를 조금 뜯어 날려보면서 파악하고 동반자의 볼 비행을 보고 참고하여 계산하는 것이 좋음

3. 에임
거리가 맞더라도 방향이 맞지 않는다면 원하는 지점에서 멀어질 수 있으며 페널티구역으로 볼이 떨어져 벌타를 받게 될 수 있음. 에임은 볼 뒤 목표 선상에 서서 볼 앞 10cm 이내의 임의의 목표(다른 색깔의 잔디, 나뭇가지, 디봇, 볼 자국 등)를 설정하는 것이 좋음. 볼 뒤에서 타겟을 바라보고 에임 할 때가, 어드레스 때 타겟을 바라보고 에임 할 때에 비해 정확하고 착시현상을 배제시킬 수 있음

2 스윙 단계

1. 어드레스
어드레스는 골프스윙을 하기 위한 준비단계라고 볼 수 있음. 양발을 벌려 서야 하는데 이때 클럽이 길어질수록 넓게 짧아질수록 좁게 서야 함. 또한, 무릎을 조금 굽히고 허리를 숙이고 고개는 허리 각과 일치시키면서 들어야 함. 무릎을 굽히는 정도나 허리를 숙이는 정도는 클럽에 따라, 원하는 스윙 면에 따라 달라짐. 가파른 스윙을 위해서는 허리를 많이 숙이고 완만한 스윙을 위해서는 허리를 조금만 숙여야 함. 중심은 너무 뒤꿈치 쪽이나 발가락 쪽에 쏠리지 않도록 체중 분배를 해야 함. 짧은 클럽으로 다운블로우를 위한 샷을 할 때는 약간 왼발 쪽에 체중이 오도록 하는 것이 좋음. 반대로 드라이버, 우드, 롱아이언 등의 긴 클럽으로 완만한 스윙이나 어퍼블로우의 스윙을 할 때는 오른발에 체중을 약간 보내주는 것이 좋음. 양손 그립의 위치는 중앙보다는 살짝 왼쪽으로 위치하도록 하고 공의 위치는 클럽이 짧아질수록 우측으로, 클럽이 길어 길수록 좌측으로 이동시켜야 함

2. 백스윙

① 백스윙의 단계는 테이크어웨이, 코킹이 시작되는 하프스윙 단계, 탑까지 이어짐. 백스윙은 단순히 손과 팔로만 드는 것이 아니라 어깨, 몸통, 무릎의 회전으로 이루어져야 함

② 백스윙의 크기는 넓게 하여 스윙의 아크가 커질 수 있도록 함

③ 테이크어웨이의 경우 목표반대 방향으로 낮고 길게 시작되는 것이 좋으며 이때 클럽이 열리거나 닫히지 않도록 주의해야 함

④ 파워를 만들어주는 손목의 꺾이는 코킹 동작도 너무 과하거나 부족하지 않도록 해야 하고 코킹 되는 시점 또한 이르거나 늦지 않도록 해야 함

⑤ 어깨의 회전이 적을 경우, 파워가 부족하게 됨. 하지만 어깨 회전을 하면서 척추의 각도가 일어나게 되거나 골반과 무릎까지 회전을 많이 하게 되면 전체적인 몸의 꼬임이 적어지면서 긴 비거리를 기대하기 어려워짐

⑥ 머리의 위치는 너무 고정하려고 하면 '리버스 피봇' 현상이 발생할 수 있고, 좌우로 너무 많은 이동이 발생할 때는 '스웨이' 현상이 발생되기 때문에 양쪽 어깨를 기준으로 틀 안에서 적은 움직임을 만들어 주는 것이 좋음

3. 탑, 전환

① 백스윙 탑에서는 몸의 꼬임이 극대화되어 있어야만 낼 수 있는 가장 많은 파워가 형성됨. 양쪽 무릎과 골반의 회전이 적고 허리와 어깨의 회전이 많은 경우 긴 비거리를 기대할 수 있음. 탑에서는 클럽 헤드가 너무 닫혀있거나 열려있지 않는지 확인하며 백스윙 동작의 오류를 찾을 수 있음. 또한, 코킹의 정도가 많았다면 오버스윙이 만들어졌을 것이고 적은 코킹이 되지 않았는지 확인해야 함. 체중은 오른발 쪽으로 충분히 이동되었는지, 왼발에 많이 남아 있지는 않은지 확인해야 함

② 전환이 급격하게 이루어지면 리듬이 깨지고 정확도가 떨어짐. 탑에서 적당히 멈춰주고 전환의 시작은 무릎, 골반으로 시작하여 클럽 헤드가 가장 늦게 시작되어야 함

4. 다운스윙

① 다운스윙 시 오른발에 있던 체중을 왼쪽으로 이동시켜주면서 시작되어야 함

② 클럽 헤드는 열리거나 닫히지 않도록 손목의 올바른 움직임이 있어야 함

③ 다운스윙 시 손과 팔의 움직임이 스윙의 궤도를 만들어 줌. 바깥쪽으로 내려오게 되면 당겨지거나 슬라이스 구질을 유발할 수 있으며, 너무 안쪽으로 내려오게 되면 출발이 우측으로 밀리거나 훅 구질을 유발할 수 있음

④ 코킹이 다운스윙 시 너무 빨리 풀리지 않도록 해야 하고 이는 너무 빨리 풀리게 되면 뒷땅이나 파워의 손실이 일어나고, 반대로 너무 길게 끌고 내려오게 되면 클럽 페이스가 열려 우측으로 공이 밀릴 수 있음

⑤ 백스윙 시 오른쪽으로 이동된 머리의 위치와 어깨의 위치는 다운스윙 구간에서 어드레스 때 있던 자리로 되돌아와야 함

5. 임팩트

① 하체의 체중이 왼쪽으로 완전히 이동되어 있어야 축적된 파워를 공에 온전히 전달할 수 있음

② 양쪽 팔꿈치가 쭉 펴져 있도록 하여 파워 손실이 일어나지 않도록 함

③ 클럽 페이스는 열리거나 닫히지 않도록 해야 하고 양손 그립의 위치는 공보다 왼쪽에 있는 상태에서 임팩트가 이루어져야 함

④ 어드레스 때의 허리의 각도가 펴지지 않도록 유지해주어야 함

6. 팔로우 스윙

① 임팩트 직후까지 클럽 헤드는 목표 방향으로 낮고 길게 이동해야 함. 이때도 마찬가지도 클럽 페이스가 열리거나 닫히지 않도록 해야 함

② 헤드의 이동은 백스윙했던 궤도의 스윙 면으로 이동하면서 릴리즈 해야 함

③ 손목의 꺾임에서는 클럽 페이스가 열려있거나 닫혀있지 않도록 확인해야 함

7. 피니쉬

① 피니쉬 때 왼쪽 무릎이 완전히 펴지고 양쪽 허벅지가 만나는 느낌으로 만들어주어 오른쪽 발꿈치로 서 있어야 함

② 체중은 오른발에 남아 있지 않고 왼발 쪽으로 이동되어 있어야 함

③ 왼쪽 팔꿈치의 위치를 확인하고 너무 낮다면 스윙 면이 플랫하거나 임팩트 이후 안쪽으로 팔로우 스윙 되었을 것을 의심할 수 있으며, 너무 높다면 들어 올리는 느낌의 스윙과 팔로우 스윙 시 릴리즈 타이밍이 늦었을 수 있음

3 미스샷 방지

1. 리듬

스윙에서의 리듬은 매우 중요. 백스윙 템포, 탑에서 전환, 다운스윙 템포까지 부드럽게 연결되어야 함. 빠르기보다는 본인에게 잘 맞는 템포를 찾는 것이 중요하며 늘 일정하게 긴장과 불안한 상황에도 같은 리듬이 유지되어야 미스샷을 방지할 수 있음

2. 루틴

샷을 하기 전 웨글 동작이나 호흡, 연습스윙하는 위치와 횟수 이러한 모든 동작들은 골프의 루틴. 이에 앞서 라운드 전 연습 시간, 연습 방식, 준비 방식 등의 모든 행위가 루틴이라 볼 수 있음. 여러 가지 루틴들을 취해보고 어떠한 루틴이 본인의 플레이에 가장 도움이 되는지 확인하며 찾아야 함. 이러한 루틴은 어떤 상황에서나 같은 시간 같은 방식으로 반복적으로 이뤄져야 함

Chapter 03 골프의 교정방법

1 구질 및 탄도 개선

1. 슬라이스(Slice) 및 밀리는 볼(Push)

슬라이스는 흔히 스윙궤도, 페이스 앵글로 인해 발생함. 스윙궤도의 경우, 바깥쪽에서 안쪽으로 클럽이 움직이는 outside to inside 궤도에 의해 발생. 이런 경우 전환 동작에서 어깨와 팔이 먼저 회전하거나 다운스윙을 시작하는 경우에 발생. 다운스윙에서의 클럽의 샤프트 각도를 플랫한 느낌으로 눕혀주며, 임팩트 순간까지 어깨와 몸이 과도하게 열리지 않도록 하여야 개선될 수 있음. 반대로 스윙궤도가 너무 안쪽에서 바깥쪽으로 클럽이 움직이는 inside to outside의 경우 밀리는 볼이 발생될 수 있음. 이렇게 손과 팔, 클럽헤드가 다니는 스윙궤도는 무척이나 중요한 역할을 하기에 정확한 궤도를 위한 연습이 필요. 또한 페이스 앵글이 열리는 상황에 슬라이스와 밀리는 볼이 나타날 수 있음. 임팩트 구간에서 클럽의 헤드가 스퀘어 되도록 왼손 등의 방향이 하늘이 아닌 목표 방향을 바라볼 수 있도록 연습을 통해 개선할 수 있음

2. 훅(Hook) 및 당겨지는 볼(Pull)

훅 또한 슬라이스와 마찬가지로 스윙궤도, 페이스 앵글에 의해 발생함. 스윙궤도가 안쪽에서 바깥쪽으로 클럽이 움직이는 inside to outside 궤도에 의해 발생. 이런 경우 전환 동작에서 클럽과 팔이 처지는 동작이 없는지 확인해야 하고 백스윙 탑에서 클럽이 너무 플랫하게 누워있지 않은지 확인해야 함. 반대로 바깥쪽에서 안쪽으로 클럽이 움직이는 outside to inside 궤도에서도 임팩트 구간에서 클럽헤드가 스퀘어 혹은 닫히게 되면 훅과 당겨지는 구질이 나타날 수 있음. 이처럼 좋은 구질을 위해서는 스윙궤도를 안정적으로 이동할 수 있도록 해주어야 함. 정상적인 스윙궤도일 경우 임팩트 구간에서 클럽의 헤드가 스퀘어 되도록 왼손 등의 방향이 바닥이 아닌 목표를 향할 수 있도록 해주어야 함

3. 낮은 탄도

탄도가 낮을 경우에는 캐리 거리를 손해 볼 수 있으며, 특히 그린 공략 시에 불필요한 런을 발생시켜 원하는 컨트롤을 하기 매우 어려움. 낮은 탄도는 어택앵글이 너무 가파르게 다운블로우로 타격되거나 임팩트 시 헤드가 본래의 로프트보다 세워져서 임팩트가 될 경우에 많이 나타남. 개선을 위해서는 임팩트 시 체중이 필요이상으로 좌측으로 이동되지 않도록 하여야 하고, 머리, 어깨, 손의 위치가 좌측으로 움직이게 되면 탄도가 낮아짐. 특히 과한 핸드퍼스트 동작으로 인해 로프트가 세워지는 경우가 많음. 또한, 적절한 다운블로우 컨택을 위해 과도하게 코킹된 손목을 끌고 내려와서도 안 됨

4. 높은 탄도

탄도가 높은 경우에도 거리 손해가 발생할 수 있음. 바람이 많이 불 때 특히 방향이 부정확해지고 거리의 변화가 크게 발생하여 예측이 어려움. 높은 탄도는 코킹된 손목이 너무 일찍 풀려 클럽헤드가 양손보다 왼쪽에서 임팩트가 이루어지거나, 공의 위치가 너무 왼쪽에 있으면 만들어 짐. 개선을 위해서는 임팩트 시 체중과 머리, 상체의 위치가 오른발 쪽에 남아 있지 않도록 해야 함. 또한, 코킹된 손목을 조금 더 끌고 오면서 임팩트 시 손목이 클럽헤드보다 왼쪽에 위치할 수 있도록 해야 함

2 거리 증대방법

1. 스피드 증대

클럽 헤드스피드를 증가시키는 방법은 여러 가지가 있음. 먼저 팔로만 스윙하는 느낌보다는 어깨, 허리 등의 몸을 같이 사용하며 스윙을 해야 함. 또한, 스윙의 크기, 즉 스윙 아크를 크고 넓게 해야 함. 이를 위해서는 양 팔꿈치가 구부러지면 안 되고 어깨의 회전이 충분히 이루어져야 함. 또한, 체력의 증진은 스피드를 높일 수 있는 근본적 방안임. 웨이트 트레이닝을 통한 팔, 코어, 하체의 운동과 유연성 트레이닝은 스피드의 증대에 꼭 필요함

2. 체중 이동

체중 이동은 내가 가지고 있는 힘을 공에 온전히 전달하는데 큰 도움이 되는 필수적인 스윙의 움직임. 어드레스 때 체중의 분배는 양발에 균등하게 두고 백스윙 시작부터 탑까지 가는 동안 60~70%의 체중을 우측 발로 이동시켜주어야 하고, 임팩트 순간까지 서서히 좌측 발로 이동시켜주며 임팩트 순간에는 60~70%가 좌측으로 이동되어 있어야 함. 이후 피니쉬동작에서는 80% 이상이 좌측 발로 체중이 이동되어 있는 것이 올바른 체중 이동이라 볼 수 있음. 이러한 체중 이동의 연습은 연습 스윙과 이미지 훈련이 좋으며, 스탠스 넓이가 넓을 때보다 좁을 때 더 잘 느낄 수 있으므로 좁은 스탠드를 취하고 연습을 한다면 쉽게 체중이 이동되는 것을 느낄 수 있어 도움이 됨

3. 몸의 꼬임, 엑스팩터

엑스팩터는 30년 전부터 여러 교습가가 중요성을 강조. 엑스팩터는 각도로 수치를 나타내는데 어깨(몸통)의 회전된 각도에서 골반(힙)이 회전된 각도를 뺀 각도임. 이러한 각도가 높을수록 몸의 꼬임이 극대화되면서 파워를 축적할 수 있음. 이러한 몸의 꼬임을 위해서는 무릎과 골반의 회전을 최소한으로 막아주고 어깨의 회전을 늘려줘야 하는데, 이를 위해서는 유연성 훈련이 선행되어야 함. 유연성이 없는 상태로 어깨의 회전만을 늘리다 보면 척추의 각이 일어나게 될 수 있고 부상을 일으킬 수 있음. 플레이어의 유연성에 따라 낼 수 있는 최대한의 꼬임으로 백스윙한다면 비거리를 늘릴 수 있는 좋은 방법이 됨

3 임팩트 개선

1. 팔과 양손의 움직임

좋은 임팩트를 위해서는 팔과 양손의 움직임이 중요. 가장 쉽게 접근할 방법은 백스윙 탑에서 임팩트까지 진행될 때 양손은 어드레스 때의 있던 위치로 되돌아오는 것. 이때 몸과 손의 간격과 핸드퍼스트 정도는 에너지 손실 없이 공에 힘 전달이 될 수 있는 좋은 임팩트를 만드는 중요 포인트임

2. 척추 각도의 중요성

어드레스 때의 척추각, 즉 허리의 숙여짐 정도는 백스윙, 다운스윙, 임팩트, 팔로우 스윙까지 지켜져야 함. 백스윙 때 각도가 더 숙여진다면 임팩트 때 각도가 펴지면서 탑볼의 가능성이 높으며, 반대로 백스윙 때 각도가 점점 일어나게 된다면 임팩트 때는 일어난 만큼 숙여서 임팩트가 이루어져야 좋은 컨택이 일어나는데, 이는 좋은 임팩트를 만들어내기 무척 어려움

Chapter 04 매너와 에티켓

1. 시간 준수

라운드에 늦는 것은 동반자에 대한 매너가 아니기에 최소 30분 전에는 골프장에 도착하는 것이 좋음. 미리 도착하여 여유 있게 스트레칭하고 연습그린에서 퍼팅을 한다면 매너는 물론 본인의 스코어까지 좋아질 수 있음

2. 핸디캡

각 골퍼의 공인핸디캡이 있다면 좋겠지만, 만약 공인핸디캡이 없다면 핸디캡은 속이지 말고 최근 라운딩 스코어를 정확하게 상대방에게 알리고 속이지 않아야 함

3. 연습 스윙

코스에서 공을 치기 전 연습 스윙은 당연히 할 수 있지만, 아무리 떨어져 있더라도 스윙 방향에 동반자나 캐디가 있다면 그 방향을 향해서 연습 스윙을 해서는 안 됨. 바라보는 사람에 따라 기분 나쁘거나 위협적으로 느껴질 수 있을뿐더러 잔디나 돌이 튈 수도 있으며 최악의 경우 사고로 이어질 수 있음. 또한, 연습 스윙을 필요 이상으로 많이 하다 보면 플레이가 지체돼서 다른 동반자가 기다리는 시간이 길어질 수 있으므로 한두 번 정도가 적당함. 많은 연습 스윙으로 루틴이 길어지면 잘 맞을 확률도 낮아질 것

4. 코스 보호 ★

모든 골퍼는 코스를 보호하며 플레이해야 할 의무가 있으며 이 또한 매너라고 볼 수 있음. 티잉구역을 포함한 모든 코스에서 연습 스윙 시 불필요한 디봇을 내는 것을 피해야 하고 연습 스윙 시 혹은 샷을 할 때 디봇이 생겼다면 디봇을 다시 주워 와서 제자리에 놓고 지그시 밟아주는 것이 매너임. 또한, 퍼팅그린에서 스파이크 자국이 나지 않도록 뛰거나 신발을 끌면서 걸어서는 안 됨. 본인의 피치 마크는 수리기로 수리하는 것 또한 매너임

5. 의사 표현

(1) 상대방과의 소통

상대방의 좋은 샷을 하였을 때, '굿샷', '나이스샷'의 표현이나 버디나 어려운 파세이브 시에도 '나이스 버디', '굿 파'등의 소통은 즐거운 플레이를 할 수 있는 방법 중 하나임. 상대방이 나에게 이러한 표현을 한다면 '감사합니다' 등의 화답 또한 서로를 기분 좋게 해줄 수 있는 매너 있는 소통이라고 볼 수 있음

(2) 컨시드

토너먼트가 아닌 연습 라운드에서는 컨시드를 주고받는 경우가 흔함. 퍼팅그린에서 짧은 거리 퍼팅의 컨시드는 상대방을 인정해줄 수 있는 표현이자 경기가 지체될 경우 딜레이를 줄일 수 있음. 컨시드를 받았다면 '감사합니다' 등의 표현으로 답하는 것이 일반적 매너임. 단, 상대방에게 긴 거리 퍼팅이 남은 경우 무리하게 컨시드를 요청하는 것은 옳지 않은 행동임

pass.Hackers.com

해커스자격증
pass.Hackers.com

해커스 **스포츠지도사 골프** 실기+구술 초단기 5일 합격

Part 03

구술 기출문제

Chapter 01　골프용어
Chapter 02　골프 규칙
Chapter 03　지도방법
Chapter 04　유소년 스포츠지도사
Chapter 05　노인 스포츠지도사

Chapter 01 골프용어

 01 '가장 가까운 완전한 구제지점'이란 무엇인가? ★★★
'완전한 구제지점'이란 무엇인가?
'구제가 가능한 니어리스트 포인트'란 무엇인가?

> **정답분석** 플레이어가 비정상적인 코스상태, 위험한 동물이 있는 상태, 잘못된 그린, 플레이 금지구역에서 페널티 없는 구제를 받게 되거나 특정 로컬룰에 따라 구제받는 경우, 그 기준점을 말함. 기준점은 원래 지점과 가장 가까우면서 홀에 가까워지면 안 되고, 요구되는 코스의 구역에 있어야 함. 원래 지점에 방해되는 상태가 없었다면 플레이어가 했을 스트로크에 지속 방해가 되지 않은 지점. 기준점 추정 시에는 반드시 스트로크에 사용하였을 것과 동일 클럽, 스탠스, 스윙, 플레이 라인을 사용해야 함

 02 '개선'에 대해 설명하시오. ★★★

> **정답분석** 플레이어가 스트로크에 대한 잠재적 이득을 취하기 위해 고의로 스트로크나 플레이에 영향을 미치는 상태를 하나 이상 변경하는 것. 예로 플레이어의 의도된 볼의 라이, 스탠스 구역, 스윙 구역, 플레이 선, 드롭하거나 플레이스 할 구제구역을 변경하는 것

 03 '구제구역'에 대해 설명하시오. ★★
'구제'에 대해 설명하시오.

> **정답분석**
> - 구제구역은 플레이어가 규칙에 따라 구제를 받을 때 반드시 볼을 드롭해야 하는 구역. 구제는 '기준점', '구제구역의 크기', '구제구역의 위치 제한' 이 세 가지 요소를 충족시키는 위치와 크기를 가진 특정한 구제구역을 사용해야 함
> - 구제구역의 크기를 측정하는 기준이 되는 '기준점'으로부터 한 클럽 혹은 두 클럽 길이 이내의 구역이 구제구역의 크기임. 위치 제한으로는 벙커나 페널티구역이 아닌 반드시 일반구역에 있어야 하고 홀과 더 가깝게 가서는 안 되며, 구제 후 더 이상의 어떠한 방해도 받지 않은 곳이어야 함

 04 '기준점'에 대해 설명하시오. ★

> **정답분석** 원래의 볼이 있던 지점과 가깝지만 홀로부터 가까워지지 않는, 더 멀리 있는 기준선 상의 코스의 구역에 있는 플레이어가 선택한 코스 상의 한 지점

05 코스의 구역에 대해 설명하시오.
코스의 일반구역에 대해 설명하시오.

정답분석 코스의 구역은 '일반구역', 플레이어가 반드시 플레이를 시작하여야 하는 홀의 '티잉구역', 모든 '페널티구역', 모든 '벙커구역', 플레이 중인 홀의 '퍼팅그린'을 지칭함

06 '동물이 만든 구멍'에 대해 설명하시오.

정답분석 루스임페디먼트로 규정된 동물(벌레나 곤충)이 판 구멍 이외의 동물이 지면에 판 모든 구멍을 말하며, 구멍을 팔 때 떨어져 나온 부스러기나 동물이 구멍을 드나든 흔적 혹은 자국. 단, 동물의 발자국은 동물이 만든 구멍에 포함되지 않음

07 '드롭'에 대해 설명하시오.

정답분석 볼을 인플레이 상태가 되게 하려는 의도를 갖고 볼을 손에 들고 공중에서 떨어트리는 것을 의미. 인플레이 상태가 되게 하려는 의도 없이 떨어뜨린 경우는 드롭된 것이 아니므로 인플레이 상태가 아님. 각 구제 규칙에는 볼을 드롭하고 그 볼이 반드시 정지하여야 할 특정 구제구역을 규정하고 있음. 구제를 받을 때 플레이어는 반드시 무릎 위치에서 손에 잡고 있는 볼을 똑바로 놓아야 함. 볼이 정지할 곳에 영향을 미치는 던지거나 굴리거나 스핀을 주는 행동을 해서는 안 됨. 또한, 볼이 지면에 닿기 전 플레이어의 몸과 장비를 맞히지 않도록 해야 함

08 골프공의 '딤플'에 대해 설명하시오. ★

정답분석 골프공 표면에 오목하게 들어간 홈을 딤플이라고 함. 딤플은 골프공을 떠오르게 하는 힘. 즉, 양력(lift force)을 발생시키고 공기의 저항인 항력(drag force)을 줄여주는 역할을 함. 즉 골프공을 멀리 정확하게 비행할 수 있게 하는 비행기의 날개와 같은 원리로 작용. 일반적으로 딤플의 크기가 작으면 탄도가 낮아지고 딤플의 크기가 크면 탄도가 높아짐. 딤플의 깊이가 깊어질수록 탄도가 낮아지고 깊이가 얕은 경우 탄도가 높아짐

09 '라이'에 대해 설명하시오. ★

정답분석 볼이 정지한 지점과 볼에 닿아 있거나 바로 옆에 자라거나 붙어 있는 모든 자연물, 움직일 수 없는 장해물, 코스와 분리할 수 없는 물체, 코스의 경계물을 아우르는 지점을 말함. 단, 루스임페디먼트와 움직일 수 있는 장해물은 볼의 라이에 해당하지 않음

10 '루스임페디먼트'에 대해 설명하시오. ★★★
'루스임페디먼트'의 제거에 대해 설명하시오.

정답분석 어딘가에 붙어 있지 않은 모든 자연물을 말하며 코스 안팎 어디에서나 페널티 없이 제거할 수 있지만, 볼에 영향을 미치기 위해 고의로 제거해서는 안 됨
- 돌멩이, 어딘가에 붙어 있지 않은 풀, 낙엽, 나뭇가지, 나무토막
- 동물의 사체와 배설물
- 벌레, 곤충, 쉽게 제거가 가능한 동물, 그 동물이 만든 흙더미나 거미줄(지렁이 똥, 개밋둑)
- 뭉쳐진 흙덩어리(에어레이션 찌꺼기 포함)
- 볼에 달라붙어 있는 살아있는 곤충

단, 자라거나 붙어 있는 자연물, 지면에 단단히 박혀있는 자연물, 볼에 달라붙어 있는 자연물(살아있는 곤충 제외)은 루스임페디먼트가 아님

11 '리플레이스'에 대해 설명하시오. ★★★

정답분석 볼을 인플레이 상태가 되게 하려는 의도를 가지고 손으로 볼을 내려놓는 동작을 말함. 플레이어가 볼을 인플레이 상태가 되게 하려는 의도가 없이 볼을 내려놓는 경우 리플레이스가 아니므로 인플레이 상태가 아님. 규칙에서 리플레이스할 것을 요구할 때마다 관련 규칙에 따라 반드시 규정된 특정한 지점에 리플레이스하여야 함

12 '벙커'에 대해 설명하시오. ★

정답분석 벙커는 모래로 특별하게 조성된 구역이며, 주로 잔디가 제거되어 움푹 파인 지형으로 된 구역. 벙커 경계 밖에 흘러나오거나 뿌려진 모래나 코스 상 모래로 된 구역은 벙커의 일부라고 볼 수 없음

13 '볼마커'에 대해 설명하시오. ★

정답분석 티, 동전, 마커용으로 만들어진 물건 등으로 집어 올릴 볼의 지점을 마크하기 위해 표식에 사용하는 인공물. 집어 올릴 수 있는 사람은 플레이어, 캐디, 플레이어가 위임한 사람

14 '비정상적인 코스상태'에 대해 설명하시오. ★

정답분석 동물이 판 구멍, 수리지, 움직일 수 없는 장해물, 일시적으로 고인 물을 지칭함

15. '스탠스'에 대해 설명하시오. ★

정답분석 플레이어가 스윙 동작을 위해 어드레스를 취하는 과정에서 발의 모양과 위치를 말함

16. '스트로크'을 하지 않은 것으로 간주되는 경우에 대해 설명하시오. ★★

정답분석
- 플레이어가 공을 칠 의도는 있었지만, 다운스윙 도중에 볼을 치지 않기로 결정하여 클럽헤드가 볼에 도달하기 전 의도적으로 멈추었거나 클럽헤드를 도저히 멈출 수 없어 의도적으로 볼을 맞추지 않은 경우
- 플레이어가 연습스윙을 하거나 스트로크를 하려고 준비하는 과정에서 우연히 볼을 움직이게 한 경우, 페널티는 없으며 스트로크를 하지 않은 것이기 때문에 반드시 그 볼을 원래의 지점에 리플레이스 하여야 함

17. '아웃오브바운즈'에 대해 설명하시오. ★

정답분석 플레이어가 스트로크 한 볼이 위원회가 규정한 코스의 경계를 벗어나 코스 밖의 구역으로 간 경우를 말함. 이 경우 반드시 1벌타를 추가하고 직전의 스트로크 한 곳에서 원래의 볼이나 새로운 볼을 플레이하여 스트로크와 거리 구제를 받아야 함

18. 외부의 영향에 대해 설명하시오. ★

정답분석 플레이어의 볼이나 장비 혹은 코스에 일어나는 일에 영향을 미칠 수 있는 모든 사람과 사물을 말함. 여기서 모든 사람은 플레이어 본인과 플레이어의 캐디, 플레이어의 파트너, 파트너의 캐디, 상대방, 상대방의 캐디는 제외함. 모든 동물과 인위적으로 작동되는 공기와 물, 자연물이나 인공물은 포함되지만, 자연의 힘은 제외됨

19. '움직이다'란 용어에 대해 설명하시오. ★★

정답분석 정지되었던 볼이 원래 지점을 벗어나 다른 지점에 정지하고, 이 과정이 육안으로 확인될 수 있는 경우를 말함. 원래 지점으로부터 위, 아래, 수평의 그 어느 방향으로 움직였던 관계없이 적용됨. 단, 정지되었던 볼이 흔들리거나 기우뚱거리기만 하다가 원래 지점에 멈추거나 원래 지점으로 되돌아간 경우, 움직인 볼이 아님

20. '움직일 수 있는 장해물'에 대해 설명하시오. ★★

정답분석 합리적 노력으로 장해물이나 코스를 훼손시키지 않으면서 움직일 수 있는 장해물을 말함. 단, 어떤 장해물이 움직일 수 있는 경우라도 위원회는 그 장해물을 움직일 수 없는 장해물로 규정할 수 있음

21 '일시적으로 고인 물'에 대해 설명하시오. ★

정답분석 페널티구역을 제외하고 지표면 상에 일시적으로 고여 있는 물을 말함. 물웅덩이, 관개시설, 수역에서 흘러넘친 물이고 스탠스를 취하기 전 혹은 후에 물이 고여 있는 상태여야 인정됨. 이슬이나 서리는 일시적으로 고인 물로 간주되지 않음. 인공 얼음은 일시적으로 고인 물이 아닌 장해물로 간주함. 눈과 천연 얼음의 경우는 루스임페디먼트이기도 하고 지면에 있을 경우에는 플레이어의 선택에 따라 일시적으로 고인 물로 간주할 수도 있음

22 '자연의 힘'에 대해 설명하시오. ★

정답분석 바람, 물, 뚜렷한 이유 없이 중력의 영향 때문에 어떠한 상황이 생기는 경우를 말함

23 '잘못된 그린'에 대해 설명하시오. ★★

정답분석 플레이어가 플레이 중인 홀의 퍼팅그린 이외의 코스 상에 있는 모든 그린을 말함. 예를 들면, 임시 그린을 사용 중인 홀의 기존의 퍼팅그린, 연습그린도 잘못된 그린에 포함되며 이는 일반구역의 일부로 적용됨. 이 경우 놓인 그대로 플레이해서는 안 되며, 페널티 없는 구제를 받아야 함. 원래의 볼이 정지한 코스의 구역과 동일한 구역에 있는 가장 가까운 완전한 구제지점에 한 클럽 이내에 홀에 더 가깝지 않은 지점에 드롭해야 함. 잘못된 그린으로 인한 모든 방해로부터 완전한 구제를 받는 구역이어야 함

24 '잘못된 볼'에 대해 설명하시오. ★★

정답분석 인플레이 상태가 아닌 볼, 플레이에서 배제된 프로비저널볼, 다른 플레이어의 인플레이 상태의 볼, 버려져 있는 볼, 자신의 볼이나 아웃오브바운즈에 있거나 분실되었거나 집어 올린 후 아직 인플레이 상태로 되돌려놓지 않은 볼을 말함

25 '장비'에 대해 설명하시오. ★★

정답분석 플레이어나 플레이어의 캐디가 사용하거나, 착용하거나, 들고 있거나, 가지고 있는 모든 것을 말하며, 고무래 등의 코스를 보호하는 데 사용되는 물체도 플레이어나 캐디가 그것을 들고 있거나 가지고 있는 동안에만 장비로 간주함. 또한, 다른 사람이 플레이어를 위해 가지고 있는 클럽이 아닌 물체는 플레이어의 것이더라도 장비로 볼 수 없음

26 '장해물'에 대해 설명하시오. ★★

정답분석 코스와 분리할 수 없는 물체와 코스의 경계물 이외의 모든 인공물을 말함. 장해물은 움직일 수 있는 장해물과 움직일 수 없는 장해물로 나뉘며, 움직일 수 없는 장해물의 일부(게이트, 문, 부착된 케이블)가 움직일 수 있는 장해물의 정의에 부합되는 경우, 그 부분은 움직일 수 있는 장해물로 간주함. 페인트로 칠한 점이나 선은 장해물로 간주되지 않음

27 '중대한 위반'의 기준이 되는 것에 대해 설명하시오.

정답분석 중대한 위반은 플레이어가 잘못된 장소에서 플레이한 것이 올바른 장소에서 할 스트로크에 비해 상당한 이익을 얻을 수 있는 경우임. 그 스트로크의 난이도, 홀에서 볼까지의 거리, 플레이 선상에 있는 방해 요소의 영향, 스트로크에 영향을 미치는 상태에서 이익은 얻었는지 고려해봐야 함

28 '코스와 분리할 수 없는 물체'에 대해 설명하시오.

정답분석 위원회가 코스를 플레이하는 도전의 일부로 규정하여 페널티 없는 구제를 허용하지 않은 인공물을 말함. 이는 움직일 수 없는 것으로 간주되며, 이 물체의 일부가 움직일 수 있는 장해물의 정의에 부합되는 경우는 그 일부는 움직일 수 있는 장해물로 간주. 위원회가 코스와 분리할 수 없는 물체로 규정한 인공물은 장해물이나 코스의 경계물이 아님

29 '플레이금지구역'에 대해 설명하시오.

정답분석 위원회가 플레이를 금지시킨 코스의 일부를 말하며, 반드시 '비정상적인 코스 상태'의 일부나 '페널티구역'의 일부로 규정되어야 함. 이 구역의 예로는 야생동식물, 동물의 서식지나 환경적으로 취약 구역을 보호하거나 묘목, 화단, 잔디재배지, 잔디 이식구역, 조림구역이 훼손되는 것을 막기 위하여, 혹은 플레이어를 위험으로부터 보호하기 위함이나 역사적으로나 문화적으로 의미 있는 장소를 보존하기 위해 지정된 구역임. 플레이금지구역은 '선 또는 말뚝'으로 규정하여야 함

30 '플레이 선'에 대해 설명하시오. ★★

정답분석 플레이어가 스트로크하여 볼을 보내고자 하는 가상의 선을 말함. 플레이 선에는 그 선으로부터 지면보다 위로 합리적인 거리에 있는 구역과 그 선 양옆으로 합리적인 거리에 있는 구역도 포함됨. 반드시 직선이어야 하는 것은 아니며 플레이어가 볼을 보내고자 하는 방향에 따라 곡선이 될 수도 있음

Chapter 02 골프 규칙

01 플레이어의 행동 기준에 대해 설명하시오.

정답분석

규칙 1.1, 1.2

플레이어는 성실하게 행동하여야 함. 이는 규칙을 따르고 모든 페널티를 적용하며 어떠한 상황에서도 정직하게 플레이하는 것을 의미. 또한, 신속한 속도로 플레이하고 타인의 안전을 살피고 방해가 되지 않도록 하는 등의 다른 사람을 배려해야 함. 스트로크할 때마다 '코스는 있는 그대로', '볼은 놓인 그대로' 플레이하여야 함

02 볼의 일부가 두 가지 특정 코스 구역에 걸쳐 있을 경우 처리방법은?
볼의 일부가 퍼팅그린에 있고 일부가 다른 코스 구역에 있을 경우에 처리방법은?

정답분석

규칙 2.2c

'페널티구역' > '벙커' > '퍼팅그린' 순서도 그 특정한 구역에 놓인 것으로 간주함

03 스트로크플레이와 매치플레이에 대해 설명하시오.

정답분석

규칙 3.1, 3.2

스트로크플레이는 모든 플레이어가 총 스코어를 기준으로 다른 모든 플레이어와 경쟁하는 방식이고, 매치플레이는 플레이어와 상대방이 홀을 이기거나 지거나 비기는 것을 기준으로 서로를 상대로 경쟁하는 것. 스트로크플레이에서의 스코어는 총 스트로크 수와 벌타의 합을 기준으로 성적을 내고, 매치플레이는 각 홀을 기준으로 산정함

04 매치플레이 시, 상대방을 이기는 상황에 대해 설명하시오.

정답분석

규칙 3.2b

남은 홀 수보다 더 많은 홀을 이긴 상태로 상대방을 앞선 경우, 상대방이 그 매치를 컨시드한 경우, 상대방이 실격된 경우 등

05 스트로크 플레이에서 홀아웃이란 무엇이고 홀아웃을 하지 않은 경우에 대해 설명하시오.

정답분석

규칙 3.3c

홀아웃이란, 스트로크 후 볼인 홀 안에 정지하고 그 볼 전체가 퍼팅그린 표면 아래에 있는 상태가 되는 것을 의미함. 플레이어는 반드시 다른 홀을 시작하는 스트로크를 하기 전, 혹은 마지막 홀일 경우 스코어카드 제출 전 홀 아웃을 해야 하고 홀 아웃을 하지 않은 경우, 실격처리됨

06 라운드 동안 손상된 클럽의 경우 처리방법에 대해 설명하시오. ★

정답분석 규칙 4.1a
고의로 클럽을 남용하여 손상된 경우가 아닌, 정상적인 플레이 도중 손상된 클럽의 경우에는 교체하여 사용하는 것이 허용됨

07 플레이 도중 볼이 깨진 경우의 조치 방법에 대해 설명하시오. ★★

정답분석 규칙 4.2b
스트로크 후 플레이어의 볼이 깨진 경우(갈라지거나 금이 간 경우 포함), 이런 상황이 플레이 중인 홀에서 일어난 일임을 분명하게 알 수 있는 경우에 페널티는 없으며 그 스트로크는 타수에 포함되지 않고 그 스트로크를 했던 곳에서 다른 볼로 교체 후 리플레이스하여 플레이해야 함

08 티잉구역 밖에서 플레이 한 경우, 조치 방법에 대해 설명하시오. ★

정답분석 규칙 6.1b
매치플레이의 경우, 페널티는 없으나 상대방은 그 스트로크를 취소시킬 수 있음. 스트로크플레이의 경우, 일반 페널티(2벌타)를 받고, 반드시 올바른 티잉구역 안에서 볼을 다시 플레이하여야 함

09 티잉구역에서 허용되는 행동과 허용되지 않는 행동에 대해 설명하시오. ★★★

정답분석 규칙 6.2
티잉구역은 티마커로부터 두 클럽 이내의 구역이며 티잉구역 밖에서 플레이할 수 없음. 티잉구역에서 볼은 티에 올려놓고 플레이할 수도 있고, 지면에 내려놓고 플레이할 수도 있음. 또한, 지면을 클럽과 발로 파서 변경할 수 있으며, 잔디나 풀을 움직이거나 제거할 수 있음. 단, 티마커를 움직이거나 그 밖의 행동으로 스트로크에 영향을 미치는 상태를 개선하면 안 됨

10 잘못된 볼에 스트로크한 경우에 대해 설명하시오. ★

정답분석 규칙 6.3c
매치플레이에서는 그 홀의 패, 스트로크플레이에서는 일반 페널티(2벌타)를 받고 원래의 볼을 놓인 그대로 플레이하거나 규칙에 따른 구제를 받아 그 잘못을 바로잡아야 함. 단, 플레이어는 '페널티구역'이나 '일시적으로 고인 물'의 물속에서 움직이고 있는 잘못된 볼에 스트로크한 경우 페널티는 없고 원래의 지점에서 올바른 볼을 플레이하거나 규칙에 따른 구제를 받아야 함

11 볼을 확인하기 위해 집어 올리는 방법에 대해 설명하시오. ★

규칙 7.3
플레이어는 본인의 볼임을 확인하기 위해 볼을 돌려보거나 집어 올릴 수 있음. 단 반드시 그 볼의 지점을 먼저 마크하여야 하며, 볼을 확인할 때 퍼팅그린이 아니라면 필요 이상으로 그 볼을 닦아서는 안 됨. 볼이 자신의 볼인지 확인하는 데 필요한 정도로만 닦아야 함. 퍼팅그린 이외의 지점에서 볼을 닦은 경우 1벌타를 받게 됨

12 플레이어의 정지한 볼이 움직이게 하는 규칙에서 규정하는 원인 네 가지와 대처방법에 대해 설명하시오. ★★

규칙 9.2b
- 바람, 물과 같은 자연의 힘 - 페널티는 없으며 반드시 그 새로운 지점에서 플레이하여야 함. 단 퍼팅그린에서는 원래의 장소를 추정하여 리플레이스 해야 함
- 플레이어와 플레이어의 캐디, 매치플레이에서 상대방이나 상대방의 캐디, 스트로크플레이에서 다른 모든 플레이어를 포함한 외부 영향 - 고의인 경우는 1벌타 적용 후 플레이어는 반드시 그 볼을 원래 지점에 리플레이스 해야 함

13 자연의 힘에 의하여 움직인 볼의 처리방법에 대해 설명하시오. ★★

규칙 9.3
새로운 예외 2에 따라, 드롭, 플레이스, 리플레이스한 후 정지한 볼이 다른 코스의 구역으로 움직인 경우, 그 볼은 반드시 원래 지점에 리플레이스하여야 함. 그 볼이 아웃오브바운즈에 정지한 경우에도 적용됨

14 스트로크 시, 볼을 올바르게 치는 방법에 대해 설명하시오. ★★

규칙 10.1a
클럽헤드의 어느 부분으로든 볼과 순간적인 접촉만 있어야 하고, 볼을 밀어내거나 끌어당기거나 퍼 올려서는 안 됨. 의도치 않게 우연히 클럽에 볼이 두 번 이상 맞힌 경우, 그것은 한 번의 스트로크로 인정되고 페널티는 없음

15 어드바이스에 대해 설명하시오. ★

규칙 10.2a
어드바이스란, 클럽 선택이나 스트로크하는 방법, 플레이하는 방법에 대해 영향을 미칠 의도를 가지고 하는 말이나 행동을 말함. 플레이어는 경기 중 누구에게도 어드바이스를 제공해서는 안 되며 본인의 캐디 이외 누구에게도 어드바이스를 요청해서는 안 됨. 또한, 어떠한 정보를 알기 위해 다른 플레이어의 장비를 만져서도 안 되며 위반 시 일반 페널티가 적용됨. 단, 라운드 전이나 각 라운드의 사이에는 이러한 사항이 적용되지 않음

16. 플레이어가 퍼팅그린에서 퍼팅 시, 캐디가 우산을 받쳐주는 행동에 대해 설명하시오. ★

정답분석

규칙 10.2b
규칙에 따라 스트로크를 하는 동안 물리적인 도움이나 그 밖의 요소로부터의 보호를 받아서는 안 됨. 직접 우산을 쓸 수는 있으나 캐디가 우산을 씌워줄 경우는 일반 페널티를 적용받음(매치플레이에서 홀 패, 스트로크플레이에서 2벌타)

17. 캐디가 할 수 있는 행동에 대해 설명하시오. ★★★

정답분석

규칙 10.3b
- 캐디는 플레이어의 클럽과 장비를 운반하고 볼을 찾고, 스트로크 전 정보나 어드바이스 등의 도움을 제공할 수 있음. 루스임페디먼스와 움직일 수 있는 장해물을 제거할 수 있으며 또한 벙커 정리와 코스 보호를 위한 행동을 할 수 있고 퍼팅그린에서 볼을 닦아주거나 퍼팅그린의 손상을 수리하거나 깃대를 뽑거나 잡아 줄 수 있음. 플레이어의 위임을 받은 경우에는 퍼팅그린 이외의 곳에서 규칙에 따라 구제 시 볼을 집어 올릴 수 있음
- 허용되지 않는 행동으로는 매치플레이 시, 매치를 컨시드 하거나 상대방과 매치 스코어에 합의할 수 없음. 플레이어가 스트로크할 때까지 고의로 플레이어의 플레이 선의 볼 후방으로의 연장선 상이나 그 연장선 가까이에 서 있을 수 없음. 볼을 리플레이스 하거나 드롭하거나 플레이스 하는 것 또한 허용되지 않음. 또한, 구제를 받을 것인지에 대한 어드바이스는 할 수 있지만, 결정은 플레이어가 해야 함

18. 움직이고 있는 볼이 우연히 사람이나 외부의 영향을 맞힌 경우에 처리방법에 대해 설명하시오. ★★

정답분석

규칙 11
- 움직이고 있는 볼이 우연히 플레이어, 다른 사람, 외부의 영향을 맞힌 경우에 어떤 플레이어에게도 페널티는 없음. 퍼팅그린에서는 플레이어 자신, 깃대를 잡아주고 있는 사람, 루스임페디먼트, 스트로크한 클럽, 볼마커, 정지한 볼, 깃대를 맞은 경우 놓인 그대로 플레이해야 하지만 그 이외의 사람을 맞힌 것을 알고 있거나 사실상 확실한 경우는 이전 스트로크를 한 지점에서 원래의 볼이나 다른 볼을 다시 플레이하여야 함. 단, 퍼팅그린에서 플레이한 움직이고 있는 볼이 퍼팅그린에 정지한 다른 볼을 맞힌 상황에서 그 스트로크 전에 그 두 개의 볼이 모두 퍼팅에 있었던 경우, 플레이어는 일반 페널티(2벌타)를 받게 됨
- 퍼팅그린을 제외한 곳에서 볼이 맞은 경우 그 볼은 반드시 놓인 그대로 플레이하여야 함. 만약 퍼팅그린 이외의 곳에 위치한 사람, 동물, 움직이는 외부의 영향 위에 정지한 경우라면 그 볼이 최초로 그 위에 정지한 지점의 바로 아래로 추정되는 지점을 기준점을 하여 한 클럽 길이 이내의 구역에 드롭해야 함. 퍼팅그린에서 사람, 동물, 움직이는 외부의 영향 위에 정지한 경우라면 그 볼이 최초로 그 위에 정지한 지점의 바로 아래로 추정되는 지점 바로 아래에 원래 볼이나 다른 볼을 플레이스해야 함

19 각각 다른 플레이어가 퍼팅그린 밖에서 샷이나 어프로치를 한 볼이 서로 부딪힌 경우에 대해 설명하시오. ★

규칙 11.1
움직이고 있는 볼이 사람이나 외부의 영향을 맞힌 경우에 해당하기 때문에 두 플레이어 모두 별도의 페널티 없이 볼이 놓인 그대로 플레이하여야 함

20 벙커에서 모래를 건드려서 페널티를 받게 되는 경우에 대해 설명하시오. ★★

규칙 12.2b
정보를 얻기 위한 모래의 상태를 테스트하는 경우. 손이나 클럽, 고무래, 그 밖의 물체로 모래를 건드리는 행동을 할 경우. 또한, 클럽으로 볼 바로 앞뒤의 모래를 건드리거나 연습스윙 시 모래를 건드리거나, 스트로크를 위한 백스윙을 하면서 모래를 건드리게 되면 일반 페널티를 받게 됨(매치플레이에서 홀 패, 스트로크플레이에서 2벌타)

21 퍼팅그린에서의 올바른 행동에 대해 설명하시오. ★★★
퍼팅그린에서 할 수 있는 행동에 대해 설명하시오.
퍼팅그린에서 손상된 퍼팅그린의 올바른 수리방법은?
퍼팅그린에서 볼이나 볼마커가 움직인 경우는?

규칙 13.1
- 마크하고, 집어 올리고, 닦을 수 있음. 단, 집어 올리기 전 볼 원래의 지점을 마크하여야 하며, 플레이 시에는 원래의 지점에 리플레이스 하여야 함. 또한, 손상된 퍼팅그린은 원래 상태와 가까운 상태로 되돌리기 위해 손, 발, 수리기, 티, 클럽 등의 유사한 일반적인 장비를 이용하여 손상을 수리할 수 있음. 단, 플레이를 지연시켜서는 안 되며 지나친 행동으로 퍼팅그린을 개선한 경우 일반 페널티를 받음
- 볼이나 볼마커가 움직인 경우에 우연이 움직이게 한 경우는 페널티가 없음. 마크 후 집어 올린 공이 자연의 힘에 의해 움직인 경우 반드시 원래의 지점에 리플레이스해야 하지만, 집어 올리지 않았던 볼이 움직인 경우 반드시 새로운 지점에서 플레이하여야 함

22 볼이 퍼팅그린에 있는 경우에 대해 설명하시오. ★★
퍼팅그린의 경계가 있는 경우에 대해 설명하시오.

규칙 13.1a
퍼팅그린에 있는 볼로 간주하는 경우는, 볼의 일부라도 퍼팅그린에 닿아 있거나, 루스임페디먼트나 장해물의 위 혹은 안에 놓인 채 일부라도 퍼팅그린의 경계 안에 있는 경우임

23. 퍼팅그린에서 허용되는 개선이 아닌 경우를 설명하시오. ★★

정답분석

규칙 13.1c

퍼팅그린을 원래 상태로 복구시키기 위한 합리적인 행동이라고 하기엔 **지나친 행동**으로 **퍼팅그린을 개선**한 경우, 일반 페널티를 받게 됨. 지나친 행동의 예로는 홀에 이르는 경로를 만들거나 허용되지 않는 물체를 사용하는 행동을 말함

24. 홀에 꽂혀 있는 깃대에 기댄 채 정지한 볼은 어떻게 간주하는지 설명하시오. ★

정답분석

규칙 13.2c

볼의 전체가 아닌 일부라도 퍼팅그린 표면 아래의 혹 안에 있는 경우 홀에 들어간 것으로 간주함. 표면 아래에 볼의 어떤 부분도 있지 않았다면 홀에 들어간 것이 아니며 깃대를 제거하자 그 볼이 홀 안이나 밖으로 움직이면 페널티는 없으며 홀 가장자리에 리플레이스 하여야 함

25. 홀에 걸쳐있는 볼, 일부라도 홀 가장자리에 걸쳐있는 경우, 대처방법에 대해 설명하시오. ★★

정답분석

규칙 13.3

플레이어가 홀까지 다가가는 데 필요한 합리적인 시간 외에, 걸쳐있는 볼이 홀 안으로 떨어지는지 지켜보기 위하여 기다리는 시간 10초가 더 허용됨. 10초 안에 홀 안으로 떨어진 경우 직전의 스트로크로 홀 아웃한 것. 10초가 종료되기 전에 볼을 집어 올리거나 움직인 경우, 그 볼은 정지하였던 볼로 간주함. 10초 안에 그 볼이 홀 안으로 떨어지지 않은 경우는 그 볼은 정지한 볼로 간주, 그 볼을 플레이하기 전에 볼이 홀 안으로 떨어진다면 직전의 스트로크로 홀 아웃 한 것이나, 1벌타가 추가됨

26. 볼을 집어 올릴 수 있는 사람에 대해 설명하시오. ★★★

정답분석

규칙 14.1b

플레이어, 퍼팅그린에서 플레이어의 캐디, 플레이어가 행동을 특정하여 위임한 사람. 퍼팅그린 이외에서 플레이어의 캐디가 집어 올리는 것에 대해 플레이어가 위임하지 않은 경우에는 1벌타를 받게 됨

27. 볼을 리플레이스하여야 하는 사람과 그 절차에 대해 설명하시오. ★★★

정답분석

규칙 14.2b

플레이어나 볼을 집어 올렸거나 움직이게 한 사람만이 리플레이스가 가능. 허용되지 않은 사람에 의해 리플레이스된 볼을 플레이할 경우 플레이어는 1벌타를 받음. 또한, 반드시 요구되는 지점에 그 볼을 내려놓아 그 볼이 그 지점에 멈추도록 리플레이스 해야 함. 잘못된 방법으로 리플레이스한 볼을 플레이한 경우, 플레이어는 1벌타를 받음. 퍼팅그린에서 집어 올리는 사람은 플레이어 이외에 플레이어의 캐디, 위임받은 사람일 수 있지만, 리플레이스는 플레이어만 가능함

28. 집어 올린 볼을 닦거나 닦지 않아야 하는 상황에 대해 설명하시오.

정답분석

규칙 14.1c

퍼팅그린에서 집어 올린 볼은 언제든 닦을 수 있음. 퍼팅 그린 이외의 구역에서 볼이 금이 가거나 갈라진 것을 확인할 의도로 들어 올린 경우, 다른 플레이어의 플레이에 방해가 되기 때문에 집어 올린 경우, 구제를 받을 수 있는지 여부에 관해 확인하기 위해 볼을 집어 올린 경우에는 볼을 닦을 수 없으며, 이러한 상황에서 볼을 닦을 경우 1벌타를 받음. 구제가 허용되거나 플레이어가 구제를 받는 경우는 그 볼을 집어 올리기 전 마크하지 않았거나 집어 올린 볼을 닦더라도 페널티가 없음

29. 리플레이스 한 공이 원래 지점에 멈추지 않거나 움직인 경우에 후속조치에 대해 설명하시오.

정답분석

규칙 14.2e

반드시 두 번째 시도를 해야 하고 두 번째 시도에도 원래의 지점에 멈추지 않거나 움직인 경우는 그 볼이 정지하여 멈출 수 있는 홀에서 가까워지지 않는 가장 가까운 지점에 그 볼을 리플레이스해야 함. 원래 지점이 일반구역, 벙커, 페널티구역에 있었던 경우는 가장 가까운 지점 또한 동일 구역에 있어야 하고, 퍼팅그린에 있었던 경우는 가장 가까운 지점은 반드시 그 퍼팅그린 혹은 일반구역에 있어야 함

30. 구제받은 볼을 올바른 방법으로 드롭한 후, 다시 구제구역 밖으로 나가 정지한 경우의 조치 방법에 대해 설명하시오. ★★

정답분석

규칙 14.3c (2)

반드시 플레이어는 올바른 방법으로 볼을 두 번째로 드롭해야 함. 만약 두 번째 드롭한 볼도 구제구역 밖에 정지한 경우, 리플레이스 절차를 사용해 '플레이스'하여 완전한 구제를 받아야 함. '플레이스'된 볼이 그 지점에 멈춰있지 않은 경우 반드시 그 지점에 한 번 더 플레이스해야 함. 두 번째 플레이스한 볼도 그 지점에 멈춰있지 않은 경우는 볼이 멈춰있을 수 있는 가장 가까운 지점에 볼을 플레이스해야 하며 이때 볼은 구제구역 밖에 놓이게 될 수도 있음

31. 잘못된 장소에서 플레이한 경우의 조치 방법에 대해 설명하시오. ★★

정답분석

규칙 14.7

잘못된 장소에서 플레이한 것에 대해서는 일반 페널티 2벌타가 적용됨. 플레이어는 잘못된 장소에서 플레이한 볼로 홀을 끝낼 것인지, 올바른 장소에서 플레이하여 그 잘못을 바로잡을 것인지 반드시 결정해야 함. 잘못된 장소에서 플레이하여 상당한 이익을 얻었을 수 있었는지가 중요. 중대 위반이 없었던 경우 그 잘못된 장소에서 플레이한 볼로 그 홀을 끝내야 하며, 중대 위반이 있었던 경우는 반드시 올바른 장소에서 플레이하여 그 홀을 끝내 잘못을 바로잡아야 함. 이를 위반할 경우 플레이어는 실격됨. 불확실한 경우에는 잘못된 장소와 올바른 장소에서 두 개의 볼로 플레이하여 그 홀을 끝내야 하고 스코어카드 제출하기 전, 위원회에 보고해야 함

32 움직일 수 있는 장해물로부터의 구제 방법에 대해 설명하시오. ★

규칙 15.2a
코스 안팎 어디서나 페널티 없이 제거할 수 있고, 제거과정에서 만약 플레이어가 자신의 볼을 움직인 경우 페널티는 없으며 그 볼을 반드시 원래 지점에 리플레이스 해야 함. 단, 티잉구역에서 티마커는 움직일 수 있는 장해물로 규정되지 않기 때문에 티마커를 움직여서는 안 됨

33 벙커에서 비정상적인 코스상태로부터의 구제에 대해 설명하시오. ★★★

규칙 16.1c
벙커 내 비정상적인 코스상태로 인해 방해를 받을 시, 벙커 내에서 페널티 없는 구제를 받을 수 있음. 또한 페널티(1벌타)를 받고 벙커 밖 거리 제한 없는 후방선으로 구제를 받을 수 있으며 이때 홀로부터 더 멀리 있는 기준선 상 지점으로 구제받을 수 있음. 플레이어가 선택한 기준점에 티 등의 물체를 사용하여 지점을 표시한 수 홀에 더 가깝지 않은 한 클럽 내 지점으로 구제받을 수 있음

34 박힌 볼과 구제에 대해 설명하시오. ★★★

규칙 16.3
박힌 볼이란 스트로크 한 볼이 비행을 끝낸 후 떨어지는 피치마크 안에 그대로 들어가면 아래에 볼의 일부가 들어가있는 상태를 말함. 일반구역에 박힌 볼은 페널티없이 구제를 받아 홀과 가까워지지 않은 한 클럽 이내의 지점에 드롭하여 플레이할 수 있음

35 볼이 페널티구역에 있는 경우의 선택사항과 구제 방법에 대해 설명하시오. ★★★

규칙 17
플레이어는 페널티구역에 있는 볼을 놓인 그대로 플레이할 수도 있고 페널티 구제를 받고 플레이할 수도 있음
페널티구역에 있는 상황에서 구제를 선택하는 경우,
1) 스트로크와 거리 구제로 1벌타를 부과받은 후 직전의 스트로크 한 지점에서 다음 스트로크를 할 수 있음
2) 마지막으로 페널티구역의 경계를 통과한 지점을 기준점으로 하여 기준점을 볼을 드롭하는 지점과 홀 사이에 있는 상태를 유지하면서 페널티구역 밖에 드롭하는 후방선 구제를 선택할 수 있음. 후방으로는 얼마나 멀리 드롭하는가에 대한 거리 제한은 없음. 페널티구역에 들어갈 때 최초로 지면에 닿은 지점으로부터는 어느 방향으로든 한 클럽 길이 이내의 구역에 드롭할 수 있음
노란 페널티구역은 이렇게 두 가지 구제방식 중 택할 수 있으며, 빨간 페널티구역은 아래 측면구제까지 포함한 세 가지 구제방식 중 택하여 구제받을 수 있음
3) 마지막으로 페널티구역의 경계를 통과한 지점을 기준점으로 하여 기준점으로부터 두 클럽 길이 이내의 구역에 드롭하여 측면구제를 받을 수 있음

36 페널티구역 내에서 어드레스나 백스윙 시 클럽이 지면이 닿을 경우와 라이를 개선한 경우에 대한 규칙을 설명하시오. ★

규칙 17.1
페널티구역에서 볼을 플레이하는 방법을 제한하는 특정한 규칙은 없음. 어드레스와 백스윙 시 클럽이 지면에 닿는 것은 문제없음. 단 라이를 개선할 경우에는 일반 페널티를 적용받음(매치플레이에서 홀 패, 스트로크플레이에서 2벌타)

37 페널티구역에 있는 볼의 판단 기준과 아웃오브바운즈에 있는 볼의 판단 기준에 대해 설명하시오. ★★

규칙 18
페널티구역의 경우에는 볼의 일부라도 페널티구역의 경계, 경계에 있는 지면이나 물체에 닿아 있는 경우 페널티구역에 있는 볼이라고 판단함. 아웃오브바운즈의 경우에는 볼 전체가 코스의 경계의 밖에 있는 경우에 아웃오브바운즈에 있는 볼이라고 판단함. 즉, 볼의 일부라도 코스의 경계 안의 지면, 물체위에 있거나 닿아있다면 인바운즈에 있는 볼임

38 스트로크와 거리의 페널티 구제에 대해 설명하시오. ★★★

규칙 18.1
플레이어는 언제든지 볼이 코스 어디에 있든 직전의 스트로크를 해서 얻은 홀까지의 거리상의 이점을 잃고 1벌타를 추가하고 직전의 스트로크 지점에서 원래의 볼이나 다른 볼을 플레이하는 '스트로크와 거리 구제'를 선택할 수 있음

39 볼이 분실된 경우의 조치에 대해 설명하시오. ★★★

규칙 18.2
플레이어는 반드시 즉시 볼을 찾으려는 시도를 해야 하고 볼을 찾는데 허용되는 시간은 3분임. 합리적인 시간 내, 자신의 볼을 확인하지 못한 경우 분실된 볼로 간주 됨. 플레이어는 반드시 1벌타를 추가하고 직전 스트로크한 곳에서 다시 플레이하며 스트로크와 거리 구제를 받아야 함

40 '프로비저널볼'을 무엇이고 어떤 상황에서 허용되는지 설명하시오. ★★

정답분석

규칙 18.3

플레이어가 친 볼이 페널티구역 밖에서 분실되었거나 아웃오브바운즈에 있을 상황에 시간을 절약하기 위해서 잠정적으로 스트로크와 거리의 페널티를 받고 다른 볼을 플레이하는 것. 단, 프로비저널볼 스트로크를 하기 전, 반드시 누군가에게 자신의 프로비저널볼 플레이하려는 사실을 알려야 함. 프로비저널볼 플레이 후 분실 우려가 있던 볼이 코스 혹은 페널티구역에서 발견되어 원래의 볼을 플레이하여야 하는 상황에서는 프로비저널볼을 더 이상 플레이해서는 안 됨

41 '언플레이어블 볼'에 대해 설명하시오. ★★

정답분석

규칙 19

플레이어가 페널티구역을 제외한 코스 어디에서든 어려운 상황에서 플레이가 불가능하다고 판단할 경우, 그러한 어려운 상황을 벗어나기 위해 스트로크(1벌타)와 거리 구제를 부과받고 택할 수 있는 방법을 언플레이어블 볼이라고 함. 플레이어는 직전의 스트로크를 한 곳에서 원래의 볼이나 다른볼을 플레이할 수도 있고, 원래의 볼이 있는 지점보다 후방선에 드롭을 하여 구제받을 수 있고, 홀보다 더 가깝지 않은 기준점으로부터 두 클럽 길이 이내에 측면 구제를 받을 수 있음

42 벙커에서의 언플레이어블 볼 구제 방법에 대해 설명하시오. ★★★

정답분석

규칙 19.3

첫째, 1벌타를 받고 직전 스트로크 한 지점에서 스트로크와 거리 구제
둘째, 1벌타를 받고, 벙커 내에서 후방선 구제
셋째, 1벌타를 받고, 벙커 내에서 측면구제
넷째, 2벌타를 받고, 벙커 밖에서 후방선 구제 (홀로부터 원래의 볼이 있는 지점을 지나는 직후방의 기준선에 따라 벙커 밖에서 구제)

Chapter 03 지도방법

01 어드레스 때 체크해야 할 부분에 대해 설명하시오. ★★★

 목표 방향으로 스탠스, 골반, 어깨, 클럽 페이스가 잘 정렬되어 있는지 확인하고, 경직되지 않았는지, 그립의 문제는 없는지, 허리의 각도는 적절한지, 체중의 분배는 잘 되어있는지 등을 확인해야 함

02 얼라인먼트(alignment)에 대해 설명하시오. ★★★

 얼라인먼트란, 목표지점을 향한 정렬이라고 볼 수 있음. 스탠스, 무릎, 골반, 어깨, 양쪽 팔꿈치, 클럽 페이스가 목표와 평행을 이루는 것이 좋은 얼라인먼트, 올바른 정렬이라고 볼 수 있음. 또한, 그립을 잡은 양손을 보면 오른손이 더 아래쪽에 위치하고 있으므로 어깨의 경우, 오른쪽 어깨가 왼쪽 어깨보다 아래로 내려가 있도록 해주어야 좋은 정렬이라고 볼 수 있음

03 그립 잡는 종류와 방법, 특징에 대해 설명하시오. ★★★

- 그립의 종류는 오버래핑, 인터락킹, 베이스볼 그립의 종류가 있음. 오버래핑은 왼손 검지 혹은 검지와 중지 사이에 오른손 새끼손가락을 올리는 방식. 가장 많은 골퍼가 잡고 있음. 인터락킹은 왼손 검지와 오른손 새끼손가락은 깍지를 끼워 잡는 방식. 손가락이 짧은 남성, 여성, 주니어 골퍼들이 간혹 선택함. 물론 타이거우즈 같이 간혹 선수들도 사용. 베이스볼 그립은 왼손 검지와 오른손 새끼손가락을 나란히 하여 모든 손가락이 그립에 닿게 잡는 방식으로 주니어 골퍼나 힘이 부족한 골퍼들이 사용. 성인 플레이어들이나 선수들이 사용하는 경우는 드문 그립임
- 그립 잡는 방식은 왼손등 모양에 따라 스퀘어그립, 스트롱그립, 위크그립으로 나뉨. 스퀘어 그립은 어드레스 때 그립을 내려다보면 왼손 너클이 검지와 중지의 너클 두 개 정도가 보이며 헤드 페이스가 보통 스퀘어가 되는 그립으로 양손을 마주보게 잡은 느낌의 그립임. 일반적인 좋은 스윙으로 가장 좋은 비거리와 정확도를 나타낼 수 있는 그립으로 볼 수 있음. 스트롱그립은 훅그립이라고도 불림. 어드레스 때 그립을 내려다보면 왼손등이 많이 보이며 오른손등은 전혀 보이지 않는 형태의 그립. 스퀘어그립에 비해 손목 사용을 하기가 편해 파워는 더 생길 수 있으나 클럽헤드가 쉽게 닫히면서 훅 혹은 드로우가 나거나 방향성이 좋지 않을 수 있음. 단, 슬라이스를 즉석에서 교정하기 위해서 사용할 수 있음. 위크그립은 임팩트 구간에서 손목에 힘이 거의 들어가지 않게 되는 그립. 어드레스 때 그립을 내려다보면 왼손 너클이 전혀 보이지 않음. 임팩트 시 클럽 헤드가 열려 슬라이스나 페이드 구질이 쉽게 만들어질 수 있기 때문에 손에 불필요한 힘이 많이 들어가서나 훅 구질을 교정하기 위한 일시적인 방법으로 시도해볼 수 있음

04 '스탠스'에 따른 구질 변화에 대해 설명하시오. ★★

정답분석 스탠스란, 플레이어가 스윙 동작을 위해 어드레스를 취하는 과정에서 발의 모양과 위치를 말함. 목표와 평행하게 정렬된 스탠스를 스퀘어 스탠스라고 하며 볼을 목표로 가장 똑바로 보낼 수 있는 스탠스임. 오른발이 왼발에 비해 뒤쪽으로 빠져있다면 클로우즈 스탠스라고 하며 드로우와 훅 구질을 유도하고, 왼발이 오른발에 비해 뒤쪽으로 빠져있다면 오픈 스탠스라고 하며 페이드와 슬라이스 구질을 유도할 수 있음

05 클럽에 따라 변화하는 스탠스에 대해 설명하시오. ★★★

정답분석 미들아이언은 스탠스는 어깨너비 정도로 서주고, 웨지와 숏아이언 같은 경우 스탠스를 어깨너비보다 좁게 서서 어깨, 몸통 등의 큰 근육의 회전을 일관성 있도록 해줄 수 있음. 롱아이언, 우드, 드라이버와 같이 긴 클럽의 경우 스탠스를 넓게 서서 중심이 무너지지 않고 안정적인 샷을 하는데 도움이 됨

06 체형에 따른 지도방법에 대해 설명하시오. ★★★

정답분석 플레이어의 체중이나 신장에 따라 지도방법은 다름
- 뚱뚱한 체형: 일반적인 백스윙을 하면서 몸의 꼬임과 유연성을 강조하다 보면 척추의 각이 일어서지거나 부상이 올 수 있음. 스탠드는 좁게 서서 백스윙 아크를 크게 하기보다는 상체 전체를 회전하면서 짧고 간결한 느낌으로 만들어주는 것이 좋음. 클럽 플레인의 중요성을 이해시키고 좋은 플레인으로 클럽이 움직일 수 있어야 함
- 마른 체형: 스윙을 하면서 하체의 중심이 무너지거나 불필요한 꼬임이 생길 수 있음을 고려해야 함. 스탠스의 간격을 조금 더 넓게 벌려주어 스웨이를 방지하며 중심이 흔들리지 않도록 해주면 좋으며, 백스윙의 아크는 넓게 하면서 스윙 전체가 오버스윙 되지는 않도록 하는 것이 좋음
- 키가 작은 체형: 어드레스 시 무릎을 조금만 구부리고, 허리의 각도도 조금 펴주는 것이 좋음. 백스윙의 아크는 넓게 해주면서 스윙의 플레인은 약간 플랫하게 들어주며 회전 위주의 스윙을 하는 것이 좋음
- 키가 큰 체형: 먼저 어드레스 때의 상체 각도를 잘 만들어주는 것이 중요함. 아이언과 웨지의 라이각이 문제없는지 점검하는 것이 중요함. 무조건 라이에 맞는 어드레스와 손목의 각도를 만들기보다는 아이언과 웨지의 라이각 조정도 필요함. 키가 크기 때문에 일반적인 스윙을 해도 아크가 큼. 따라서 회전량을 늘리거나 과한 체중 이동을 신경 쓰기보다는 임팩트 시, 클럽과 몸의 회전 타이밍을 맞추어 정확도 위주의 지도가 필요함

07 스윙의 기본적인 단계에 대해 설명하시오. ★★★

정답분석 스윙을 시작하기 전 타겟을 조준하여 정렬하는 준비 동작인 '어드레스' 자세로부터 시작하여 백스윙의 시작인 '테이크어웨이' 동작으로부터 정점인 '백스윙 탑'까지 어깨, 몸통의 회전으로 단단한 하체의 고정으로 몸의 꼬임을 발생시킴. '다운스윙'으로의 전환으로 오른쪽 발에 이동된 체중을 왼쪽으로 이동시키면서 팔과 클럽을 공 쪽으로 내려 보냄. 클럽 헤드와 볼이 접촉되면서 힘이 전달되는 '임팩트' 과정을 거쳐 목표 방향 쪽으로 클럽과 손이 진행되고 꼬였던 몸이 반대로 회전되는 '팔로우스윙'이 이루어짐. '피니쉬'동작으로 스윙동작이 마무리됨

08 클럽에서 샤프트의 종류, 강도에 따른 차이에 대해 설명하시오. ★★★

- 샤프트의 소재는 크게 스틸과 그라파이트로 나뉨
  - 스틸샤프트의 경우 일반적으로 그라파이트 샤프트에 비해 무겁고 강도가 강함. 스틸샤프트는 힘이 좋은 남성들, 선수들이 사용하는 웨지와 아이언에 사용되며, 그라파이트 샤프트는 대부분의 드라이버, 우드에 사용되고 여성이나 힘이 약한 골퍼들의 아이언, 웨지에도 사용됨
  - 스틸 샤프트는 무겁고 단단한 특징으로 그라파이트에 비해 비거리는 덜 나갈 수 있으나, 정확도는 높기 때문에 상급자와 선수들이 아이언, 웨지에 많이 사용함. 그라파이트 샤프트는 가볍기 때문에 휘두르기 쉬워 스틸 샤프트에 비해 스윙스피드가 빨라지고 비거리를 늘릴 수 있고 쉽고 공을 띄울 수 있으나 정확도는 스틸 샤프트에 비해 떨어질 수 있음
- 샤프트의 강도는 일반적인 여성들이 사용하는 가장 부드러운 강도인 L(Ladies), 시니어 골퍼와 힘이 좋은 여성들이 사용하는 A(Amateur), 일반적인 남성 골퍼가 사용하는 일반적인 강도인 R(Regular), 스윙 스피드가 빠른 남성 골퍼나 여자 프로들이 많이 사용하는 조금 단단한 강도인 S(Stiff), 남자 프로들이 사용하는 아주 강한 강도인 X(Extra stiff)가 있으며, R과 S의 중간인 SR(Stiff regular)이나 X보다 더욱 강한 TX(Tour X)도 있음
- 샤프트의 무게는 가벼워질수록, 또 강도가 부드러울수록 스피드가 빨라지고 휘두르기는 쉬워 편하게 멀리 칠 수 있고 쉽게 공을 띄울 수 있지만, 정확도는 떨어짐. 반대로 무게가 감당할 수 있을 정도로 적당히 무거워지고 강도가 딱딱해진다면 스피드는 조금 저하될 수 있으나 더욱 정확한 방향과 비거리의 오차가 적어지는 장점이 있음
- 피팅을 통해 플레이어에게 적합한 샤프트 중량과 강도를 선택한다면 낼 수 있는 최상의 퍼포먼스를 낼 수 있음

09 골프스윙을 촬영할 때 정면과 측면에서 촬영하는 이유와 목적에 대해 설명하시오. ★★

정면에서 촬영하면 머리의 좌우 이동, 어깨-골반-무릎의 회전, 체중 이동, 공과 손의 위치, 임팩트 포지션, 코킹과 코킹의 유지, 스윙의 아크 등을 확인할 수 있음. 측면에서의 촬영은 어드레스 때의 척추와 손목각, 그립과 몸의 간격, 정렬과 에임, 백스윙과 다운스윙의 궤도, 팔로우 스윙의 궤도 등을 확인할 수 있음

10 '어택앵글'에 따른 타격 방식에 대해 설명하시오. ★★★
다운블로우, 어퍼블로우, 사이드블로우에 대해 설명하시오.

스윙을 하면 클럽헤드는 임팩트 구간에서 가장 낮은 최저점이 생기게 되는데, 이 최저점의 위치에 따라 다운블로우, 어퍼블로우, 사이드블로우로 정의됨. 다운블로우는 최저점이 공보다 목표 방향 쪽에 위치하게 되는 경우로 임팩트 이후에 클럽헤드가 더 낮게 내려가는 방식으로 디봇이 공 앞쪽에 생기게 됨. 다운블로우로 타격하게 되면 스핀양이 많이 생겨 쉽게 공이 떠오르게 되어 탄도가 높아지고 그린 공략 시 런이 적어 컨트롤하기 쉬워짐. 아이언샷과 웨지샷에서는 이러한 다운블로우가 적합함. 어퍼블로우는 최저점이 공 우측에 위치하게 되는 상향타격 방식. 드라이버에 적합한 타격 방식이고 어퍼블로우 타격 시 스핀의 감소가 일어나며 정확하고 멀리 칠 수 있음. 사이드블로우는 클럽헤드의 최저점이 볼의 위치와 동일한 경우를 말함. 우드와 롱아이언 같이 긴 클럽에서 쓸어치는 듯한 느낌으로 타격되는 것을 의미함

11. 클럽 개수의 한도, 종류와 사용법에 대해 설명하시오. ★★

정답분석
클럽은 플레이어 당 14개까지 허용됨. 클럽의 종류는 드라이버, 우드, 유틸리티, 아이언, 웨지, 퍼터로 분류할 수 있음. 클럽에 따라 길이와 로프트가 다르기에 원하는 거리와 상황에 따라 적합한 클럽을 선택하는 것이 중요함. 드라이버, 우드, 유틸리티 등의 긴 클럽은 긴 비거리를 내보낼 수 있음. 우드, 유틸리티의 경우 잔디 상태(페어웨이, 러프)나 경사에 따라 정확도가 떨어질 수 있기에 신중한 선택을 해야 함. 아이언의 경우 긴 클럽일수록 멀리 나가고 스핀양이 적어 런이 많이 발생 되고, 클럽의 길이가 짧아질수록 거리가 줄어들고 스핀양이 많아 런이 적게 발생하여 컨트롤하기 수월함. 웨지는 그린 주변과 짧은 거리를 남겨놓은 상황에서 원하는 탄도와 런에 따라 상황에 맞는 웨지를 선택하여 핀 공략을 하는 클럽임. 퍼터는 퍼팅그린에서 볼을 굴려 홀컵에 넣는 클럽임

12. 아이언에서 캐비티백과 머슬백에 대해 설명하시오. ★★

정답분석
헤드 모양에 따른 차이이며 캐비티백은 페이스 반대쪽이 깊게 파여 있는 모습이고, 머슬백은 페이스가 작고 얇으며, 페이스 뒷면에 파인 곳이 없음. 먼저 캐비티백은 스윗스팟이 넓어 좋은 임팩트가 나오기 편안하고, 스윗스팟을 약간 벗어난 지점에 임팩트되더라도 거리나 방향의 큰 손해가 없음. 머슬백은 예민하기 때문에 스윗스팟에 임팩트 될 경우 정확하고 타구감이 좋지만, 스윗스팟에 임팩트 되지 않을 경우에는 거리가 크게 저하되고 정확도 또한 떨어지게 됨. 또한 캐비티백보다 머슬백이 스핀양이 많기 때문에 샷의 구질을 만들어 치거나 그린 컨트롤이 우수함

13. 클럽의 '라이 각'과 '로프트 각'에 대해 설명하시오. ★★★

정답분석
라이 각도는 클럽에서 샤프트와 헤드의 각도를 말하고 어드레스 시 클럽헤드를 바라봤을 때, 토우 부분이 지면으로부터 들려있거나 플랫하게 펴져 있는지에 대한 각도를 말함. 라이각은 플랫할수록 페이드, 슬라이스를 유발할 수 있고, 토우가 지면으로부터 들려있는 경우 드로우나 훅 구질이 나올 수 있음. 골퍼의 신장에 따라, 어드레스 때의 허리의 숙여지는 정도나 손목 각도에 따라 조절하는 것이 좋음. 로프트각은 클럽페이스 면의 경사가 누워있는지 서 있는지에 대한 각도라고 볼 수 있음. 로프트 각도에 따라 여러 가지 데이터가 변할 수 있음. 로프트가 0도에 가까워질수록 클럽페이스는 세워지게 되는데 이는 스핀양이 낮아지면서 런치앵글과 탄도가 낮아지고, 스매쉬팩터가 증가함. 로프트가 커질수록 클럽페이스는 눕게되는데 이는 많은 스핀양과 높은 탄도를 만들어내고 스매쉬팩터가 줄어들면서 비거리가 짧아지게 됨

14. 볼의 구질이나 방향을 결정하는 요인에 대해 설명하시오. ★★

정답분석
사이드 스핀의 발생 방향에 따라 구질이 형성. 사이드 스핀은 스윙궤도, 임팩트 시 페이스앵글, 그립, 스탠스에 따라 형성됨. 왼쪽으로 가는 구질이나 방향이 결정되는 요인은 궤도가 아웃사이드-인사이드일 때 클럽이 스퀘어이거나 닫힌 경우, 임팩트 시 페이스앵글이 닫힌 경우, 훅 그립을 잡은 경우, 클로우즈드 스탠스로 선 경우가 있음. 오른쪽으로 가는 구질이나 방향이 결정되는 요인은 그 반대의 상황

15 비거리를 증대시키기 위한 요인에 대해 설명하시오. ★★

정답분석: 먼저 클럽헤드스피드를 증가시켜야 하는데, 방법은 여러 가지가 있음. 먼저 팔로만 스윙하는 것이 아니라 어깨, 허리 등의 몸을 같이 쓰며 스윙을 해야 함. 또한, 스윙의 크기, 즉 스윙 아크를 크고 넓게 해야 함. 또한, 체력의 증진은 스피드를 높일 수 있는 근본적 방안임. 웨이트 트레이닝을 통한 팔, 코어, 하체의 근력 운동과 유연성 트레이닝은 스피드의 증대에 꼭 필요함. 두 번째로는 체중 이동을 충분히 하여 공에 힘 전달이 잘되도록 해야 함. 어드레스 때 체중의 분배는 양발에 균등하게 두고 백스윙 시작부터 탑까지 가는 동안 60~70%의 체중을 우측 발로 이동시켜주어야 하고, 임팩트 순간까지 서서히 좌측 발로 이동시켜주며 임팩트 순간에는 60~70%가 좌측으로 이동되어 있어야 함. 이후 피니쉬동작에서는 80% 이상이 좌측 발로 체중이 이동되어 있는 것이 올바른 체중 이동이라 볼 수 있음. 마지막으로 플레이어의 유연성에 따라 낼 수 있는 최대한의 꼬임으로 백스윙한다면 비거리를 늘릴 수 있는 좋은 방법이 됨

16 슬라이스가 나는 원인과 지도방법에 대해 설명하시오. ★★★

정답분석: 슬라이스는 크게 임팩트 시 클럽 헤드가 열리거나, outside to inside의 클럽 패스로 인해 볼의 스핀축이 우측으로 기울게 형성되어 볼이 깎이는 경우에 발생됨. 클럽 헤드가 열리는 부분은 그립을 스퀘어 혹은 스트롱그립으로 잡거나 임팩트 시 손이 클럽 헤드보다 많이 리드되지 않도록 해야 교정할 수 있음. 임팩트 순간 그립 끝이 왼쪽 옆구리 쪽이 아닌 배꼽을 가리키는 느낌을 연습해야 함. 또한, 볼이 깎이는 경우에는 백스윙 시 충분한 어깨 회전이 필요하고 다운스윙 시, 겨드랑이를 붙여 클럽과 손의 움직이는 방향을 바깥쪽이 아닌 안쪽으로 내려와 inside to inside 혹은 inside to outside의 느낌으로 클럽의 진행 방향을 연습하여야 함

17 생크가 나는 원인과 지도방법에 대해 설명하시오. ★★

정답분석: 생크는 아이언, 웨지 샷에서 힐과 넥부분에 임팩트되어 볼이 심하게 우측으로 출발하는 결과를 나타냄. 생크의 원인은 임팩트 순간에 양 손과 몸의 간격이 멀어지면서 발생하는 경우가 많음. 교정 방법으로는 백스윙 탑에서 다운스윙으로 전환 시 겨드랑이를 붙이고 안쪽으로 팔과 클럽이 내려오도록 해야 하고, 클럽헤드에 비해 손이 심하게 리드되는 것을 피해야 함. 또한 임팩트 순간 중심이 발가락쪽이 아닌 발 뒤꿈치쪽으로 안정적으로 유지될 수 있도록 해야 함. 리듬 위주의 스윙을 할 수 있도록 하면서 임팩트 순간 손가락과 팔에 힘이 들어가지 않도록 해야 생크를 방지할 수 있음

18 벙커에서의 스윙이 일반 스윙과 다른 점에 대해 설명하시오. ★★★
벙커샷에서 V자 형태의 스윙, U자 형태의 스윙에 대해 설명하시오.

정답분석: 벙커에서는 기본적으로 공 뒤에 있는 모래를 다운블로우로 타격하여 벙커를 탈출하는 것이 원리. 다운블로우 시 어택앵글의 정도에 따라 V자 스윙, U자 스윙으로 나뉨. V자 스윙은 어드레스 시, 목표보다 좌측을 바라보도록 어드레스를 한 후, 백스윙 시 손목코킹을 테이크어웨이 시작과 동시에 해주어 가파르게 백스윙을 만들고 높은 어택앵글로 타격되게 하는 것. V자스윙의 경우 높게 떠서 공이 나가게 됨. U자 스윙의 경우 일반적인 숏아이언 스윙과 같이하면서 공의 3~5cm 뒤의 모래를 클럽헤드의 바운스를 이용하여 타격해 주는 것

19. 벙커에서의 거리 조절하는 방법에 대해 설명하시오. ★★★

정답분석 기본적으로는 스윙의 크기를 작게 하는가 크게 하는가에 따라 비거리가 달라지게 됨. 공과 가까운 지점의 모래를 타격하게 되면 보다 먼 거리가 나가고, 공과 먼 지점의 모래를 타격하게 되면 짧은 비거리가 나가게 됨. 마지막으로 클럽의 로프트가 변함에 따라 거리가 달라지는데 52도 웨지가 58도 웨지에 비해 더 낮은 탄도로 멀리 나가고 런도 많아지게 됨. 똑같은 웨지로도 페이스의 오픈 정도에 따라 비거리와 탄도가 달라짐

20. 그린 주변의 어프로치의 종류와 방법에 대해 설명하시오. ★★★

정답분석 어프로치의 종류는 칩샷, 피치샷, 로브샷 등이 있음. 볼과 홀 사이에 일정하게 굴러갈 수 있는 공간이 많고 라이가 많지 않은 상황에서는 적은 로프트의 클럽으로 굴리는 방식인 칩샷이 유리함. 굴러갈 수 있는 공간이 적거나 핀 앞에 장해물, 혹은 큰 경사가 있는 상황에서는 띄워서 굴러가는 거리가 칩샷에 비해 짧은 피치샷이 좋음. 피치샷은 54, 56, 58도 등의 웨지로 클럽 헤드를 스퀘어로 놓은 상태에서 하는 것이 일반적임. 피치샷보다 훨씬 더 높게 띄워 런을 최소화해야 하는 상황에서는 로브샷, 플롭샷을 시도하는 것이 좋음. 로브샷이나 플롭샷의 경우 오픈 스탠스를 취하고 클럽 헤드를 최대한 열어 샷 하는 것이 런을 줄일 수 있는 좋은 방법임

21. 공이 발보다 낮은 경우에 스윙방법과 우려되는 상황에 대해 설명하시오. ★★★

정답분석 슬라이스 라이임을 인지하고 경사의 정도에 따라 왼쪽으로 어드레스 하여야 함. 또한, 공이 얇게 임팩트 될 수 있는 상황이기에 평소보다 허리를 더 숙여 중심을 낮게 유지해야 함. 클럽의 그립 끝을 길게 잡고 하체를 고정한 후, 임팩트 순간까지 척추의 각도가 유지될 수 있도록 하며 스윙해야 함

22. 공이 발보다 높은 경우에 스윙방법과 우려되는 상황에 대해 설명하시오. ★★★

정답분석 훅 라이임을 인지하고 경사의 정도에 따라 오른쪽으로 어드레스 하여야 함. 또한, 평소보다 허리를 펴고 어드레스를 하고 클럽은 짧게 잡고 거리가 덜 나갈 것을 예측하여 거리를 더 보고 샷 하는 것이 좋음. 하체를 고정하고 상체와 팔로만 스윙하는 느낌으로 피니쉬 동작까지 하체를 고정해야 정확도를 높일 수 있음

23   그린에서의 에티켓에 대해 설명하시오.

정답분석   그린에서 뛰어다니면 안 되고 걸을 때도 스파이크가 끌려서 자국이 남지 않도록 조심해야 함. 다른 플레이어의 전방이나 직후방 등 서 있으면 시야에 걸리기 때문에 플레이어나 캐디가 서 있으면 안 됨. 말하거나 움직이거나 장갑을 벗는 소리를 내서는 안 됨. 또한, 다른 플레이어의 퍼팅라인은 밟아서도 안 되고 가로질러 넘어 다니지 않고 돌아서 이동해야 함

24   퍼팅의 지도방법에 대해 설명하시오.

정답분석   퍼팅 어드레스 시, 양손은 흔들리지 않도록 단단하게 그립을 잡아주고 양 팔꿈치를 벌려 안쪽으로 조여주는 느낌으로 오각형 모양을 만들어주는 것이 기본적인 방법. 손목을 세워서 퍼터 헤드의 토우나 힐이 들려있지 않도록, 지면에 다 붙어 있도록 손목의 각도를 맞춰줘야 함. 공의 위치는 중앙보다 왼쪽에 위치시켜야 함. 스트로크 시 몸이 흔들리거나 체중이 이동되지 않도록 하며, 손목이 꺾이거나 클럽 헤드가 열리거나 닫히지 않도록 주의해야 함. 스트로크는 팔로만 하는 느낌보다는 어드레스 때 만든 오각형을 유지해주면서 몸통의 회전으로 해주어야 함. 백스윙과 팔로우 스윙의 크기를 비슷한 비율로 해주며 거리 조절은 스윙 크기로 조절해주는 것이 좋음

Chapter 04 유소년 스포츠지도사

01 유소년 정신적, 신체적 트레이닝 지도법에 대하여 설명하시오. ★★★

정답분석
- 과도한 경쟁과 승리에 대한 집착보다는 스포츠를 통해 스포츠맨십, 인격형성, 성취감, 자신감 등을 배울 수 있도록 지도해야 함
- 유소년은 성인과 달리 신체적으로 뼈나 근골격계가 완성되지 않은 미성숙한 단계이므로 신체의 기능이 성인에 비해 약하기 때문에 저강도 운동을 반복하는 형태로 흥미와 재미 위주의 프로그램을 구성하여 지도하는 것이 좋음

02 유소년의 효율적인 지도방법에 대하여 설명하시오. ★★★

정답분석
성인에 비해 집중력이 짧고 신체적으로 발달이 되어있지 않은 상태이기 때문에, 무조건적으로 힘들고 이론적인 프로그램보다는 흥미 위주의 재미있고 운동이 즐겁다는 인식을 심어줄 수 있는 프로그램으로 지도를 해야 함

03 유소년과 성인의 생리적 차이로 인한 효과적인 유산소 트레이닝 방법에 대하여 설명하시오. ★★

정답분석
- 유소년은 성장기에 있기 때문에 심장의 박출량이 적어서 안정시 심박수가 성인에 비해 상대적으로 높은 편임. 따라서 상대적으로 작은 심장을 갖고 있기 때문에 운동 강도가 증가함에 따라 심장이 더 많은 일을 하게 됨
- 처음부터 너무 고강도의 운동은 심장에 무리가 갈 수 있고, 신체적으로 성장기인 만큼 전체적인 신체의 근육 패턴이나 움직임이 조화롭게 안정되어 있지 않기 때문에, 정확한 자세와 흥미 위주의 프로그램으로 지도해야 함

04 웨이트 트레이닝 시 청소년과 성인 근력향상의 차이점에 대하여 설명하시오. ★★

정답분석
- 성인의 웨이트는 근비대, 유소년의 웨이트는 근성장 및 기초대사량 증가, 유연성 향상이 목적
- 유소년은 성장기에 운동 단위가 활성화 되고 근육내부의 힘이 강화되어 성장에 도움이 됨

05 유소년 정신적 특성에 따른 지도법에 대하여 설명하시오. ★★

정답분석
유소년은 정신적으로 산만하고 집중력이 짧기 때문에 흥미 위주의 운동이 재미있고 운동이 즐겁다는 인식을 심어줄 수 있는 프로그램으로 지도를 해야 함

06 유소년스포츠지도사의 자질(역할)에 대하여 설명하시오. ★★★

정답분석
지도자는 놀이를 통해 다양한 신체발달과 사회성 발달을 유도해야 하고 유소년을 이해하고 사랑하는 마음과 봉사정신, 인내심과 평정심, 건전한 성품 등이 필요함

07 유소년에게 고중량 운동을 시키지 않는 이유에 대하여 설명하시오. ★★

정답분석 무거운 중량에 대해 저항할 수 있는 견고한 패턴이 몸에 갖춰져 있지 않은 유소년의 경우, 부상의 위험도 있고 무리한 자극이 될 수 있기 때문에 맨몸운동을 하거나 적당한 중량으로 근골격과 성장판을 알맞게 자극해 성장에 도움을 주는 것이 적합함

08 유소년이 저항운동을 하면 끼치는 영향에 대하여 설명하시오. ★★★

정답분석 신체적으로 근력이 발달하여 운동 감각을 향상시키며 성장판과 성장호르몬을 자극시켜 성장에 도움을 줌

09 유소년 영양관리방법에 대하여 설명하시오. ★★

정답분석
- 유소년의 경우 전체 영양섭취의 50 ~ 60%는 탄수화물, 25 ~ 30%는 지방, 12 ~ 15%는 단백질로 구성해야 함
- 성장기의 아이들을 위해 철분과 칼슘을 충분히 섭취하도록 해주고 인스턴트 음식을 피하고 균형 있게 다양한 영양소를 섭취할 것을 권장

10 유아기 발달단계에 대하여 설명하시오. ★★★

정답분석
- 두미의 법칙 : 머리 → 발끝, 위 → 아래
- 중심-말초원리(근원법칙) : 중심(근위부) → 말초/끝(원위부)
- 대근육-소근육 발달 : 단순 동작 → 복잡한 동작

11 피아제의 인지발달 단계에 대해 설명하시오. ★★★

정답분석
- 감각 운동기(0~2세)
- 전조작기(3~7세)
- 구체적 조작기(7~11/12세)
- 형식적 조작기(11세 이상~성인기)

12 유소년 운동 지도원리에 대하여 설명하시오. ★★

정답분석
- 놀이중심
- 생활중심
- 개별화
- 탐구학습
- 반복학습
- 융통성
- 통합성의 원리

13 유소년 운동지도 시 주의사항에 대하여 설명하시오. ★★

정답분석
- 신체 사이즈가 작기 때문에 적절한 도구 이용
- 체온조절능력이 떨어지므로 열상해에 주의
- 수분섭취에 유의
- 심장이 다 발달되지 않았기 때문에 고강도 운동은 주의
- 흥미 위주의 운동으로 구성

14 학교 내 성폭력 발생 시 처리절차에 대하여 설명하시오. ★★

정답분석
1. 성범죄 신고의무
   ① 수사기관 신고(피해자가 원하지 않아도 반드시 신고, 전문기관 신고와 별개)
   ② 교내 성고충 상담원과 협의하여 피해자 긴급 보호조치
   ③ 117 신고센터, 해바라기여성아동센터(1899-3075), ONE-STOP지원센터, 여성긴급전화(1366), 성폭력상담소 등 전문상담기관에 도움 요청
2. 학교폭력대책자치위원회를 개최, 피해학생 보호 및 가해학생 선도·교육 조치
   ① 학교폭력대책자치위원회 개최
   ② 전담기구의 사안조사(비밀유지에 유의)
   ③ 전문상담기관으로 의뢰
3. 성폭력 피해학생 보호
   ① 심리상담 및 조언
   ② 일시보호
   ③ 치료 및 치료를 위한 요양
   ④ 학급교체
   ⑤ 그밖에 피해학생의 보호를 위하여 필요한 조치
4. 가해학생에 대한 선도 조치
   ① 서면사과
   ② 피해 학생 및 신고·고발 학생에 대한 접촉, 협박 및 보복행위 금지
   ③ 학교에서의 봉사
   ④ 사회봉사
   ⑤ 학내외 전문가와 특별교육 이수·심리치료
   ⑥ (기간제한이 없는) 출석정지
   ⑦ 학급교체
   ⑧ 전학
   ⑨ 퇴학처분(고등학생만 가능)

Chapter 05 노인 스포츠지도사

01. 허리통증이 있는 노인에 대한 운동지도에 대하여 설명하시오. ★★★

정답분석
- 허리의 움직임은 최소한으로 하여 운동을 지도하며 흉추와 고관절의 가동성을 확보함
- 허리부위의 운동은 주로 등척성 운동으로 강화를 실시

02. 협심증이란? ★★

정답분석
심장에 혈액을 공급하는 관상동맥이 동맥경화로 좁아지면서 생기는 질병으로 주로 운동과 같은 심장의 산소요구량이 늘어날 때 증상 발생

03. 심근경색이란? ★★

정답분석
심장에 혈액을 공급하는 관상동맥이 동맥경화로 막히면서 심근 세포가 괴사하는 질병으로, 환자의 50%는 증상이 없어 모르다가 급작스럽게 극심한 흉통을 호소

04. 노인의 저항운동 시 이점에 대하여 설명하시오. ★★★

정답분석
- 골격근량 증가를 통해 건강 유지 및 질병 예방
- 상해 위험을 감소
- 자연스럽게 수분, 음식물 섭취가 증가하여 변비 예방

05. 노인운동전문가가 갖추어야 할 두 가지에 대하여 설명하시오. ★★

정답분석
노인질환에 대한 지식과 그에 따른 운동처방 방법을 알고 있어야 함

06. 노인체육지도자의 역할에 대하여 설명하시오. ★★

정답분석
- 우수한 실기능력
- 자신감 있고 상냥한 태도
- 행동적 덕목
- 명확히 표현할 수 있는 의사전달 능력
- 운동에 몰입할 수 있는 동기유발 능력

07 노인 운동지도의 목표에 대하여 설명하시오. ★★★

정답분석
- 노인의 흥미과 관심
- 노인의 신체적, 정신적, 사회적 건강 유지 및 증진
- 노인들간의 유대관계, 사회성 함양 유도
- 새로운 것에 도전하려는 욕구를 충족
- 자율적 행동과 독립심 향상
- 건전한 여가활동
- 가족간의 유대관계 강화

08 노화로 인한 신체적 변화에 대하여 설명하시오. ★★★

정답분석
- 근육 내 자살세포 증가
- 활동량 저하
- 골격근량 감소
- 골밀도 감소
- 체지방 증가
- 근감소증

09 고혈압 노인환자의 운동지도 방법에 대하여 설명하시오. ★★

정답분석
- 저강도 유산소운동 30~60분, 가능한 한 매일 실시
- 저강도 저항운동 주 2-3회 실시

10 고혈압 노인환자 운동지도 시 주의사항에 대하여 설명하시오. ★★

정답분석
- 서서하는 운동보다는 앉아서 하는 운동 위주로 실시
- 기온이 낮을 때나 이른아침에 운동은 피하고 충분히 웜업한 뒤 운동을 실시
- 저항운동 시 발살바 호흡에 주의

11 노화로 인한 근력감소의 원인에 대하여 설명하시오. ★★★

정답분석
- 자살세포 많아짐
- 활동량 저하
- 골격근량 감소
- 골밀도 감소
- 체지방 증가
- 근감소증

12 당뇨가 있는 노인의 운동지도방법에 대하여 설명하시오. ★★

정답분석
- 운동 전 당 보충을 실시
- 저강도 유산소운동 30-60분을 실시하고 주당 최소2-3회에 실시
- 저강도 저항운동 주당 2-5회 실시
- 족저궤양이나 발에 손상이 있는지 항상 주의하고 앞의 손상이 있는 경우 체중부하운동이나 수중운동에 주의

13 노인 고관절 골절 시 합병증에 대하여 설명하시오. ★★

정답분석 고관절 골절 시 노인은 긴 시간 침상에서 지내게 되는데 이때 욕창, 근감소, 폐렴, 뇌졸중 등 다양한 합병증이 나타날 수 있음

14 노인의 운동지도방법에 대하여 설명하시오. ★★

정답분석
- 저-중강도 유산소운동 주당 2-3회 30분 이상을 권장
- 저-중강도 저항운동 주당 2-5회, 1RM(40~50%) 권장
- 약간 불편한 강도의 스트레칭을 주당 2~3회, 30초~60초 이상 권장

15 노인의 근육노화 원인에 대하여 설명하시오. ★★★

정답분석
- 근육내 자살세포 증가
- 활동량 저하
- 골격근량 감소
- 골밀도 감소
- 체지방 증가
- 근감소증

16 노인의 신체적·심리적 변화에 따른 지도방법에 대하여 설명하시오. ★★

정답분석
- 신체적 : 근육량 감소, 근력저하, 유연성 저하, 균형감각 저하
- 심리적 : 스트레스, 우울, 불안
- 주당 저-중강도 유산소운동 2-3회, 30분 이상 권장
- 주당 저-중강도 저항운동 2-5회, 대근육 위주로 실시를 권장
- 밸런스, 협응력 운동을 함께 실시를 권장

pass.Hackers.com

해커스자격증
pass.Hackers.com

해커스 **스포츠지도사 골프** 실기+구술 초단기 5일 합격

실기시험 및 구술시험 준비

Chapter 01 실기코스 공략
Chapter 02 구술시험 및 연수

Chapter 01 실기코스 공략

01 실기코스 실전 공략법

1 센추리21, 마운틴코스(1·3·4·5·6·8번 홀, 2024년 2번 홀 미진행)

전체적으로 홀의 길이가 짧아 거리가 멀리 나가지 않는 수험자도 부담 없이 플레이할 수 있는 코스임

다만, 모든 홀이 언듀레이션(경사)이 심한 홀들이기 때문에 지면의 경사에 따라 샷의 구질변화에 대해 완벽하게 이해하고 공략해야 함. 또한, 경사에 따른 탄도와 거리의 변화도 예측하고 공략해야 함

2023년부터는 6홀만 치르기 때문에 실수하게 된다면 만회하기 힘듦. 따라서 티샷 미스(OB, 해저드)를 피하고자 최대한 안전하게 플레이하고 욕심을 버려야 함. 초반 미스가 많이 나올 경우에는 부득이하게 롱홀에서의 과감한 투온 시도와 미들홀에서 티샷을 최대한 멀리 보내 버디 기회를 많이 만들어야 함

초반 분위기가 좋다면 끝까지 스코어를 지키기 위한 티샷에 집중하여 어렵지 않게 기준타수 이내의 스코어를 기록할 수 있음

* 2023년 컷 기준: 1~6홀에서 4오버파, 2024년 컷 기준: 1·3·4·5·6·8번 홀에서 3오버파로 변경. 2025년도 공지는 5월 전후 예상

> **선생님 TIP**
> 1. 장마철에는 양피 장갑이 미끄러우므로 비장갑(합피)이 유리함. 클럽과 볼을 닦을 타월 꼭 지참
> 2. 거리측정기(레이저방식 : 부쉬넬, 니콘 등)는 사용할 수 있지만, GPS 기반의 통신기기(시계형 거리측정기)는 사용 불가
> 3. 진행이 밀리기 때문에 6홀의 플레이 시간은 3시간 이상인 경우가 많음. 특히 초반 1~3홀이 매우 밀림. 고려하여 절대 급해지거나 서두르지 말고 천천히 플레이하며 본인 페이스를 찾을 것을 권장
> 4. 연습 라운드 시에는 아래 사진과 같은 검정시험 티 안내판을 참고하며 플레이(변동이 되지만 크진 않음)

1. 1번 홀. Par 3(남: 110yard, 여: 100yard)

* 매년 코스 전장은 변동될 수 있음

(1) 티샷 공략

오른쪽 카트도로 우측은 OB 구역. 따라서 티샷은 그린 중앙을 공략하는 것이 좋음. 좌측에는 벙커와 해저드와 생각보다 깊게 들어와 있는 점 또한 참고해야 함. 긴장되었을 수 있고 몸이 충분히 풀리지 않은 상태로 임하는 첫 홀이기 때문에 클럽은 한 클럽 정도 길게 잡고 부드럽게 티샷을 하는 것을 추천. 여유롭게 클럽을 잡는다면 앞에 있는 워터해저드와 벙커 또한 자연스럽게 피해갈 수 있을 것

(2) 그린 공략

좌측과 그린 뒤쪽에 약간의 마운드가 있지만 크게 신경 쓰지 않아도 될 정도로 무난함

2. 2번 홀. Par 4(남: 270yard, 여: 210yard)

*매년 코스 전장은 변동될 수 있음

(1) 티샷 공략

전체적으로 오르막 경사이며, 페어웨이가 비교적 넓은 홀. 길지 않은 홀이기 때문에 티샷에서의 거리 욕심을 낼 필요가 없음. 장타자의 경우 페어웨이에서 그린으로 갈수록 홀이 좁아지므로 드라이버 티샷을 굳이 할 필요 없음

(2) 그린 공략

페어웨이의 경사가 심하므로 방향설정에 신경 써야 함. 그린 우측 앞 벙커를 조심해야 하며 마운드가 높은 2단 그린이기에 거리가 맞지 않는다면 퍼팅이 어려워질 수 있음. 만약 핀이 보이지 않는다면 그린 뒤 나무에 매달려 있는 원형물체를 보고 공략하면 됨

* 하단에 핀이 있는 경우 짧게 공략하는 것이 좋음

<그린 뒤 나무에 매달려 있는 원형물체>

3. 3번 홀. Par 5(남: 410yard, 여: 350yard)
* 매년 코스 전장은 변동될 수 있음

(1) 티샷 공략

오르막 홀. 우측에 언덕이 있으나 OB 구역이고 좌측 언덕을 내려가면 페널티구역. 까다롭고 부담스러운 티샷을 페어웨이에 안착시키게 된다면 충분히 버디를 노릴 수 있는 홀임

(2) 그린 공략

투온을 노릴 수 있는 상황이더라도 오르막 경사가 심하기에 무리하지 않는 것이 좋음. 세 번째 샷을 페어웨이에서만 한다면 편안하게 핀을 공략할 수 있음. 핀이 보이지 않는다면 나무에 매달린 원형물체 참고

2단 그린의 경사가 심하므로 핀 공략은 거리 계산이 중요함. 내리막 경사의 퍼팅은 난이도가 있는 편

4. 4번 홀. Par 4(남: 300yard, 여: 375yard)

* 매년 코스 전장은 변동될 수 있음

(1) 티샷 공략

정면에 보이는 벙커 좌측 끝을 보고 벙커 앞까지만 티샷을 노리면 좋음. 좁아 보일 수는 있지만 실제로 페어웨이는 공간이 넓으므로 자신 있는 짧은 클럽으로 티샷하면 됨. 좌측 그린 앞으로 바로 티샷을 노려 짧은 세컨샷을 남길 수도 있지만 스코어에 쫓기는 상황이 아니라면 추천하는 공략법은 아님. 티샷을 벙커 앞까지만 보내놔도 긴 홀이 아니기에 무리할 필요 없음

(2) 그린 공략

사진과 같은 우측 핀이라면 그린 우측 벙커를 주의하고 핀 공략을 해야 함

그린이 매우 길고 경사가 어려운 홀이기 때문에 신중하게 거리 계산을 하고 세컨 샷을 해야 편안한 퍼팅을 남길 수 있음. 이 홀 또한 내리막 경사의 퍼팅은 빠르게 느껴질 것임

5. 5번 홀. Par 3(남: 130yard, 여: 110yard)

*매년 코스 전장은 변동될 수 있음

(1) 티샷 공략

내리막 홀. 긴 샷보다는 우측으로 짧게 그린 초입을 노리는 샷이 유리함. 그린을 넘어가게 된다면 내리막을 남기게 되고 그린 좌측에는 벙커가 있음. 왼쪽으로 풀 샷이 나오게 된다면 페널티구역으로 갈 수 있기에 왼쪽을 조심해야 함

(2) 그린 공략

그린은 우측이 높으므로 약간 좌측으로 바운스되거나 흐름

6. 6번 홀. Par 4(남: 270yard, 여: 230yard)

* 매년 코스 전장은 변동될 수 있음

(1) 티샷 공략

페어웨이는 비교적 넓은 편에 속하는 홀이기 때문에 티샷을 최대한 길게 공략. 또한 페어웨이 좌측 끝을 보고 공략하는 것이 세컨 샷이 편함. 우측으로 갈 경우 IP지점에 벙커도 있으며 그린 앞 벙커로 인해 시야가 불편함

(2) 그린 공략

2단 그린이기 때문에 핀 공략 시 정확한 거리 계산이 필요함. 세컨 샷에서는 오르막이 심하고 우측 벙커가 까다롭기에 여유 있는 클럽을 잡고 왼쪽으로 공략하는 것이 좋음. 그린 방향에는 원형물체가 마찬가지로 나무에 매달려 있음

내리막 경사의 퍼팅은 빠르게 느껴질 수 있어 오르막 펏을 남기는 게 좋음

7. 8번 홀. Par 4(남: 380yard, 여: 325yard) - 2024년도 2번 홀 대신 진행

(1) 티샷 공략

좌측으로 휘어진 내리막 홀이며 좌, 우측 모두 OB 구역. 장타자의 경우 과감하게 왼쪽을 노려도 좋지만 티샷의 정확도가 중요한 홀이기 때문에 페어웨이를 지키는 것이 필수

(2) 그린 공략

우측 카트도로도 안쪽으로 들어와 있고, 좌측과 그린 뒤에 벙커가 있음을 주의하고 핀 공략을 해야 함. 거리는 긴 것보다는 그린 시작부분을 노리는 것이 유리

그린 시작부분이 낮고, 우측이 높음. 길거나 우측으로 가게 되면 까다로운 퍼팅이 남겨질 수 있기 때문에 핀보다 좌측으로 짧게 공략하는 것이 유리

02 멘탈 트레이닝을 통한 최상수행 만들기

1 '최상수행'이란?

신체와 정신적인 부분에서 내가 낼 수 있는 모든 잠재능력을 발휘하여 최고의 수준에서 기량을 발휘하는 것

2 '최상수행'을 위한 멘탈 트레이닝 방법

1. 최상의 신체컨디션 만들어 자신감 얻기

연습량, 수면, 생활패턴 등을 실기시험 일자와 시간에 맞추어 사전에 준비함으로써 최상의 신체 컨디션을 만들어 자신감의 배경이 되도록 함

2. 이미지 트레이닝하기

실시시험 당일 기상부터 연습장 이동, 골프장 도착하여 첫 티샷을 하는 순간과 마지막 홀아웃을 하는 순간까지 실제 시간과 비슷하게 여러 번 모든 상황에 대비하며 이미지 트레이닝을 한다면 이미지가 현실이 될 가능성을 더욱 커질 것

3. 완벽만을 추구하지 말기

너무 완벽하게 잘하려고만 하다가는 오히려 부담이 커져서 악영향을 줄 수 있게 됨. 작은 실수에도 불안을 느낄 수 있고 걷잡을 수 없을 정도로 망가질 수 있음

4. 불안을 통제하기

생각했던 것처럼 되지 않거나 연습 때와는 반대의 샷들이 나온다면 심리적으로 더욱 불안해질 것. 이런 불안이 커진다면 경기를 망칠 수 있으므로 불안한 마음이 드는 초기에 긍정적인 생각과 자신감을 얻을 수 있는 말과 행동을 하며 불안을 떨쳐야 함

5. 이완을 통한 긴장 풀기

중요한 시험에서 첫 홀, 첫 샷을 앞둔 아마추어라면 누구나 긴장할 수 있음. 이런 긴장은 미스 샷을 유발하는 주범이기 때문에 이완을 통해 긴장을 풀어야 함. 긴장은 근육의 긴장과 정신적인 긴장이 있음. 근육의 이완 방법으로는 여러 가지 호흡법, 팔, 다리 등에 힘을 주었다가 호흡과 함께 이완시키는 방법 등이 있음. 정신적인 긴장은 여러 가지 긍정적인 상상과 웃음법, 종료 후 합격의 상황 떠올리기, 열심히 준비한 과정을 떠올리며 자신감을 얻는 방법 등으로 이완시키며 긴장을 풀 수 있음

6. 일정한 루틴 유지하기

모든 샷을 하기 전, 항상 일정하고 반복되는 루틴이 필요함. 여러 가지의 루틴 중 가장 마음이 편안하고 집중할 수 있고, 결과가 좋은 나만의 루틴을 찾고 만들어야 함. 목표를 바라볼 때 하는 상상, 에임의 과정, 연습 스윙 횟수, 웨글 동작 등 모든 과정을 일정하게 한다면 예상치 못한 여러 상황에도 일정한 샷을 통해 좋은 플레이를 할 수 있음

Chapter 02 구술시험 및 연수

01 구술시험

1 시험 관련 주요사항

1. 필수 준비물
　　① 수험표
　　② 신분증

2. 원서접수 및 응시수수료 납부 기간 및 접수방법
　　① 접수기간 : 5월 28일 ~ 6월 2일
　　② 접수방법 : 체육지도자연수원 홈페이지 내 신청
　　* 신청 첫날, 서버 폭주로 인한 접수 어려움. 좋은 네트워크 환경에서 09시 정각에 신청해야 원하는 날짜에 실기 및 구술 시험 접수 가능함(날씨, 일정 고려)

3. 시험 장소 및 일정
　　① 장소 : 센추리 21 컨트리클럽, 제2클럽하우스(사진 참조)

　　② 일정 : 실기검정 기간(6월 5일~7월 3일) 내 실기검정 직후

4. 주관단체
　　사단법인 대한골프협회(031-540-5700)

2 평가 영역

1. 시행 방법
규정 2문제(40점), 지도방법 2문제(40점), 태도(20점)
① 규정 : 규칙, 용어
② 지도방법 : 기술, 이론
③ 태도 : 질문이해, 내용표현(목소리), 자세, 신념, 복장, 용모

2. 합격 기준
70점 이상(100점 만점 기준)

3 주의사항

[전자통신기기(휴대전화 등) 사용금지 안내]
① 시험장 전 구역에서 어떠한 통신기기(휴대전화, 스마트폰, 스마트워치, 스마트밴드, 블루투스 이어폰, 태블릿PC 등)도 사용 및 지참할 수 없으며 발견될 시 부정행위로 간주함
② 응시자 확인 이후에 전자통신기기를 지참 및 사용할 시 즉시 퇴장조치되며, 실기 및 구술시험 종료 후 전자통신기기(휴대전화 등)를 시험장 내에서 지참 및 사용할 시 그 시험은 무효로 처리됨
③ 시험장 전 구역의 동영상 및 사진 촬영도 금지하고 있으며 발견 시 부정행위로 처리됨

4 평가문제 및 모범답안 예시(2023년 공단 홈페이지 게시)

1. 규정(규칙)

> **Q1. 집어 올린 볼을 닦을 수 없는 경우는?**
> A. ① 볼이 갈라지거나 금이 갔는지 확인하기 위하여 집어 올린 경우
>   ② 자신의 볼인지 확인하기 위하여 집어 올린 경우
>   ③ 플레이에 방해가 되기 때문에 집어 올린 경우
>   ④ 구제가 허용되는 상태에 놓인 볼인지 확인하기 위하여 집어 올린 경우(구제를 받을 수 없는 경우)
>
> **Q2. 일반구역에 있는 비정상적인 코스 상태에서의 구제방법은?**
> A. 가장 가까운 완전한 구제지점을 기준점으로 원래의 볼이나 다른 볼로 드롭하여 페널티 없는 구제를 받을 수 있음
>   ① 기준점: 일반구역에 있는 가장 가까운 완전한 구제지점
>   ② 구제구역의 크기: 기준점으로부터 1클럽 이내의 구역
>   ③ 구제구역의 위치 제한: 구제구역은 반드시 일반구역에 있어야 하고, 기준점보다 홀에 더 가깝지 않아야 하며, 비정상적인 코스 상태로 인한 방해로부터 완전한 구제를 받는 구역이어야 함

2. 규정(용어)

> **Q1. 개선이란?**
> A. 플레이어가 스트로크를 위한 잠재적인 이익을 얻기 위하여 스트로크에 영향을 미치는 상태 또는 플레이어에 영향을 미치는 그 밖의 물리적인 상태를 하나라도 변경하는 것을 말함
>
> **Q2. 프로비저널볼이란?**
> A. 프로비저널볼이란 플레이어가 방금 플레이한 볼이 다음과 같이 된 경우에 플레이한 다른 볼을 말함
>   아웃오브바운즈로 갔을 수도 있는 경우, 페널티구역 밖에서 분실되었을 수도 있는 경우, 프로비저널볼이 규칙 18.3c에 따라 인플레이볼이 되지 않는 한, 그 볼은 플레이어의 인플레이볼이 아님

3. 지도방법(규칙)

> Q1. 생활체육 지도사의 자질에 대해 설명하세요.
> A. 의사전달능력, 투철한 사명감, 활달하고 강인한 성격, 도덕적 품성, 칭찬의 미덕, 공정성

4. 태도
질문이해, 내용표현, (목소리), 자세신념, 복장 용모

02 연수

1 합격기준

1. 출석 평가
일반수업과 현장실습 전체시간의 각 90% 이상 참가 필요

2. 과정 평가
연수태도, 체육지도, 현장실습 주체 기관의 60점 이상 점수 필요

2 연수시간

1. 일반과정
(1) 총 90시간
(2) 일반수업 66시간, 현장실습 24시간
(3) 90% 이상 출석 시 합격(일반수업 59.4시간, 현장실습 21.6시간)

2. 특별과정
(1) 총 40시간
(2) 일반수업 32시간, 현장실습 8시간
(3) 90% 이상 출석 시 합격(일반수업 28.8시간, 현장실습 7.2시간)

3 연수기관 안내

체육지도자 홈페이지에서 시행공고문 확인 (약 54개 기관)

* 홈페이지 내, '시험안내' - '자격등급별 연수기관'에서 확인할 수 있음(기관별 일정 상이)

해커스
스포츠지도사
골프 실기+구술
초단기 5일 합격

개정2판 1쇄 발행 2025년 4월 7일

지은이	박승준
펴낸곳	㈜챔프스터디
펴낸이	챔프스터디 출판팀
주소	서울특별시 서초구 강남대로61길 23 ㈜챔프스터디
고객센터	02-537-5000
교재 관련 문의	publishing@hackers.com
동영상강의	pass.Hackers.com
ISBN	979-11-7244-951-3 (13690)
Serial Number	02-01-01

저작권자 ⓒ 2025, 박승준
이 책의 모든 내용, 이미지, 디자인, 편집 형태는 저작권법에 의해 보호받고 있습니다.
서면에 의한 저자와 출판사의 허락 없이 내용의 일부 혹은 전부를 인용, 발췌하거나 복제, 배포할 수 없습니다.

자격증 교육 1위
해커스자격증
pass.Hackers.com

· 스포츠지도사 전문 선생님의 본 교재 인강 (교재 내 할인쿠폰 수록)
· 스포츠지도사 무료 특강, 최신 기출문제 등 다양한 추가 학습 콘텐츠

* 주간동아 선정 2022 올해의 교육브랜드 파워 온·오프라인 자격증 부문 1위

해커스자격증

쉽고 빠른 합격의 비결,
해커스자격증 전 교재
베스트셀러 시리즈

해커스 산업안전기사·산업기사 시리즈
해커스 전기기사
해커스 전기기능사

해커스 소방설비기사·산업기사 시리즈

[해커스 산업안전기사 필기 베스트셀러 1위] 교보문고 온라인 베스트 기술/공학 분야 1위 (2023.11.13, 온라인 주간베스트 기준)
[해커스 산업안전산업기사 필기 베스트셀러] 교보문고 온라인 베스트 기술/공학 분야 (2023.11.13, 온라인 주간베스트 기준)
[해커스 산업안전기사·산업기사 실기 베스트셀러 1위] 교보문고 온라인 일간 베스트셀러 기술/공학 분야 1위 (2023.02.22, 온라인 일간 집계 기준)
[해커스 소방설비기사/산업기사 필기 베스트셀러] YES24 수험서 자격증 베스트셀러 소방설비 분야 (2023.12.08 YES24 베스트셀러 기준)
[해커스 소방설비기사·산업기사 실기] YES24 수험서 자격증 부문 베스트셀러 소방설비 전기분야 (2023년 1월, 월별 베스트 기준),
YES24 수험서 자격증 베스트셀러 소방설비 기계분야 (2023년 7월 월별 베스트 기준)
[해커스 전기기사 베스트셀러 1위] 교보문고 국내도서 기술/공학 분야 1위 (2023.10.20, 온라인 주간베스트 기준)
[해커스 전기기능사 베스트셀러] YES24 수험서 자격증 베스트셀러 전기 기능사 분야 (2023.05.24, YES24 베스트셀러 기준)